Gerhard Willke

Kapitalismus

Campus Verlag
Frankfurt/New York

Für meine Wally (1950–1996)
»... ebben – ne andrò lontana«

Bibliografische Information der Deutschen Nationalbibliothek
Die Deutsche Nationalbibliothek verzeichnet diese Publikation in der Deutschen Nationalbibliografie; detaillierte bibliografische Daten sind im Internet über http://dnb.d-nb.de abrufbar.
ISBN-13: 978-3-593-38199-2
ISBN-10: 3-593-38199-0

Umschlaggestaltung und -motiv: Guido Klütsch, Köln
Satz: Publikations Atelier, Dreieich
Druck und Bindung: Druckpartner Rübelmann, Hemsbach
Gedruckt auf säurefreiem und chlorfrei gebleichtem Papier.
Printed in Germany

Besuchen Sie uns im Internet: www.campus.de

Inhalt

1 Einleitung

Kapitalismus: »die schicksalsvollste Macht unsres modernen Lebens« (Max Weber 1904: 4)

»Die Atmosphäre der Feindschaft gegenüber dem Kapitalismus [...] macht es viel schwieriger als es sonst wäre, sich eine vernünftige Ansicht über seine wirtschaftlichen und kulturellen Leistungen zu bilden. Die öffentliche Meinung ist allgemach so gründlich über ihn verstimmt, dass die Verurteilung des Kapitalismus und aller seiner Werke ausgemachte Sache ist, – beinahe ein Erfordernis der Etikette« (Joseph Schumpeter 1942: 107).

»*Fuck capitalism*« (ZEIT-Kolumnist Martenstein 14/2006; kursiv i. O.)

1.1 Annäherung an die kapitalistische Gesellschaft

Sich »eine vernünftige Ansicht« über die kapitalistische Gesellschaftsformation zu bilden, ist seit Schumpeter nicht einfacher geworden. »Kapitalismus« war nie eine neutrale Bezeichnung, sondern immer politischer Kampfbegriff. Seit der wirkmächtigen Kritik von Karl Marx an der »kapitalistischen Produktionsweise« wird Kapitalismus landläufig mit Klassengesellschaft und Ausbeutung gleichgesetzt; dem Begriff hängt »Schwefelgeruch« an (de Man 1931: 65).

Rund ein Jahrhundert vor Marx hatte Adam Smith, der Stammvater der Marktwirtschaft und ihrer »politischen Ökonomie«, in seinem epochalen Werk *Der Wohlstand der Nationen* optimistisch verkündet, die marktwirtschaftliche Ordnung führe zu Reichtum sowohl der einzelnen Menschen als auch der Gesellschaften insgesamt (Smith 1776: 347). Seither steht die Frage, ob der Kapitalismus dem Wohl der Menschen zuträglich oder abträglich ist, im Zentrum der Auseinandersetzungen um dieses System.

In den wissenschaftlichen Diskurs wurde der Kapitalismusbegriff erst 1902 von Werner Sombart eingeführt und dann von Max Weber (1905) für die bürgerliche Wissenschaft zitierfähig gemacht. Nach dem Zweiten Weltkrieg war »Kapitalismus« als Schimpfwort dem sozialistischen Lager vorbehalten, während im Westen von Marktwirtschaft und in Westdeutschland noch schonender von *sozialer* Marktwirtschaft gesprochen wurde.

Der Kapitalismus umfasst mehr als nur das System der Marktwirtschaft – er ist zugleich eine Wirtschafts- und eine Gesellschaftsordnung. Der Markt bildet den Kern der kapitalistischen Formation, doch ist diese Ökonomie eingebettet in eine Gesellschaft mit ihren zugehörigen historischen Traditionen, politischen Institutionen, technischen Infrastrukturen und kulturellen Normen.

Im Lauf seiner Entwicklung hat sich der Kapitalismus gegenüber einer anhaltenden politischen Kritik, aber auch gegenüber gesellschaftlichen, technologischen und kulturellen Umwälzungen als ein lernendes System erwiesen – als anpassungs- und entwicklungsfähig. Was sich im Zuge dieses Wandels verändert hat, das sind die Rahmenbedingungen des Wirtschaftens und die institutionellen Formen von Wertschöpfung und Verteilung; stabil geblieben ist dagegen der funktionale Kern der »kapitalistischen Maschine« (Schumpeter 1942: 124). Die gesellschaftlichen Institutionen- und Ordnungssysteme wandeln sich wie Karosserien; unter der Haube aber rotiert das unverwechselbare Antriebsaggregat.

Auch Kritiker erkennen an, dass der Kapitalismus ein erfolgreiches, wenn nicht gar das historisch erfolgreichste Wirtschaftssystem ist – sofern man Erfolg am materiellen Wohlstand misst. Im *Kommunistischen Manifest* (Marx/Engels 1848) wird die Bourgeoisie geradezu gefeiert für die »höchst revolutionäre Rolle«, die sie bei der Herausbildung des Kapitalismus gespielt hat. Heilbroner (1987: 347) nennt als größte Leistung kapitalistischer Gesellschaften, dass sie

»Wohlstand in einem nie gekannten Ausmaß angesammelt« haben. Gleichwohl ist der Diskurs über den Kapitalismus geprägt von einem Klima der Verdrießlichkeit, ja der moralischen Empörung. Heute wie vor über 60 Jahren, als Schumpeter den im Motto zitierten Text schrieb, scheinen viele nachhaltig verstimmt zu sein über die herrschende Wirtschafts- und Gesellschaftsordnung. Kapitalismus, so scheint es, ist wie Windows ein *Betriebssystem*, das von niemandem geliebt, aber von (fast) allen genutzt wird.

Warum ist das so? Kritiker und Gegner empören sich über den habsüchtigen Erwerbsgeist, über soziale Ungerechtigkeit und die fortschreitende →Kommodifizierung des Lebens, durch die alles in marktgängige Waren pervertiert werde; wo alles einen Preis bekommt und käuflich wird, da kämen die echten Werte unter die Räder, heißt es. Befürworter des Kapitalismus können darauf verweisen, dass marktwirtschaftlicher Wettbewerb und freies Unternehmertum die Produktivkräfte entfesselt, den Erfindungsgeist antreibt, den allgemeinen Wohlstand fördert und die internationale Arbeitsteilung vertieft. Während die einen behaupten, der Kapitalismus habe die Armut überwunden, ja Wohlstand hervorgebracht, verweisen andere auf das Elend der Arbeitslosen und Ausgeschlossenen; während Anhänger die Dynamik und Innovativität des Marktsystems preisen, beklagen Kritiker seine Übergriffe auf Lebensbereiche, die bislang vor dem Rentabilitätskalkül geschützt waren. Bereits 1931 bemängelte Sombart, der kapitalistische Erwerbstrieb greife »hinüber in andere Gebiete menschlicher Kultur« und entwickle »die Tendenz, über die gesamte Wertewelt den Primat der Geschäftsinteressen zu proklamieren« (1931b: 259).

Kapitalismus: Primat der Geschäftsinteressen

Der Kapitalismus hat das wirtschaftliche Handeln entfesselt und in die Bahnen produktiver Wertschöpfung gelenkt. Auch in früheren Epochen gab es Überschüsse und lokalen Reichtum, doch wurde dieser *Surplus* von den herrschenden

Schichten für Tempel und höfische Prachtentfaltung verwendet und in Kriegen verpulvert. Erst der Kapitalismus lenkt die Überschüsse systematisch in die Ausweitung der Produktionskapazitäten – und schafft dadurch den für die Überwindung der Massenarmut entscheidenden Schritt in die →*Akkumulation* zum Zweck zusätzlicher Wertschöpfung. Erst im Kapitalismus tritt das hinzu, was angehäufte Geldbeträge zu *Kapital* macht, nämlich »Gewinnstreben und kalkulatorischer Sinn« – also »der spezifisch kapitalistische Geist des Besitzers« (Sombart 1902 I: 192).

Der aus den »entfesselten Produktivkräften« (Marx) resultierende materielle Güterwohlstand wird nicht von allen goutiert. Manche halten diese ganze »ungeheure Warensammlung« für schnöden Materialismus, der andere Dimensionen des guten Lebens verdrängt – etwa erfüllende zwischenmenschliche Beziehungen oder auch Zeitwohlstand als Verfügung über eigene Zeit. (Goethe, so erfahren wir bei Sombart [1931b: 271], saß drei Stunden bei Tisch, während der amerikanische Clerk sein Lunch in zehn Minuten hinunterschlingt.) Im Kapitalismus, so Monika Maron (in der *Süddeutschen* vom 14.6.2003), geraten alle menschlichen Werte, »Wissen, Nähe, Fürsorge, Schönheit, Kunst«, unter die Herrschaft des Geldes und unter die Zwänge des Rentabilitätskalküls. Zu allen Zeiten wurde dem Kapitalismus schärfste »Missbilligung der Gutgesinnten« zuteil (Sloterdijk 2005: 121). Dies mag damit zusammenhängen, dass hier eine Gesellschaftsordnung *im Modus des Geldes* vorliegt: Die Wirtschaft dieser Gesellschaft kommuniziert und funktioniert im »Symbolsystem« Geld (H. Willke 2005). Seit es Geld gibt – also lange vor dem Kapitalismus –, wird es als Teufelszeug verdammt, als Mammon und »goldenes Kalb«, das uns von den echten menschlichen Werten (und von der wahren Religion) entfremdet und ins Verderben führt. Dem steht allerdings die Vermutung gegenüber, dass Geld nur *den* Charakter verdirbt, der dafür innerlich bereit – also schon verdorben ist. Geld schafft nichts, sondern entbindet nur Vorhandenes.

Als symbolisches Medium und als verbrieftes Anrecht auf knappe wirtschaftliche Güter eröffnet Geld den Zugang zu den Objekten des Begehrens – und beschränkt ihn zugleich. Alternative Formen, den Güterhaushalt von Individuen und Gesellschaften zu besorgen, sind Zugehörigkeit (in Familien und Sippen), Gewalt und Krieg (Eroberung, Kolonialismus), aber auch Religion und Ideologie (Klosterwirtschaft, Gottesstaat). Dass Geld sich weitgehend durchgesetzt hat, liegt an seiner überlegenen Funktionalität. Die nicht-monetären Formen haben den Nachteil der Einseitigkeit. Dagegen schafft der geldvermittelte Tausch *Wechselseitigkeit* in den wirtschaftlichen Beziehungen. Zahlungen sind in Geld symbolisierte Gegenleistungen für erworbene Güter. Dies ist eine wesentliche Bedingung dafür, dass solche Transaktionen vom Interesse aller Beteiligten getragen werden. Geld und Zahlungen regeln jedoch nicht nur effizienter den Zugang zu den Gütern, also Verteilung und Rationierung, sondern, wichtiger noch, die Mehrung der Güter, also Produktion und Wertschöpfung. Geld und die damit verbundenen monetären Anreize induzieren eine Wertschöpfungsdynamik, die von anderen Medien wie Tradition, Nächstenliebe, Zwang oder Ideologie nicht hervorgebracht wird.

Der Tausch als Transaktion zum wechselseitigen Nutzen

Das Zusammenspiel von Geld, Markt und Privatkapital ergibt die Signatur der kapitalistischen Gesellschaft. Diese Gesellschaftsform stellt ein hoch-unwahrscheinliches Arrangement dar. Die Frage nach den Bedingungen ihrer Möglichkeit führt zu einer Vielzahl komplexer Voraussetzungen – von funktionierenden Institutionen wie Rechts-, Eigentums-, Geld-, Wettbewerbs-, Gewerbe- und Sozialordnung über eine tragfähige Arbeitsmarktverfassung bis zu einer hinreichenden Legitimationsgrundlage für ein Gesellschaftssystem des zwar steigenden, doch ungleich verteilten Reichtums.

Abb. 1: *Kapitalismus als Wirtschafts- und Gesellschaftsordnung*

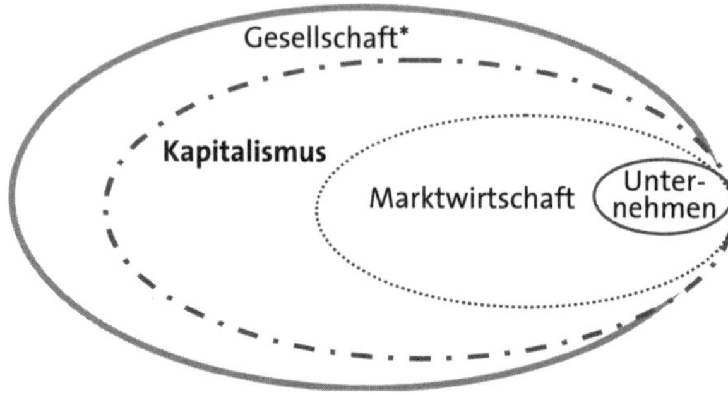

* Sofern es gesellschaftliche ›Lebensbereiche‹ gibt, die (noch) nicht vom Kapitalismus »kolonialisiert« sind, unterscheiden sich Gesellschaft und Kapitalismus.

Kapitalismus als Wirtschafts-, Sozial- und Wertesystem

Der Kapitalismus ist Teil einer Gesellschaft, deren Wirtschaftssystem marktwirtschaftlich organisiert ist, deren Sozialsystem auf dem Privateigentum an den Produktionsmitteln und auf Lohnarbeit beruht, also auf einer sozialen Schichtung, die an Besitz gebunden ist, und deren Wertesystem eine Wirtschaftsgesinnung trägt, die Erwerbsstreben, Leistung, Eigeninitiative und die Übernahme von Risiken belohnt. Bestimmte Formen der marktmäßigen Koordination kommen auch in nichtkapitalistischen Gesellschaften vor. Zur Marktwirtschaft müssen noch weitere Elemente hinzutreten, damit man von Kapitalismus sprechen kann, insbesondere das private Verfügungsrecht über Produktionsmittel und ein Leitmotiv, eine Sinngebung für wirtschaftliches Handeln: der »kapitalistische Geist« – wie Sombart (1916 II: 5) ihn benannt und Max Weber ihn als »asketisch-rationalen Geist« des Wirtschaftens aus der protestantischen Ethik abgeleitet hat. Dieser »Geist des Kapitalismus« ist aus der »anti-mammonistischen« christlichen Lehre geboren (»Ihr könnt nicht Gott dienen und dem Mammon«; Mt 6,24), ist dann zum »ökonomischen Rationalismus« der Rechenhaftigkeit und der doppelten Buchführung gereift und hat sich schließlich – durch die »säkularisierende Wirkung des Besitzes« (Weber 1904: 545) – zum stärksten Antrieb der Reichtumsproduktion überhaupt gewandelt – zum *Geist der Akkumulation*.

Zum Kapitalismus entwickeln sich Marktwirtschaften, wenn das Prinzip der privaten Akkumulation vorherrschend geworden ist, also mit dem Auftreten von Kapitalisten, die entweder über eigenes Vermögen verfügen oder Kapital leihweise von Banken (Kapitalsammelstellen) übernehmen und diese Mittel investieren, um damit Gewinne zu erwirtschaften. Akkumulation wird im Kapitalismus zum beherrschenden Zweck aller Transaktionen; »die Erzielung von Gewinn« ist dafür instrumental, aber Gewinne sind deshalb keineswegs das »Endziel aller wirtschaftlichen Tätigkeit« – hier irrt Sombart (1931b: 258). Es wird sich noch zeigen, dass zwischen den Absichten der einzelnen Wirtschaftssubjekte und den Resultaten des Wirtschaftsprozesses ein bedeutsamer Unterschied besteht. Falsch ist es jedenfalls, aus den Zielen der wirtschaftlich handelnden Individuen auf einen »Zweck der Wirtschaft« zu schließen, wie Sombart (1927: 382) das tut: »die Vergrößerung einer Anfangssumme durch wirtschaftliche Tätigkeit ist der objektive Zweck der kapitalistischen Wirtschaft.« Die Wirtschaft als System hat keinen »Zweck«, sondern sie transformiert das zweckhafte Handeln der Wirtschaftssubjekte in bestimmte Ergebnisse.

Die existenziellen gesellschaftlichen Aufgaben

Marktwirtschaft ist eine spezifische Form der Bearbeitung existenzieller gesellschaftlicher Aufgaben, nämlich wirtschaftliche Leistung zu generieren und das Ergebnis gesellschaftlich zuträglich zu verteilen. Die primären Notwendigkeiten sind das Überleben des Einzelnen und der Gemeinschaft, also die Sicherung der → Subsistenz und die Linderung materieller Not. Darauf aufbauend können dann Überschüsse erwirtschaftet werden, die Wohlstand ermöglichen und den Raum individueller wie gesellschaftlicher Handlungsoptionen ausweiten. Zu diesem Zweck müssen Wirtschaftssysteme drei zusammenhängende Aufgaben möglichst effizient erfüllen, nämlich

1. die → *Allokationsaufgabe* (wie und für welche Zwecke/Verwendungen sollen die Produktionsfaktoren eingesetzt werden?),
2. das *Anreizproblem* (welche Anreize/Sanktionen muss das System bieten, um wirtschaftliche Leistungen und Produktivitätssteigerungen zu induzieren?), und schließlich
3. die *Verteilungsaufgabe* (wie soll die gesamte Wertschöpfung auf die Produzenten und auf die übrige Gesellschaft verteilt werden?).

Viele Varianten, diese Aufgaben zu bewältigen, gibt es nicht; genauer gesagt sind bislang nur zwei Modelle bekannt, nämlich das der *zentralen* obrigkeitlichen Lenkung (Paternalismus/Staatswirtschaft) und das der *dezentralen* Selbststeuerung (Eigenversorgung/Marktwirtschaft). Dies rührt daher, dass Leistungen nur durch physischen/psychischen Zwang oder aber durch materielle und immaterielle Anreize generiert werden können. Die Besonderheit des Marktsystems besteht darin, dass es über die Preise nicht nur den Wertschöpfungsprozess lenkt, sondern auch die Verteilung – und dass diese Verteilung wiederum ein Bestandteil des Anreizsystems ist. Auf diese Weise werden »außerordentliche Belohnungen« ausgeschüttet, was »die große Mehrheit der Unternehmer zu viel größerer Aktivität antreibt als eine gleichmäßigere und ›gerechtere‹ Verteilung« (Schumpeter 1942: 123).

Übersicht 1: *Definierende Merkmale von Wirtschaftssystemen*

Wirtschaftssysteme →	**Hauswirtschaft**	**Staatswirtschaft**	**Marktwirtschaft**
Koordinationsprinzipien	• Tradition, Autorität	• Befehl, Wirtschaftspläne	• Wettbewerb, Selbststeuerung
Handlungsorientierung	• Konformität, Familiarität	• Gehorsam, Überzeugung	• Eigeninteresse Eigennutz
Wirtschaftlicher Zweck	• individuelle, familiale Bedarfsdeckung	• Planerfüllung, individuelle Aufwandsminimierung	• individuelle Gewinn- und Nutzenmaximierung
Sozialer Integrationsmechanismus	• Familienbande, Stammeszugehörigkeit	• politische Ideologie, Nationalismus	• Wohlstand, Aufstiegschancen
Gesellschaftsform	• statische Gesellschaft	• passive Gesellschaft	• dynamisch-innovative Gesellschaft

1.2 Definitionsmerkmale des Kapitalismus

Ein Blick auf die Weltregionen zeigt, dass es nicht *einen* Kapitalismus, sondern eine ganze Bandbreite unterschiedlicher Kapitalismen gibt. Diese Einführung basiert auf der Hypothese, dass die Varianten des Kapitalismus sich in ihren institutionellen Arrangements, in ihren politischen und kulturellen Traditionen und damit auch in ihrer Gesamtleistung (→ Performanz) unterscheiden, dass sie jedoch einen gemeinsamen operativen Kern aufweisen, der sie zu kapitalistischen Systemen macht.

Manche Autoren reduzieren den Kapitalismusbegriff auf Mehrwertproduktion oder auf das Lohnverhältnis, andere halten Gewinnmaximierung oder Kostenminimierung für »das Herzstück des Kapitalismus« (Thurow 1996: 169). Genauer besehen ist der Mehrwertbegriff ein verstaubter Anachronismus, das Lohnarbeitsverhältnis faktisch auch im Sozialismus gegeben, die Gewinnmaximierung ein unternehmerisches Ziel und die Kostenminimierung ein Mittel dazu. Wenn es denn ein »Herzstück des Kapitalismus« gibt – manche halten ihn für herzlos –, dann ist es die privatwirtschaftliche Kapitalverwertung, die auf Akkumulation zielt, also auf Mehrung des eingesetzten Kapitals. Akkumulation setzt die Erwirtschaftung einer Rendite *(return on investment)* voraus. Das Rentabilitätskalkül bezieht den Gewinn einer Periode auf den investierten Kapitaleinsatz. Diese Ausrichtung von Investitionen führt notwendigerweise auch zu einer Ökonomisierung der Zeit. Investitionen sind in der Regel mit Neuerungen verbunden, also mit Produkt-, Verfahrens- und Marktinnovationen; folglich führt einzelwirtschaftliches Gewinnstreben über Akkumulation und Innovation quasi nebenbei auch zur Mehrung des Wohlstands der Gesellschaft insgesamt. Das hat Adam Smith mit seiner Metapher der »invisible hand« im Kern gemeint.

Das Herzstück des Kapitalismus: Akkumulation

Lange bevor sich die kapitalistische Gesellschaftsformation herausgebildet hat, gab es Ökonomien, in denen privates Sachkapital zur Wertschöpfung für nahe und ferne Märkte eingesetzt wurde. Weder die Nutzung von Privatkapital noch die Unternehmensform, weder die Art und Weise der Produktion noch die eingesetzte Technologie machen den Kapitalismus aus. Der spezifisch kapitalistische Charakter einer Gesellschaftsformation liegt in ihrer ökonomischen Logik und in ihrem Bewegungsprinzip: Im Falle des Kapitalismus ist es die Logik des privatwirtschaftlichen Rentabilitätskalküls und das Prinzip der Akkumulation. Das Leitmotiv des Kapitalismus ist nicht, wie Sombart meinte, das »Erwerbsprinzip« (im Gegensatz zum »Subsistenzprinzip« der Bedarfsdeckung), denn lange vor dem Kapitalismus gab es Gesellschaften, die dem Erwerbsprinzip huldigten.

Abfolge der Wirtschaftsprinzipien

Subsistenzprinzip → Bedarfsprinzip → Erwerbsprinzip → Akkumulationsprinzip

Kapitalismus: konkurrenzgetriebene Akkumulationsdynamik

Das kapitalistische Leitmotiv geht sowohl über das Subsistenzprinzip als auch über das traditionelle Erwerbsprinzip hinaus. Es besteht in der rational kalkulierten Kapitalakkumulation; private Akkumulation wird zum Instrument und zum Ausdruck für Reichtum, Ansehen und Macht. Das kommt auch der Gesellschaft zugute: Indem sie private Akkumulation zulässt, kann sie ernten, wo sie nicht gesät hat. Der Geist der Akkumulation durchbricht die »Schranken der Genügsamkeit« (Sombart 1916 I: 328) und sprengt die Fesseln der simplen Erwerbswirtschaft; es ist dieses neue, »agonale Erwerbsstreben« (Weber 1904: 379), das Menschen und Gesellschaften in den Wirbel von Wachstum, Innovation und Expansion reißt. Das Spezifikum des Kapitalismus ist also kein einzelnes unterscheidendes Merkmal, sondern der Effekt einer Steigerung seiner Kernfaktoren; daraus ergibt sich eine neue, emergente Qualität – die konkurrenzgetriebene Akkumulationsdynamik, die vom »Geist des Kapitalismus« beflügelt wird.

Übersicht 2: *Kernelemente des Kapitalismus*

Eigentumsordnung	Privateigentum an den Produktionsmitteln (Privatkapital)
Koordinationssystem	Marktwirtschaft im Rahmen einer Wettbewerbsordnung; Wettbewerbspreise
Kommunikationsmedium	Geld und Preise (Knappheitskommunikation in Preisen = Geldmengen)
Motivationssystem	Erwerbsgesinnung (individuelles Gewinn- und Nutzenstreben)
Effizienzkriterium	Das Kalkül der Kapitalrentabilität bestimmt Investitionen und Wertschöpfung
Sozialstruktur	Schichtung der Gesellschaft in Kapitaleigentümer und Arbeitskraftbesitzer (System der Lohnarbeit)

Der Markt: Koordination und Subordination

Zu Recht wenden Kritiker ein, dass es unzureichend wäre, den Markt nur als Arena der Koordination zu sehen; denn soweit die zugehörige Gesellschaft aus besitzenden und nicht-besitzenden Klassen/Schichten besteht, fungiert der Markt immer auch als Instrument der Subordination. Darin kommt Herrschaft durch wirtschaftliche Verfügungsgewalt zum Ausdruck. »Der Kapitalismus«, so Heilbroner (1987: 348), »ist seiner Natur nach ein System der gesellschaftlichen Herrschaft, nicht nur des rationalen Tausches.« Nun sind allerdings *alle* historisch bekannten Wirtschaftsformationen »Systeme der gesellschaftlichen Herrschaft«; daran ist nichts spezifisch Kapitalistisches. Spezifisch ist allenfalls, dass politische Herrschaft im modernen Kapitalismus auf ein Minimum reduziert ist, während im Subsystem Wirtschaft eine Art unsichtbarer ökonomischer Herrschaft wirksam ist – verschleiert durch freiwillige Arbeitsverträge, materiell jedoch fundiert durch den *stummen Zwang der Verhältnisse,* die Verfügungsmacht der Kapitalbesitzer auf Güter- und Arbeitsmärkten: »Der römische Sklave war durch Ketten, der Lohnarbeiter ist durch *unsichtbare* Fäden an seinen Eigentümer gebunden« (Marx 1867: 599). Was Calvin auf die Religiosität gemünzt hat, dass nämlich das Volk nur dann fromm und »Gott gehorsam« bleibe, wenn es »arm erhalten werde« (Weber 1904: 376), lässt sich mühelos auf den Kapitalismus übertragen: Das Volk bleibt nur dann fromm und dienstbar, wenn es (kapital-) arm gehalten wird.

Lohnarbeit der besitzlosen Klasse für Kapitaleigentümer ist die für den Kapitalismus charakteristische, aber keineswegs nur hier anzutreffende Form der Kombination von Arbeit und Kapital. Im Arbeitsvertrag verkauft der Arbeiter dem Kapitalisten sein Arbeitsvermögen (bestimmte Arbeitsleistungen für eine vereinbarte Dauer). Im Gegenzug bekommt der Arbeiter eine Entlohnung. Dies ist das zugrunde liegende Tauschgeschäft auf Gegenseitigkeit (bei dem Freiwilligkeit und folglich wechselseitiger Nutzen unterstellt wird). Das Eigentum an der resultierenden Wertschöpfung fällt dem Kapitaleigner zu. Das Arbeitnehmer-Einkommen ist ein (vertraglich) fixiertes Kontrakt-Einkommen, Kapitaleigner beziehen ein Residual-Einkommen, nämlich die Differenz zwischen Kosten und Erträgen. Ist dieser Saldo positiv, fällt Gewinn an – im negativen Fall Verlust. Der Kapitalist ist beides zugleich: Nutznießer von Gewinnchancen und Träger des Verlustrisikos.

Übersicht 3: *Kapitalismus-Definitionen*

- Marx: Die »kapitalistische Produktionsweise« ist geprägt durch »Privateigentum an den Produktionsmitteln«, Profit aus »Mehrwertproduktion« = »Ausbeutung« sowie durch die Klassenstruktur der Gesellschaft (1867: 589, 789).
- *Sombart*: Der Kapitalismus ist durch drei Merkmale bestimmt: a) Menschen werden »durch Kapital einem Erwerbszwecke dienstbar gemacht«; b) »Rationalisierung des Wirtschaftslebens unter dem Gesichtspunkt höchstmöglicher Gewinnerzielung«, und c) die »kapitalistische Unternehmung« (1916 II: 5f.).
- *Weber:* Moderner Kapitalismus ist »bürgerlicher Betriebskapitalismus mit seiner rationalen Organisation der freien Arbeit« (1920: 10). Kapitalisten orientieren sich an »Erwerbschancen« und »am geschätzten Rentabilitätserfolg« (1922: 48).
- *Nell-Breuning*: Im Kapitalismus ist »eine gesellschaftliche Minderheit im Besitz des wesentlichen Kapitals = Vermögens« (1974; 26); »das Kapital herrscht, die Arbeit dient« (ebd.: 49).
- *Heilbroner*: »Capitalism is a ›regime‹ whose organizing principle is the ceaseless accumulation of capital« (1987: 348).
- *Baumol:* »Capitalism is the free enterprise form of economic organization« (2002: 19).
- *Sloterdijk*: Kapitalismus ist mehr als »Produktionsverhältnisse«; Kapitalismus »impliziert das Projekt, das gesamte Arbeits-, Wunsch- und Ausdrucksleben der von ihm erfassten Menschen in die Immanenz der Kaufkraft zu versetzen« (2005: 276).

1.3 Die leitenden Fragestellungen

Die bisherigen Überlegungen führen zu den Leitfragen dieser Einführung: Welche Phasen hat der Kapitalismus in seiner Entwicklung bisher durchlaufen, wie ist dieses System von den Meisterdenkern des Kapitalismus in den verschiedenen Epochen gesehen und interpretiert worden, und welche Kernelemente lassen sich aus dem Vergleich dieser Diagnosen als konstituierende Bestandteile der kapitalistischen Wirtschafts- und Gesellschaftsordnung identifizieren? Dies führt weiter zur Frage nach der Systemlogik des Kapitalismus und seinem Erfolgsgeheimnis: Was hat den Kapitalismus zu einer »Maschine der Prosperität« (Shonfield) und zu einem global konkurrenzlosen Wirtschaftssystem gemacht?

Entwicklungsphasen des Kapitalismus

Als Wirtschafts- und Sozialordnung entsteht der Kapitalismus aus den vorausgegangenen Formationen des Feudalismus und des Merkantilismus. Bislang dominierende traditionale Herrschaftsbeziehungen werden durch Tausch- und Marktbeziehungen verdrängt. Auch die menschliche Arbeit wird nun den Marktgesetzen unterworfen, mit anfänglich verheerenden Folgen wie Proletarisierung und Verelendung breiter Schichten; dies gilt als bleibender Makel des Frühkapitalismus und der beginnenden Industrialisierung. In dieser Umbruchphase setzt sich eine Wirtschaftsform durch, die auf privatem Kapital, fabrikmäßiger Produktion und Lohnarbeit beruht; angetrieben wird sie vom »Geist des Kapitalismus«, der auf Profit und Akkumulation zielt. Die zwiespältigen Folgen sind technischer Fortschritt, Reichtum (wenig bei vielen und viel bei wenigen), Urbanisierung und Liberalisierung auf der einen Seite, Entwurzelung und Entfremdung der »freien« Lohnarbeiter sowie unmenschliche Arbeits- und Lebensbedingungen auf der anderen. Erst ab Mitte des 19. Jahrhunderts führt die Akkumulationsdynamik zu Wohlstandssteigerungen, die auch die Lage der Werktätigen nachhaltig verbessern.

Mit Beginn der Phase des *Hochkapitalismus* (ab den 1870er Jahren) ist das Programm des Liberalismus fast überall verwirklicht (vgl. Ott/Winkel 1985: 127). In der Folge nehmen Unternehmenskonzentration und Kartellbildung zu, ebenso die Verschränkungen zwischen Großkapital, Banken und Staat; was sich dabei herausbildet, nennt → Hilferding (1915) »organisierten Kapitalismus«. Unrühmliche Kennzeichen dieser Epoche, die in der Katastrophe des Ersten Weltkrieges endet, sind Kolonialismus und Imperialismus. Gewisse Fortschritte, etwa bei der sozialen Absicherung (staatliche Sozialversicherungen) und bei den Arbeits- und Lebensbedingungen werden von der erstarkenden Arbeiterbewegung (Gewerkschaften/Sozialdemokratie) erstritten.

Nach dem Zweiten Weltkrieg folgt zunächst eine Phase des keynesianisch gelenkten Kapitalismus, in dem der Staat gesamtwirtschaftliche Steuerungsaufgaben übernimmt und in vielen Ländern der Sozialstaat massiv ausgebaut wird. In den 1980er Jahren setzt bereits wieder eine Gegenbewegung ein, deren Motto – »weniger Staat, mehr Markt!« – zum Programm einer neoliberalen Wende wird. Während der gesamten Nachkriegsphase nehmen internationale Güter- und Finanztransaktionen sowie die weltwirtschaftliche Arbeitsteilung rasant zu; Zollsenkungen und Abbau von Kapitalverkehrsbeschränkungen führen schließlich in die *Globalisierung* als höchstem Stadium des Kapitalismus. Der entscheidende Unterschied zur Internationalisierung besteht darin, dass sich den Investoren mit der Implosion der sozialistischen Systeme (nach 1989) und mit der Ausweitung der internationalen Finanz- und Kapitalmärkte eine neue und zusätzliche Option eröffnet – die *Exit*-Option: Das Kapital kann nun von ungünstigen Standorten abgezogen und dorthin verlagert werden, wo die Bedingungen attraktiver sind. Direktinvestitionen steigern die internationale Kapitalverflechtung; diese ist das Kennzeichen einer hohen weltwirtschaftlichen Interdependenz im globalen Kapitalismus.

Diagnosen des Kapitalismus

Im dritten Kapitel kommen die *Meisterdenker* des Kapitalismus mit ihren Diagnosen zu Wort. Dabei handelt es sich im Kern um zeitbedingte Erklärungshypothesen und Deutungen von Funktionsweise und Entwicklungsdynamik der je realisierten kapitalistischen Wirtschafts- und Gesellschaftsordnung.

Adam → *Smith* sieht den im 18. Jahrhundert entstehenden Marktkapitalismus als ein System, das auf den Prinzipien des Liberalismus, der Selbststeuerung des Marktes und des begrenzten, aber starken Staates beruht, der in der Lage ist, die Eigentums- und Wettbewerbsordnung durchzusetzen. In der Kontroverse um die Gemeinnützigkeit dieses Marktsystems vertritt Smith die optimistische Auffassung, dass es in der Lage sei, das eigennützige Verhalten der Wirtschaftssubjekte in »Gemeinwohl« zu transformieren.

Ganz anders sieht *Karl* → *Marx* ein dreiviertel Jahrhundert später die »kapitalistischen Produktionsverhältnisse« seiner Zeit. Sie gründen auf Klassenantagonismus, also auf der Ausbeutung des Proletariats durch Kapitalisten als Eigentümer der Produktionsmittel. Ausbeutung führt zwangsläufig zur Verelendung des Proletariats. Daraus leitet Marx den logisch unvermeidlichen Zusammenbruch des Systems ab, durch den der Arbeiterklasse das »Reich der Freiheit« wie eine reife Frucht in den Schoß fallen wird.

Ende des 19. Jahrhunderts untersucht *Werner* →*Sombart* die Entstehungsbedingungen des Kapitalismus. Einen hohen Rang räumt er dabei den kulturellen Faktoren ein, die er in der Metapher des »kapitalistischen Geistes« zusammenfasst. Allerdings bleibt Sombart widersprüchlich: Seine marxistische Orientierung gebietet ihm, dem System ein objektiviertes Profitstreben zuzuschreiben, seine kulturwissenschaftliche Einsicht verlangt von ihm, »menschliche Motivationen« für die »letzten Ursachen des sozialen Geschehens« zu halten (Sombart 1902 I: xix).

Auch für *Max* → *Weber* wird das »Kapitalismus-Problem« zum »Kristallisationskern« seines Gesamtwerkes (Hufnagel 1971: 86). Er greift den Sombart'schen Ansatz auf und erklärt den »Geist des Kapitalismus« aus der puritanisch-protestantischen Ethik. Der Kapitalismus ist für Weber die spezifisch okzidentale Wirtschaftsform, in der sich rationale Kapitalrechnung, protestantische Berufsidee und methodisch-strenge Lebensführung zu einer neuartigen »Kulturerscheinung« verbinden. Der hierin angelegte Prozess der »Rationalisierung« führt zu einer fortschreitenden »Entzauberung der Welt« (Weber 1919: 594) – zur Herrschaft der abendländischen Vernunft.

Joseph → *Schumpeter* schließlich führt Prosperität und Stärke des Kapitalismus auf den innovativen und wagemutigen »Pionierunternehmer« zurück. Solche Unternehmer setzen Neuerungen durch, die einen Prozess der »schöpferischen Zerstörung« auslösen. Schumpeter erwartet jedoch, dass der Staat immer stärker in die private Wirtschaftsführung eingreift und der dynamisch-kreative Unternehmer durch Bürokratisierung peu à peu ausgeschaltet wird. Dann erlahmt der Innovationsprozess; die Folgen sind Stagnation und ein kalter Übergang in den Sozialismus.

Der Kern der kapitalistischen »Maschine«

Das komplexe kapitalistische Geschehen ist Folge einer Dynamik, deren Antrieb das Gewinnstreben und deren Funktionslogik die Kapitalverwertung ist. Wenn Kapital genutzt und vermehrt werden soll, muss der Investor den Weg über den Markt gehen; seine Dispositionen werden damit dem Wettbewerbsmechanismus unterworfen. Das ist bedeutsam, weil die Marktkonkurrenz das individuelle Gewinnstreben transformiert – und zwar in Ergebnisse, die von den Wirtschaftssubjekten keineswegs beabsichtigt sind. Kapitalverwertung zielt auf die Erwirtschaftung einer Rendite. Das nötigt Unternehmen zu Investitionen und zur Wertschöpfung für eine kaufkräftige

Nachfrage. Die unbeabsichtigten Folgen der intendierten Kapitalverwertung sind somit Wertschöpfung, Beschäftigung und Einkommen. Der Markt lockt das Kapital mit Gewinnchancen, setzt es aber auch dem Verlustrisiko aus; unter Marktbedingungen ist Kapital immer Wagniskapital; Gewinnchancen und Verlustrisiko spornen die Akteure zu Leistungen an, von denen auch die Gesellschaft profitiert. Es kommt hinzu, dass eine liberalisierte Wettbewerbsökonomie den stärksten Motor nutzen kann, der für ein auf Dauer gestelltes Wirtschaften zur Verfügung steht: das Eigeninteresse der Wirtschaftssubjekte. Allerdings muss eine Gesellschaft für die damit verbundenen Erträge einen Preis entrichten. Wie immer kommt es am Ende auf den Saldo an.

Hohe Dynamik und »schöpferische Zerstörung«

Auf der Aktivseite der Bilanz stehen Wachstum, Wohlstand, Innovationsdynamik, gesellschaftlicher und sozialer Fortschritt. Auf der Passivseite schlägt die »schöpferische Zerstörung« im strukturellen Wandel zu Buche. Diesem Prozess fallen Unternehmen und ganze Branchen, Qualifikationen und ganze Berufsgruppen zum Opfer, wenn sie nicht mehr markt- und konkurrenzfähig sind. Fortbestehende, teilweise sogar sich verschärfende Ungleichheiten der Einkommens- und Vermögensverteilung und gesellschaftliche Spannungen in der Folge sozialer Ungerechtigkeit belasten die Bilanz zusätzlich. Der Saldo aber ergibt sich aus der Abwägung *beider* Bilanzseiten.

2 Entwicklungsphasen des Kapitalismus

»In order to understand the nature of present day capitalism, the evolutionary process, by which it came into being, must be understood« (Sée 1928: 123).

»Aus dem tiefen Grunde der europäischen Seele ist der Kapitalismus erwachsen. Derselbe Geist, aus dem der neue Staat und die neue Religion, die neue Wissenschaft und die neue Technik geboren werden: er schafft auch das neue Wirtschaftsleben [...] es ist ein Geist der Irdischheit und Weltlichkeit, ein Geist mit ungeheurer Kraft zur Zerstörung [...], aber auch stark zum Wiederaufbau« (Sombart 1916 I: 327).

2.1 Frühkapitalismus

Die gesellschaftliche Entwicklung ist durch Epochen aufeinander folgender Wirtschaftformen gekennzeichnet. In einem ungleichzeitigen Prozess breiten sich neue Wirtschaftsweisen »wie Ölflecken aus« (Braudel 1985: 15) und verdrängen überkommene Formen der Ökonomie, die in Refugien gleichwohl weiter bestehen. Vom agrarwirtschaftlichen Feudalismus verläuft die Entwicklung über den frühen Handelskapitalismus (ab dem 13. Jahrhundert), den handwerklich und hausindustriell geprägten Merkantilismus (bis ca. 1780), den leichtindustriellen Frühkapitalismus bis zum schwerindustriellen Hochkapitalismus (ab den 1870er Jahren). Schon vor dem Ersten Weltkrieg entfaltet sich ein kartellierter Finanzkapitalismus, der in der Weltwirtschaftskrise (ab 1929) kollabiert und das System an den Rand des Ruins bringt. Ein → *New Deal* zwischen Wirtschaft und Staat schafft Institutionen der Stabilisierung. Dieser Weg führt in den Jahrzehnten nach dem Zweiten Weltkrieg unter dem Einfluss des → Keynesianismus zum »gelenkten Kapitalismus«, in dem der Staat gesamtwirtschaftliche Steuerungsaufgaben übernimmt und sozialstaatliche Sicherungssysteme ausbaut. In der gegenwärtigen Phase des globalen Marktkapitalismus schwingt das Pendel wieder zurück in Richtung »weniger Staat, mehr Markt« (G. Willke 2003). Insgesamt bestätigt sich Schumpeters These (1942: 136), »dass wir uns bei der Behandlung des Kapitalismus mit einem Entwicklungsprozess befassen [...] Der Kapitalismus ist von Natur aus eine Form oder Methode der ökonomischen Veränderung.«

In der Epoche des *Handelskapitalismus* nimmt die Bedeutung der Städte als Märkte und Zentren der Geldwirtschaft zu; Banken (Siena, Florenz) und Börsen (Antwerpen, Lyon) entstehen, Versicherungen (zum Beispiel von Schiffstransporten) werden verfügbar. Die Banken entwickeln sich zu Institutionen, die mit dem Medium Geld nicht nur das Schmiermittel des Tausches bereitstellen, sondern als Kapitalsammelstellen Ersparnisse in Kapital transformieren und so Verbindlichkeiten schaffen – Gläubigerpositionen und Rückzahlungspflichten zwischen Wirtschaftssubjekten sowie Verknüpfungen zwischen Gegenwart und Zukunft. Dies begründet den Kapitalismus als eine kreditbasierte Ökonomie der Intertemporalität, in der heutige Investitionsentscheidungen künftige Entwicklungen prägen. Mit der Zukunft kommen Ungewissheit und Risiken ins Spiel. Wenn Geld als Kapital investiert wird, muss das Wirtschaften der Rechenhaftigkeit unterworfen werden – nicht zuletzt, um pünktliche Darlehenstilgungen zu gewährleisten und bei unvermeidlicher (Zukunfts-)Ungewissheit die Risiken zu begrenzen. Mit den Börsen verbunden sind auch Finanzmakler, → Arbitrage und Spekulation sowie – unvermeidlicherweise – Börsenpaniken und Finanzkrisen.

In der vorkapitalistischen Epoche entstehen Manufakturen sowie erste Formen des → Verlagswesens und der Hausindustrie. In den Manufakturen sind die Produktionstechniken noch handwerklich geprägt, doch Arbeitsteilung und Maschineneinsatz nehmen zu. Das Verlagswesen bringt neuartige Beschaffungs- und Vertriebsformen für hausindustriell gefertigte Waren. Verleger beliefern Handwerker mit Materialien und Vorprodukten und übernehmen den Vertrieb der fertigen Güter. Sie organisieren Produktion, Handel und Finanzierung. »Das Kapital entwickelt sich in den Poren der vorkapitalistischen Warenproduktion als Handelskapital und als zinstragendes Kapital« (Hilferding 1931: 20). Im Fabriksystem nimmt das Betriebsvermögen dann seine »charakteristische Form« als »industrielles Kapital« an (ebd.).

Der Frühphase des Kapitalismus geht die *ursprüngliche Akkumulation* voraus, die Anhäufung beträchtlicher Geldvermögen in den Händen von Feudalherren (Adel, Großgrundbesitz), Kaufleuten (anfänglich in den Stadtrepubliken Venedig, Florenz und Genua), und Geldverleihern/Finanziers (Peruzzi, Medici, Fugger). Den Levante-Handel (Tuche, Seiden, Gewürze etc.) nennt Sombart (1902 I: 382) »Ausraubung des Orients«. Die frühe Geldvermögensbildung und Akkumulation transferierbarer Vermögenstitel ist eine notwendige (doch keine hinreichende) Bedingung des Kapitalismus. Weitere Faktoren kommen hinzu: technische Neuerungen, »Freisetzung« von Arbeitskräften aus Landwirtschaft und traditionellem Handwerk, Ausweitung der Märkte, neue Techniken und Produktionsverfahren, Fabrik- und Maschinenwesen, Erschließung und Ausbeutung von Kolonien, der »kapitalistische Geist«.

Ursprüngliche Akkumulation

Die »ursprüngliche Akkumulation spielt in der politischen Ökonomie ungefähr dieselbe Rolle wie der Sündenfall in der Theologie […] der Arbeiter konnte erst dann über seine Person verfügen, nachdem er aufgehört hatte, an die Scholle gefesselt und einer andern Person leibeigen oder hörig zu sein. […] Somit erscheint die geschichtliche Bewegung, die die Produzenten in Lohnarbeiter verwandelt, einerseits als ihre Befreiung von Dienstbarkeit und Zunftzwang […]. Andererseits werden diese Neubefreiten erst Verkäufer ihrer selbst, nachdem ihnen alle ihre Produktionsmittel und alle durch die alten feudalen Einrichtungen gebotenen Garantien ihrer Existenz geraubt sind. […] Die Geschichte dieser ihrer Expropriation ist in die Annalen der Menschheit eingeschrieben mit Zügen von Blut und Feuer« (Marx 1867: 741, 743).

»Der außerhalb Europas direkt durch Plünderung, Versklavung und Raubmord erbeutete Schatz floss ins Mutterland zurück und verwandelte sich hier in Kapital« (ebd.: 781).

Bereits die Vorform der ursprünglichen Akkumulation, das feudale System der Landnahme und des Landbesitzes, beruhte auf »seizures of land« (Roll 1956: 43), auf Gewalt und Raub, ebenso wie auf Kolonialismus und Sklaverei: »Innumerable bits of evidence show that the colonial commerce and the exploitation of the native populations added enormously to the flood of wealth which poured into Europe […] Thus, robbery […] seems to have been one of the sources of modern capitalism« (Sée 1928: 36, 73). Was →Nietzsche (1881: Nr. 102) auf moralische Systeme münzte, gilt auch für die meisten gesellschaftlichen: Sie sind geschlagen mit einer *pudenda origo* – einem abscheulichen Ursprung.

Merkantilismus

In der Phase des Handelskapitalismus und im Zusammenhang mit der kolonialistischen Ausbeutung Mittel- und Südamerikas, aber auch Indiens und Indonesiens, kommt es im Verlauf des 17. Jahrhunderts zu massiven Zuflüssen von Gold und Silber nach Europa. In den sich konsolidierenden absolutistischen Staatsgebilden setzt sich die wirtschaftspolitische Doktrin des Merkantilismus durch. Der Reichtum des Gemeinwesens und des Souveräns wird mit der Anhäufung von Gold und Geld gleichgesetzt. Um Außenhandelsüberschüsse zu erzielen, fördert der Staat die Exporte (mit Ausnahme von Edelmetallen) und erschwert Importe (bis zum Verbot der Einfuhr von Luxusgütern): Man verfällt dem typischen Fehler »merkantiler Eifersucht« (Smith 1776: 410), bei dem *alle* versuchen, mehr zu exportieren. Monarchen und Territorialfürsten erheben Zölle (zum Schutz vor ausländischer Konkurrenz, aber auch um Einnahmen zu erzielen); sie vergeben Außenhandelsmonopole, Münz- und Bergbaurechte, und sie fördern den Gewerbefleiß. Noch ist das ökonomische Denken beherrscht von der Idee der *Schatzbildung*; erst später setzt sich die Einsicht durch, dass allgemeiner Wohlstand nicht durch gehortete Schätze, sondern durch *Kapitalbildung* begründet wird, also durch den Aufbau und die effiziente Nutzung produktiver Kapazitäten.

Die Folge der merkantilistisch-staatswirtschaftlichen Doktrin ist ein Übermaß an Regulierung des Wirtschaftslebens: Gewerbe, Handwerk, Handel, Transport, Produktionsweise, Löhne, Ausbildung – alles wird strikt reglementiert. Die obrigkeitliche Bevormundung der Untertanen ist nahezu umfassend: »Im Prinzip leitete die Monarchie alles, von den Gewissen bis zu den Mustern der Lyoner Seidengewebe« (Schumpeter 1942: 221). Überzogen ist allerdings die These, der Merkantilismus habe die Produktion behindert statt sie zu fördern. Heimann (1956: 511) zufolge mussten die neuen Produktionsmethoden in der merkantilistischen Epoche den Arbeitern und auch »den Unternehmern von den Regierungen mehr oder weniger sanft aufgezwungen« werden. →Friedrich der Große (1712–1786) habe sich darüber beschwert, dass er die Bourgeoisie (das heißt die Unternehmer) an den »Ohren zu ihren Profiten schleifen« musste. Heimanns Fazit: »logisch und historisch beginnt der Kapitalismus als durch staatliche Lenkung dynamisierte Privatwirtschaft« (ebd.: 512). Zu einem ähnlichen Ergebnis kommt Sée (1928: 19, 102): Die Transformation vom Handels- zum Industriekapitalismus war auf dem Kontinent im Wesentlichen das Ergebnis besonderer Anstrengungen der Regierungen.

Es gibt keine Geburtsstunde des Kapitalismus

Bei der Analyse der Anfänge des Kapitalismus erliegen manche Autoren der Versuchung, dieses Wirtschaftssystem mit einem bestimmten Datum oder Ereignis *beginnen* zu lassen. Doch bei komplexen historischen Phänomenen ist eine Geburtsstundenmetaphorik abwegig; treffender erscheint die Vorstellung einer Metamorphose. Denn die zahlreichen Elemente, die eine neue, emergente Qualität gesellschaftlicher Organisation ermöglichen, bilden sich in einem langwierigen Prozess heraus – als Gewebe aus Notwendigkeit und Zufall: »The capitalistic regime has taken many centuries in its preparation […] This condition is doubtless one of the reasons which explain the structural strength of modern capitalism« (Sée 1928: 105). Zu den bislang genannten Faktoren wie Landflucht und Urbanisierung, primäre Akkumulation, Anwendung neuer Technologien und fortschreitende Industrialisierung kommen in der Phase des Frühkapitalismus (ca. 1780 bis 1870) weitere, spezifische Elemente hinzu, insbesondere der Kapitalist als Unternehmer, die Ablösung der Hausindustrie durch das Fabrikwesen, der Geist des rationalen ökonomischen Kalküls, ein ergiebiges Angebot an freien Arbeitskräften sowie steigende Absatzmöglichkeiten auf expandierenden Märkten.

Überhandnehmendes Maschinenwesen

Als aufmerksamer Beobachter seiner Zeit schrieb Goethe (1821, Band 3: 13) von der »Handelssorge« der traditionellen Baumwollweberei, die noch in Heimarbeit und mit Handstühlen betrieben wurde; die Sorge galt dem »überhandnehmenden Maschinenwesen«, dem Vordringen mechanischer Webstühle in Textilfabriken. Den Webern und Spinnern blieb nur die Wahl, »entweder selbst das Neue zu ergreifen und das Verderben zu beschleunigen« – oder auszuwandern »und ein günstigeres Schicksal jenseits der Meere zu suchen.« Bis 1840 hatte der mechanische Webstuhl rund die Hälfte der Handstühle ersetzt, im Verlauf der 1850er Jahre wurde der Handstuhl schließlich vollends verdrängt (vgl. Kromphardt 1980: 110).

Keines der genannten Elemente ist hinreichend zur Definition des Kapitalismus – auch nicht das Erwerbs- und Profitstreben, das es in unterschiedlichen Ausprägungen immer schon gegeben hat (als »Gier nach Gold und Geld« (Sombart 1916 I: 328) quasi eine anthropologische Konstante). Bereits in biblischen Zeiten musste – doch wohl aus gegebenem Anlass – das Begehren geächtet und der Wucher verboten werden: »Du sollst deinem Bruder keinen Zins auferlegen, Zins für Geld […] Zins für irgendeine Sache […] Dem Fremden magst du Zins auferlegen« (5. Mose 23,20). Immer schon wurde das Verbot umgangen, etwa indem der Zins in Waren statt in Geld ausbezahlt oder durch Ausgabe von Anteilsscheinen eine Kapitalbeteiligung geschaffen/fingiert wurde, auf die statt verbotener Zinsen nun erlaubte Gewinnanteile entfielen – erlaubt nach der vernunftgeleiteten Ethik des Thomas von → Aquin dann, wenn eine Beteiligung auch Verlustrisiken impliziert. Damit blieb der Leihzins zwar weiterhin verboten, der Kapitalgewinn/Profit dagegen war erlaubt (vgl. Salin 1931: 146).

Marktbeziehungen als »Befreiungswerk«

Die Überwindung feudaler und merkantiler Beschränkungen wurde von vielen Zeitgenossen als Befreiung empfunden, weil obrigkeitlicher Paternalismus in Familien- und Feudalwirtschaft immer auch mit Subordination und Einschränkung auf traditionelle Lebens- und Wirtschaftsweisen verbunden war. Mühevoll erkämpfte Freiheitsrechte der liberalen Bewegung wirken sich nun verstärkt auch im Bereich der Wirtschaft aus: die individuelle Freiheit des Erwerbs, der Geschäftstätigkeit, der Vertragsschließung, der Verfügung über Eigentum, der Vererbung. Die Einführung der liberalen Wirtschaftsordnung ist »ein Befreiungswerk«, durch das »mächtige Kräfte freigeworden« sind (Sombart 1931a: 92).

Ein erstarkender calvinistisch-pietistischer Geist fördert darüber hinaus individualistische und demokratische Gesinnungen; er betont die Gleichrangigkeit der Gemeindemitglieder, das Priestertum *aller* Gläubigen und die Vorrangigkeit des Einzelnen gegenüber dem Staat beziehungsweise dem Kollektiv. Als Anspruch und Forderung bilden sich Gewissensfreiheit und Menschenrechte »zuerst in den politisch-religiösen Kämpfen innerhalb der reformierten Kirche und ihrer Sekten« aus (Jellinek, zit. in Takebayashi 2003: 292). Die religiöse Emanzipation ist – zumindest unter den »gebildeten Ständen« – zugleich auch eine geistige Befreiung, die ihrerseits zur politischen Mündigkeit beiträgt. Erst unter diesen Bedingungen können sich bürgerliche Tugenden wie Selbstverantwortung und Leistungsbereitschaft, aber auch Fortschritts- und Vernunftglauben entfalten. Noch die in die Städte entlaufenen bäuerlichen Erbuntertanen folgen der Freiheitslosung (»Stadtluft macht frei«) – selbst wenn sie dann als Handlanger, Dienstboten oder Tagelöhner, etwa in der Tuch- und Leinenweberei oder in der Eisenindustrie, wiederum nur abhängig beschäftigt sind. In Preußen mussten die »gutsherrlichen Bauern« auf ihre Befreiung bis zu den Niederlagen gegen Napoleon und zum Oktoberedikt des Freiherrn vom Stein von 1807 warten.

Entwicklung des Arbeitnehmer-Einkommens
Im Verlauf des 18. Jahrhundert ist das *reale* (inflationsbereinigte, die Kaufkraft wiederspiegelnde) Pro-Kopf-Einkommen in Westeuropa um rund die Hälfte angestiegen. Im 19. Jahrhundert steigerte sich das Wachstum des Pro-Kopf-Einkommens (bei rapide zunehmender Bevölkerung) auf das Zwei- bis Dreifache; im 20. Jahrhundert schließlich stieg das Pro-Kopf-Einkommen auf das Sieben- bis Achtfache (vgl. Baumol 2002: 53).

Allerdings hat dieses von Sombart so bezeichnete »Befreiungswerk« auch seine dunkle Seite. Die vielgescholtenen Zünfte reglementierten zwar die Menschen, aber sie waren doch auch Lebensgemeinschaften, die im Notfall ihre Mitglieder und deren Familien leidlich versorgten; das entfiel mit ihrer Abschaffung. Es gilt als unauslöschlicher Makel des Kapitalismus, dass seine Frühphase mit schweren sozialen Missständen verbunden war (und *ist* – siehe China und Indien heute): Proletarisierung, Hungerlöhne, extreme Arbeitszeiten (teilweise über 70 Wochenstunden), schädigende Arbeitsbedingungen, Ausbeutung, Frauen- und Kinderarbeit, hohe Sterblichkeit, Mietskasernen, Obdachlosigkeit, Verrohung. Was die Menschen zugrunde richtete, war weniger die Härte der Fabrikarbeit als vielmehr Monotonie und Sinnlosigkeit der Verrichtungen an Maschinen. Man mag dies alles als bedauerlichen »Kollateralschaden« einer forcierten Industrialisierung sehen. Düster bleibt dieses Kapitel gleichwohl, und es wird auch dadurch nicht aufgehellt, dass andere Systeme (Sowjetunion, kommunistisches China) weit höhere Kosten in Kauf genommen haben, um den »Großen Sprung« in die Moderne zu schaffen. Man muss daraus wohl den Schluss ziehen, dass eine Gesellschaft, wie immer sie verfasst ist, diese Prozesse nicht im Griff hat, sondern von ihnen ergriffen wird.

Fabrikgesetz von 1833
Mit dem Fabrikgesetz von 1833 für die Textilindustrie Englands wurde der Arbeitstag für Kinder und Jugendliche erstmals begrenzt. Während der Normalarbeitstag für Erwachsene auf 15 Stunden festgesetzt wurde, sollten Kinder (9 bis 13 Jahre) nicht länger als acht Stunden und Jugendliche (13 bis 18 Jahre) nicht länger als 12 Stunden arbeiten. Nachtarbeit war für sie generell verboten. Frauen- und Kinderarbeit in Bergwerken wurde erst 1842 untersagt (vgl. Kromphardt 1980: 111f.).

Sieht man auf die Funktion der gesellschaftlichen Veränderungen, dann handelt es sich dabei – systemtheoretisch gesprochen – um einen Prozess der Differenzierung bei zunehmender Komplexität. Nach Luhmann (1969: 265) ist der Komplexitätsgrad einer Gesellschaft geradezu ihr »Fortschrittskriterium.« Durch funktionale Differenzierung erhöhen die Teilsysteme ihre Leistungsfähigkeit – die Entwicklung folgt der »systemischen Logik der Steigerung« (H. Willke 2005: 10). Bei zunehmender Komplexität kann auch die Wirtschaft ihre zentrale Aufgabe der Besorgung des gesellschaftlichen Güterhaushalts nur erfüllen, wenn sie als spezialisiertes und relativ autonomes Subsystem funktioniert. Doch das hat seine Kosten: Es bricht an, was Goethe (1821, Band 1: 4) die »Zeit der Einseitigkeiten« genannt hat (bemerkenswerterweise mit dem Zusatz: »wohl dem, der es begreift«). Für die Gesamtgesellschaft bedeutet funktionale Differenzierung in Subsysteme eine Steigerung der Leistungsfähigkeit bei Schwächung der zentralen Kontrolle – mithin »die Übernahme hoher struktureller Risiken« (Luhmann 1969: 266), bedingt durch die schon von Max Weber (1922: 349) vermerkten »Eigengesetzlichkeiten der einzelnen Lebenssphären.« Konkreter: Die Gesellschaft muss sich dann auf das Risiko einlassen, dass ihre Ökonomie quasi durch eine »invisible hand« gesteuert – und bisweilen auch fehlgesteuert wird.

Abb. 2: *Entwicklung zu komplexeren Wirtschaftsformen*

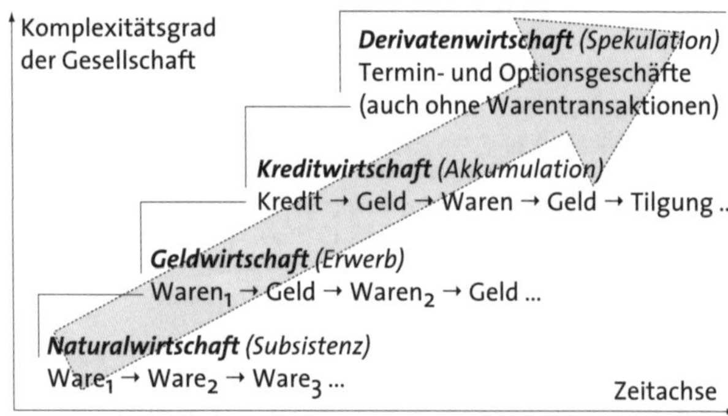

Die erwähnten Veränderungen wirken in Richtung einer Ausdifferenzierung autonomer Funktionsbereiche zur Bewältigung hoher Komplexität; im Ergebnis steigert dies die Effizienz, messbar am wirtschaftlichen Wachstum, am steigenden Wohlstand, an Fülle und Vielfalt des Güterangebots – was besonders auffällig ist im Vergleich zu dem Zustand von Massenelend, Hunger und Seuchen, der vor und außerhalb des Kapitalismus vorherrschend war – und ist. Die Perspektive auf Wirtschaftswachstum und Wohlstandssteigerung rückt die zentrale Funktion der Wirtschaft ins Licht: Die Besorgung des gesellschaftlichen Güterhaushalts. Ihre Funktion ist es nicht, Knappheit zu *überwinden*, sondern die Knappheit an ökonomischen Gütern auf immer höherem Niveau zu *reproduzieren*. Wirtschaften vollzieht sich in Zyklen von temporärer Minderung und rekursiver Wiederherstellung ökonomischer Knappheiten, »im unendlichen Rhythmus der wirtschaftlichen Bedürfnisse und ihrer Befriedigung« (Schumpeter 1942: 201). »Tatsächlich käme die Wirtschaft sofort zum Erliegen, hätte sie Erfolg bei der Abschaffung von Knappheit« (Baecker 2006: 6).

Entstanden aus feudalen und merkantilistischen Elementen, hebt der Kapitalismus wesentliche Bestandteile vorausgegangener Wirtschaftsepochen in sich auf (Handwerk, Handel, Geldverkehr, Märkte, Erwerbsgesinnung, aber auch Rechtsordnung, Privateigentum, staatlich gewährleistete Bereitstellung von Infrastrukturen, Armenfürsorge). Neue, spezifisch kapitalistische Elemente kommen hinzu, zum Beispiel rationale Wirtschaftsrechnung, wirksame Marktkonkurrenz, systematisch betriebene Innovation oder ausdifferenzierte Finanz-, Kapital- und Versicherungsmärkte. Zwar wurde auch in früheren Epochen schon kalkuliert und bilanziert – in Handelshäusern, Reedereien, Werkstätten (vgl. Bog 1978: 426f.). Prägend wird die Kosten- und Ertragsrechnung jedoch erst in der Neuzeit: »Das charakteristische Merkmal des Kapitalismus ist die Wirtschaftsrechnung« (v. Mises 1940: 258). Von Kapitalismus kann man sprechen, wenn die spezifisch kapitalistischen Merkmale so weit ausgebildet sind, »dass sie der gesamten Gesellschaft ihren Stempel aufdrücken und den Entwicklungsgang wesentlich beeinflussen« (Dobb 1946: 23).

Der Kern des Kapitalismus

Der Kern des Kapitalismus besteht in einer Dynamik, die vom Ziel der Kapitalverwertung ausgeht. Motor dieses Geschehens ist das Gewinnstreben; gelenkt wird es vom privatwirtschaftlichen Investitionskalkül, moduliert vom Wettbewerb auf den Märkten. Das Kalkül der Kapitalverwertung zielt auf die Erwirtschaftung einer Rendite. Das nötigt die Unternehmen zur Wertschöpfung für Märkte, das heißt für eine kaufkräftige Nachfrage. Die (unbeabsichtigte) Folge der Kapitalverwertungsdynamik ist somit Wertschöpfungs- und Einkommenswachstum. Der Markt als Ort der Interaktion von Angebot und Nachfrage eröffnet dem Wagniskapital Gewinnchancen, setzt es aber auch dem Verlustrisiko aus; beides unterwirft die Akteure einem hohen Leistungsdruck. Rendite ist immer auch Risikoprämie.

In vergleichender Perspektive fragt Sombart (1931b: 86), wo die bewegende Kraft für wirtschaftliche Dynamik herkommt. Für den Merkantilismus entdeckt er »das Zentrum der wirtschaftlichen Energie in den Büros der Regierungen«: Staatsmänner wie Colbert (1619–1683) hätten die Unternehmer überhaupt erst »auf die Bahn des wirtschaftlichen und technischen Fortschritts« lenken müssen. Colbert hatte in Frankreich die Gründung von Manufakturen angestoßen, um den Außenhandel zu beleben; Handelsgewinne seien schließlich »das einzige Mittel, um die *Grandeur* und die Macht des Staates zu erhöhen« (zit. bei Sée 1928: 47). Im Kapitalismus dagegen, so Sombart, sei nicht der Staat, sondern der Unternehmer die »treibende Kraft« – sein »objektiviertes Verwertungsstreben« die »Triebkraft für alles wirtschaftliche Geschehen« (1909: 697). Im Lichte dessen, was über die Rolle des Staates gesagt wurde, muss diese Aussage für die Frühphase des Kapitalismus allerdings relativiert werden: In Deutschland und Frankreich jedenfalls ließen sich die Unternehmer recht lange bitten, zur »treibenden Kraft« zu werden. Bis weit ins 19. Jahrhundert hinein ging die Dynamik eher von den Regierungen aus; sie waren es, die den Aufholprozess gegenüber Großbritannien »zum politischen Programm erhoben« und mit »Zöllen, Gewerbegesetzen, Reformen der Schulen und Universitäten, Gründung von Banken und Eisenbahngesellschaften« tatkräftig Nachhilfe leisteten (Hufnagel 2000: 12).

Folgt man Dobb (1946: 30f.), dann sind es drei Merkmale, die den Unterschied zu den vorausgegangenen Epochen markieren und den spezifischen Charakter der kapitalistischen Ära prägen:

- *das Kapital*: in den Händen der »Kaufmannsbourgeoisie« hat sich »Kaufmannskapital« gebildet, das nun zunehmend als Industriekapital Verwendung findet und die Industrialisierung vorantreibt;
- *die Fabrik*: technische Entwicklungen ermöglichen die »kollektive Großproduktionseinheit der Fabrik«; sie wird zum Ort der kapitalistischen Produktion für anonymen Marktbedarf;
- *die Klassengesellschaft*: aus Landarbeitern, Handwerksgesellen, Mädchen und »Weibern« bildet sich ein Proletariat, das seine Arbeitskraft vermarkten muss; die Klassenstruktur begründet eine »unmittelbare Beziehung zwischen Kapitalisten und Lohnempfängern« – eine Beziehung der ökonomischen Abhängigkeit.

Die Zurichtung des Menschen für den Kapitalismus

Auf der kulturell-mentalen Ebene vollzieht sich während dieser Epochen ein Prozess der *Zivilisierung* (Elias 1939); die gesellschaftlichen Veränderungen finden ihren Niederschlag in den psychischen Strukturen der Menschen. Wenn Wirtschaftssubjekte bei fortschreitender Arbeitsteilung in erhöhte funktionale Abhängigkeit voneinander geraten – Elias spricht von »Ausweitung der Interdependenzketten« –, dann erfordert dies angepasste Verhaltensnormen. Im Zuge einer »Umwandlung von Fremdzwängen in Selbstzwänge« bildet sich eine »psychische Selbstkontrollapparatur« aus (ebd.: 319f., 366). Der ungehobelte mittelalterliche Mensch, dem Arbeit als Fluch und Strafe für den Sündenfall galt, wird in einem Prozess der Trieb- und Affektmodulierung konditioniert, diszipliniert und für regelmäßige Berufsarbeit zugerichtet. Die Menschen werden »auf Zivilisationstemperatur gebracht« (Bolz 2003: 967). Äußere Zwänge (Leibeigenschaft, Gutsuntertänigkeit) wandeln sich in verinnerlichte Normen, die eine leistungsorientierte Ethik der Berufsarbeit begründen. Ansätze von Triebaufschub begründen einen gewissen Fortschritt in der Geistigkeit (Freud). Die bürgerliche Lebensform avanciert zur Leitvorstellung der aufstrebenden Massen, insbesondere derjenigen, die es weiterbringen wollen. Bürgerlichkeit wird zu einer »Lebensnorm emporgetrieben« (Hellpach 1931: 7), die den Wert des Individualismus betont – nun nicht mehr des heroischen Individualismus der Ritter und Feudalherrn, sondern dessen bürgerlicher Variante: Händler statt Helden. »Die kapitalistische Zivilisation«, so Schumpeter (1942: 209), »ist rationalistisch, und sie ist ›anti-heroisch‹.«

Okzidentaler Kapitalismus

Im Zusammenhang mit dem Frühkapitalismus wird die Frage diskutiert, warum diese Wirtschaftsform ausgerechnet auf dem Boden des Okzidents, also in Süd- und Westeuropa entstanden ist. Aus dem Vergleich mit Entwicklungen in den Hochkulturen Chinas und Indiens, wo viele Techniken früher erfunden und eingesetzt wurden als in Europa, lässt sich die These ableiten, dass es die politischen Verhältnisse und Institutionen waren, die dem Okzident einen Vorsprung verschafft haben: Herrschaft des Rechts, Sicherung individueller Eigentumsrechte, Beschränkung des Staates und seines Zugriffs auf die Bürger durch Verfassung und Gewaltenteilung. Die staatliche Zersplitterung hat ein Großreich à la China oder Indien verhindert und »den Staat im Wesentlichen auf Vorsorge für Sicherheit, Rechtsordnung und Infrastruktur« begrenzt. Weitere Faktoren wie die »weitgehende kommunale Autonomie« und die »relative Unabhängigkeit der Kirche vom Staat« (Bog 1978: 428) haben das Entstehen von Märkten, Unternehmern, »freier« Lohnarbeit und am Ende der kapitalistischen Industriegesellschaft begünstigt. Die politische Fragmentierung und die Schwäche der europäischen (Klein-)Staaten wirkten sich förderlich auf die wirtschaftliche Entwicklung aus – ökonomisch hat Europa von seiner Zersplitterung profitiert (vgl. Weede 2005). »Die entscheidende Phase dieses okzidentalen Prozesses, das Jahrhundert zwischen 1814 und 1914, ist eine Zeit des stabilen europäischen Gleichgewichts und seltener und kurzer Konflikte« (Bog 1978: 428).

»Nur der Okzident kennt rationale kapitalistische Betriebe mit *stehendem Kapital*, freier Arbeit und rationaler Arbeitsspezialisierung und -verbindung und rein verkehrswirtschaftliche Leistungsverteilung auf der Grundlage kapitalistischer Erwerbswirtschaften. Also: die kapitalistische Form der formal rein voluntaristischen *Organisation der Arbeit* als typische und herrschende Form der Bedarfsdeckung breiter Massen, mit Expropriation der Arbeiter von den Beschaffungsmitteln, Appropriation der Unternehmungen an Wertpapierbesitzer« (Weber 1922: 96; kursiv i. O.).

Für Max Weber ist die Wirtschaftsgesinnung – der »Geist des Kapitalismus« – wesentlich für die Entstehung der »okzidentalen« Wirtschaftsweise. Webers Argumentation richtet sich in diesem Punkt gegen Marx (vgl. Parsons 1929: 40; Mommsen 1974: 144), für den allein markt- und verwertungsimmanente Zwänge die Entwicklung (und das Ende) des Kapitalismus determinieren: Die Marktkonkurrenz, so Marx, nötige profitgierige Kapitalisten zur Akkumulation, daraus resultiere eine immer höhere →»organische Zusammensetzung des Kapitals«, diese bewirke einen »tendenziellen Fall der Profitrate«, der schließlich zum unvermeidlichen Zusammenbruch des Systems führe. Im Gegensatz dazu betont Weber (wie zuvor schon Sombart) den »kapitalistischen Geist« als Voraussetzung des Wandels von der mittelalterlich-katholischen Wirtschaftsgesinnung hin zu einer protestantisch-rationalen Lebensführung: Inbegriff der (puritanischen) Tugenden sind Fleiß, Pflichtbewusstsein, Rechtschaffenheit, Disziplin und Sparsamkeit – Sublimation also. Die »fromme Schwärmerei [des Mittelalters] wird im eiskalten Wasser egoistischer Berechnung ertränkt« (*Kommunistisches Manifest* 1848). Was sich – mental bedingt – verändert hat, sind die gültigen »standards of respectable behavior« (Baumol 2002: 66).

Die protestantische Ethik

In ihrer calvinistisch-pietistischen Ausprägung führt die protestantische Ethik zwei widerstreitende Momente zusammen: Entsagung durch asketische Lebensführung einerseits und Akkumulation weltlicher Güter andererseits. Die puritanische Tradition der »innerweltlichen Askese« (Weber 1904: 212) schafft den Wohlstand, der als Zeichen göttlicher »Gnadenwahl« gilt: Gott steht auf Seiten der Erfolgreichen. Allerdings darf man den erworbenen Wohlstand nicht heidnisch genießen: »Das sittlich wirklich Verwerfliche ist nämlich das Ausruhen auf dem Besitz, der *Genuss* des Reichtums« (Weber 1904: 166; kursiv i. O.). Eine asketische Einstellung, die gegen die konsumtive Nutzung erworbener Güter gerichtet ist, begünstigt notwendig die Akkumulation: Unablässig werden Kuchen gebacken, aber nicht gegessen (Schumpeter 1946: 55). »Nur auf puritanischem Boden konnte sich der Kapitalismus […] dauerhaft durchsetzen« (Heimann 1956: 513).

Dieser neue Wirtschaftsgeist steht jedoch moralisch am Pranger. Gutgesinnte beklagen, der brüderliche Geist von Familienwirtschaft und Genossenschaft löse sich auf zugunsten des Individualismus und der Geldwirtschaft: »kein anderes Band [bleibt] zwischen Mensch und Mensch übrig als das nackte Interesse, als die gefühllose ›bare Zahlung‹« (*Kommunistisches Manifest* 1848). Geschäftsgieriger »Handelsgeist« verbinde sich mit einem vom Gewinn hervorgerufenen Egoismus und verdränge die brüderliche Nächstenliebe (vgl. Takebayashi 2003: 85f.). Man muss sich allerdings fragen, wo es die angemahnte Brüderlichkeit im Wirtschaftsverkehr je gegeben hat – und ob brüderlicher Geist (außerhalb der Familie) je das leistete, was Egoismus zuverlässig hervorbringt, nämlich Güterproduktion *für andere*. Egoistisch motivierte Wertschöpfung führt im Ergebnis dazu, dass ein Güterangebot auf den Markt kommt und Erwerbstätige auf diese Güter mit dem Einkommen zugreifen können, das sie im Wertschöpfungsprozess verdienen. Brüderlichkeit verteilt um und verfestigt so den Mangel; Egoismus überwindet ihn – wenn auch unbeabsichtigt. Erfahrung lehrt: Investieren ist solidarischer als Teilen (Homann).

Von Schumpeter (1942: 114) stammt die Bemerkung, die eigentliche Leistung des Kapitalismus bestehe darin, »Seidenstrümpfe«, die einstmals Königinnen vorbehalten waren, auch »den Fabrikmädchen« zugänglich zu machen. Schwesterliche Umverteilung hätte einem oder zwei Mädchen geholfen, die anderen wären weiterhin barfuß gegangen. Ob am Ende seidenbestrumpfte oder barfüßige Mädchen glücklicher sind, kann offen bleiben; es geht um die Optionen.

2.2 Umbrüche der Industrialisierung

Die Industrialisierung während der europäischen »Sattelzeit« zwischen der Mitte des 18. und Mitte des 19. Jahrhunderts stellt sich als eine »beschleunigte Zeit« dar (Koselleck 1972: xiv), in welcher eine alte Welt verschwindet (die ständisch-feudale) und eine neue entsteht (die bürgerlich-kapitalistische). Aus dem bisher Gesagten lassen sich fünf Entwicklungslinien bestimmen, die als Bedingungen der Möglichkeit von Kapitalismus interpretiert werden können:

1. technische Durchbrüche,
2. sozialer Wandel,
3. kultureller Wandel,
4. Ausweitung der Märkte,
5. Neuerungen im Bank- und Kreditwesen.

Im interdependenten Zusammenwirken treiben diese Veränderungsprozesse die Wirtschafts- und Gesellschaftsordnung des Kapitalismus hervor – als eine neue →»Emergenzstufe« der komplexer werdenden Gesellschaft (vgl. H. Willke 2005: 21).

1. Technische Durchbrüche

Neue Techniken, verbesserte Produktionsweisen, effizientere Transportmittel, Trennung von Privathaushalt und Betrieb, fortschreitende Spezialisierung und Arbeitsteilung kennzeichnen die Phase der »Industriellen Revolution.« Im Zuge dieser (tatsächlich eher evolutionären Metamorphose) wird das Handwerk zunehmend durch maschinelle Fabrikation verdrängt. Während der technische Wandel auf der einzelwirtschaftlichen Ebene darauf abzielt, »menschliche Arbeit zu überbrücken«, das heißt zu substituieren, resultiert auf gesamtwirtschaftlicher Ebene eine »gewaltige Ausweitung der Investitionen und eine beträchtliche Erhöhung der Nachfrage nach Arbeitskräften« (Dobb 1946: 273).

Wichtige Stationen der technologischen Entwicklung sind Verbesserungen der Eisenproduktion, der Hütten- und Walzwerktechnik; um 1760 wird das Koksverfahren eingeführt; Sombart (1931a: 99) erklärt die »Erfindung des Koksverfahrens« gar zum Beginn »der modernen Welt«. Nicht weniger bedeutsam sind die vielfältigen Verbesserungen der Mühlentechnik (Getreide-, Öl- und Bewässerungsmühlen), der Druckerpresse, der Spinnmaschine (»Spinning Jenny« von Hargreaves 1765); ferner die Dampfmaschine (Watt 1769) – für Sée (1928: 92) eine der ersten Anwendungen von Wissenschaft für industrielle Zwecke –, sowie der Webstuhl (Cartwrights mechanischer Webstuhl 1785/87). Im 19. Jahrhundert kommen Dampfschiff und Eisenbahn hinzu, dann die neuen Basistechnologien Elektrizität (Stromgenerator von Siemens 1866; dezentral einsetzbare Elektromotoren), Telefon (Bell 1876), Chemie und Autoindustrie (Daimler 1886; Fords »Model T« wird zum ersten automobilen Massenprodukt: ab 1908 rollen ca. 15 Millionen Stück vom Band) sowie das Flugzeug (Gebrüder Wright 1903).

Die meisten dieser Technologien erfordern einen hohen Investitions- und also auch Kapitalaufwand sowie eine weitergehende Arbeitsteilung. Technische und ökonomische Spezialisierung impliziert das Wagnis, »das eigene

Wohlergehen auf die Spitze einer Nadel zu setzen« (Sloterdijk 2005: 312). Unter diesen Bedingungen entstehen Kapitalgesellschaften, die sich die benötigten Mittel auf dem Kapitalmarkt beschaffen. Nicht nur die Produktion erfolgt marktgesteuert für einen anonymen Bedarf, auch die Finanzierung über Kapitalmarkt und Börse wird unpersönlicher. Schließlich treten in den größeren Kapitalgesellschaften zunehmend auch die Eigentümer in den Hintergrund; sie übertragen die operativen Aufgaben der Unternehmensführung angestellten Managern. Ist das Anteilseigentum breiter gestreut, geht häufig auch die faktische Verfügungsgewalt von den Eignern auf das Management über.

2. Sozialer Wandel

Ökonomischer und gesellschaftlicher Wandel sind interdependent. Industrialisierung, Umwälzung der Erwerbsstrukturen und Bevölkerungswachstum führen im Europa des 19. Jahrhunderts zu einschneidenden sozialen Veränderungen. Um 1800 sind in den deutschen Staaten noch rund drei Viertel der Erwerbsbevölkerung in der Landwirtschaft tätig, ein Viertel ist gewerblich beschäftigt; bis zur Mitte des 19. Jahrhunderts steigt der gewerbliche Anteil auf die Hälfte. Die bislang in Handwerk und Heimindustrie betriebene häusliche Familienwirtschaft wird verdrängt durch Manufaktur- und Fabrikproduktion; die Kernfamilie löst die bisherige Mehr-Generationen-Hausgemeinschaft ab, Wohnung und Arbeitsstätte werden räumlich getrennt. Bergwerke, Manufakturen und Fabriken entfalten eine steigende Nachfrage nach Arbeitskräften – nach »Menschen, die keine anderen Lebensmöglichkeiten als ihre tägliche Arbeit haben« (Dobb 1946: 224). Das bislang auf dem Land verbreitete personale Herrschaftsverhältnis wandelt sich in ein anonymes Abhängigkeitsverhältnis vom Markt.

Ein bleibendes Dokument des proletarischen Elends in der Frühphase des Kapitalismus ist Friedrich Engels' Werk über *Die Lage der arbeitenden Klasse in England* von 1845, das er (wie der Untertitel ausweist) »nach eigner Anschauung und authentischen Quellen« verfasst hat. In der Frühphase des Kapitalismus verarmen ganze Bevölkerungsschichten im Zuge von Landflucht und Proletarisierung; die Migration – häufig erzwungen wie in England durch die berüchtigten *enclosures* (Einhegung von Gemeindeland und Vertreibung: »Bauernlegen«) – entwurzelt die Menschen aus Familienverband und Subsistenzwirtschaft; sie sind zur Lohnarbeit genötigt und werden abhängig vom Arbeitsverdienst (der kaum die Existenz sichert). Pauperismus, Kinder- und Frauenarbeit, hohe Sterblichkeit – die *soziale Frage* bricht mit aller Gewalt auf.

Die soziale Frage

Engels: »Der soziale Krieg«

»Da in diesem sozialen Kriege das Kapital […] die Waffe ist, mit der gekämpft wird, so ist es einleuchtend, dass alle Nachteile eines solchen Zustandes auf den Armen fallen […] Wenn er so glücklich ist, Arbeit zu bekommen, d. h. wenn die Bourgeoisie ihm die Gnade antut, sich durch ihn zu bereichern, so wartet seiner ein Lohn, der kaum hinreicht, Leib und Seele zusammenzuhalten; bekommt er keine Arbeit, so kann er stehlen […] oder verhungern« (Engels 1845: 258).

»[…] alle ihre historischen Fortschritte erkaufte sich [die kapitalistische Produktionsweise] zunächst durch die völlige Verelendung der unmittelbaren Produzenten« (Marx 1894: 631).

Im 19. Jahrhundert verdoppelt sich die Bevölkerung Europas von 200 Millionen auf fast 400 Millionen Menschen; im Deutschen Reich verdreifacht sich die Bevölkerungszahl auf rund 56 Millionen. Die Land-Stadt-Migration geht einher mit rasanter Urbanisierung von Lebensräumen und Lebensweisen. War die vorindustriell-ständische Gesellschaft streng nach Geburtszugehörigkeit geschichtet (Adel, Klerus, Bürger/Handwerker, Bauern, Arme) und sozialer Aufstieg die Ausnahme, so löst sich diese Ständegesellschaft im Verlauf der Industrialisierung auf; der statisch-ländlichen und geschichteten Gesellschaft folgt eine dynamisch-urbane und funktional differenzierte. Aufstrebende

Berufsgruppen – Händler, Bankiers, Verleger, Manufakturisten, Fabrikanten, Ärzte, höhere Beamte –, aber auch Spekulanten, Emporkömmlinge und Neureiche verstärken die bürgerliche Mittelschicht. Zwischen Proletariat und Patriziat/Bourgeoisie entsteht ein Kleinbürgertum der Handwerker, Einzelhändler und niederen Beamtenschaft.

Lebensrisiko Einkommensausfall

Erwerbsarbeit außerhalb der großfamilialen Landwirtschaft bringt neuartige Lebensrisiken mit sich; Einkommensausfall wegen Arbeitslosigkeit, Krankheit, Invalidität oder Tod wird nicht mehr vom Familienverband aufgefangen. Der Staat muss sich der sozialen Frage stellen – ebenso wie der Herausforderung durch die in ihrem Gefolge erstarkende sozialistische Bewegung. Die Obrigkeit sieht sich genötigt, Sozialversicherungssysteme einzurichten, um mit Sozialpolitik, Arbeitsschutz- und Wohnungspolitik zur Absicherung der neuen Risiken, zur allmählichen Verbesserung der sozialen Lage der Arbeiterfamilien und damit zur gesellschaftlichen Befriedung beizutragen. Moderne staatliche Sozialpolitik beginnt in den 1880er Jahren mit der Bismarckschen Sozialversicherungsgesetzgebung (Krankenversicherung 1883, Unfallversicherung 1884, Invaliditäts- und Altersversicherung 1889, Arbeitslosenversicherung 1923).

Die »Kaiserliche Botschaft« von 1881

Zur Begründung der Sozialversicherungspläne heißt es in der »Kaiserlichen Botschaft«, »dass die Heilung sozialer Schäden nicht ausschließlich im Wege der Repression sozialdemokratischer Ausschreitungen, sondern gleichmäßig auf dem der positiven Förderung des Wohls der Arbeiter zu suchen sein werde.«

Die Sozialversicherung, so Bismarck, sei eine »gute Anlegung des Geldes auch für uns: Wir beugen damit einer Revolution vor.« Diese epochale Sozialreform wurde sowohl von den Konservativen als auch von der Sozialdemokratie bekämpft. Den einen ging sie zu weit, den anderen nicht weit genug.

Fortschritte im Gesundheitswesen und in der Hygiene, bei der Wasser- und Energieversorgung, im Verkehrswesen und auch im Schul- und Ausbildungswesen erhöhen den Lebensstandard der Bevölkerung auf breiter Basis. Die Einführung der Schulpflicht verdrängt das Analphabetentum; für die gesellschaftliche Stellung gewinnt die berufliche Tätigkeit an Bedeutung; sie wird zum Motor der sozialen Mobilität.

3. Kultureller Wandel

Der kulturelle Wandel zum »Geist des Kapitalismus« kann als Mentalitätswandel gesehen werden, der das wirtschaftliche Handeln entfesselt. Die »Seelenstimmung« des Mittelalters ist religiös-normativ beschränkte Bedarfsdeckung: Handwerk und Handel sollten den Mann (und seine Familie) redlich nähren und ein standesgemäßes Auskommen sichern. Die Stimmung des Kapitalismus – eine Seele geht ihm vermutlich ab – ist dagegen auf Erwerb und Zugewinn gerichtet: Wirtschaftstätigkeit soll Rendite abwerfen. Indem der mittelalterliche Geist enger Kirchlichkeit (Entsagung, Bekämpfung der Begierden, Zins- und Spekulationsverbot) sich verflüchtigt, emanzipiert sich das Erwerbsstreben; ein neuer, kompetitiver Geist – der »Geist des Kapitalismus« – verdrängt den weltabgewandten Müßiggang. Insgesamt führt dieser Wandel zu einer höheren »Elastizität des wirtschaftlichen und gesellschaftlichen Lebens« (Sée 1928: 13). Damit verbunden sind Ausweitung des (Fern-)Handels, Anhäufung von Handels- und Finanzkapital, Errichtung von Manufakturen und Fabriken, technische Neuerungen, Innovationsdynamik – kurz: Kapitalakkumulation.

Zu den verbesserten Kulturtechniken gehört die rationale Wirtschaftsrechnung, insbesondere die Anwendung der bereits 1202 erfundenen doppelten Buchführung. Sombart geht so weit, das Jahr 1202, in dem Leonardo Pisano erstmals das kaufmännische Rechnen in arabischen Ziffern darstellt, als »das Geburtsjahr des Kapitalismus« zu bezeichnen. Die rationale Kalkulation von Kosten und Erträgen entwickelt sich zu einem charakteristischen Zug des »kapitalistischen Geistes«. Dabei ist die Wirtschaftsrechnung nicht nur vergangenheitsbezogen (wie in der Buchführung), sondern auch zukunftsorientiert, etwa bei der Renditekalkulation alternativer Investitionsprojekte. Ökonomisch *rationales* Entscheiden besteht darin, unter verschiedenen Handlungsoptionen diejenige auszuwählen, welche die höchste (erwartete) Rendite bringt.

Der Geist der Rechenhaftigkeit entledigt sich weltlicher und kirchlicher Fesseln und verwandelt das kalkulierende Erwerbsstreben in eine Tugend. So wird das Tor zu Kapitalakkumulation und Wachstum aufgestoßen. Der scheele Blick auf Erwerbsstreben, Gewinn, Zinsnahme, ja Reichtum überhaupt (»eher geht ein Kamel durch ein Nadelöhr, als dass ein Reicher in den Himmel kommt«; Mt 19,24) weicht einer Wertschätzung unternehmerischer Leistungen und wirtschaftlicher Erfolge. Nicht, dass die auf Erwerb gerichteten Handlungsweisen erst hätten erfunden werden müssen: Nur die Beschränkungen waren zu überwinden, die das Erwerbsstreben bislang gefesselt hielten.

4. Ausweitung der Märkte

Von der Hauswirtschaft über Stadtwirtschaft, Regional- und Nationalwirtschaft bis hin zur Weltwirtschaft werden die Wirtschaftsräume ausgeweitet; es kommt zu dem, was Marx (1867: 790) als »die Verschlingung aller Völker in das Netz des Weltmarktes« bewundert und gescholten hat. Die Kreuzzüge (1. Kreuzzug: 1096–1099) öffnen den Vorderen Orient für den Handel. Mit der Hanse (Gründung 1254) und den *Merchant Adventurers* (gegründet in England 1407) expandieren Schiffsverkehr und Handel nach Nordeuropa und in den Ostseeraum. Nach der Entdeckung Amerikas (1492) strömen Gold und Silber von den ausgebeuteten Kolonien nach Europa (und lösen dort dramatische Teuerungen aus). »Welthandel und Weltmarkt eröffnen im 16. Jahrhundert die moderne Lebensgeschichte des Kapitals« (Marx 1867: 161). Verbesserungen der Verkehrsmittel und -wege (Suezkanal 1869) sowie der Kommunikationstechniken senken die Transportkosten und ermöglichen den Austausch mit entfernteren Märkten.

Zollschranken
»Die Gründung des deutschen Reiches 1871 brachte das Ende der »Kleinstaaterei und [gab] den Startschuss für eine vereinigte deutsche Volkswirtschaft. Lange Zeit mussten Pfeffersäcke von Hamburg nach München bis zu einem Dutzend Zollschranken überwinden. Im Pferdekarren, auf schlechten Wegen und per Lastkahn [...] ging die [...] Reise unter anderem durch das Herzogtum Lauenburg, Königreich Hannover, Herzogtum Braunschweig, Kurfürstentum Hessen-Kassel oder die thüringischen Staaten bis ins Königreich Bayern. Nur wenige Kaufleute hatten Lust auf solche Strapazen« (Pfeiffer 2005).

»Die kapitalistische Produktionsweise erscheint in der Zeit, als die neuen großen Märkte erschlossen wurden« (Sombart 1896: 5). Zur Bewältigung des wachsenden Frachtvolumens werden Dampfschifffahrt und Dampfeisenbahnen ausgebaut: »Especially after 1836 – the somewhat feverish construction of a great number of railroad lines tended to revolutionize the whole system of internal communication and to hasten the industrial transformation« (Sée 1928: 97). Allerdings verschärft die Intensivierung des wirtschaftlichen Austauschs zugleich die Konkurrenz durch ausländische Anbieter und lässt Forderungen nach Protektionismus und Handelsbeschränkungen laut werden.

5. Bank- und Kreditwesen

Diese Entwicklungen verbinden sich mit Neuerungen im Bank-, Kredit- und Börsenwesen, das unerlässliche Dienste leistet bei der Abwicklung des Fernhandels, der Finanzierung von Investitionen sowie bei der Mobilisierung von Kapital. Bereits im spätmittelalterlichen Siena und Florenz etablieren sich mit dem florierenden Fern- und Orienthandel die ersten Bankhäuser; sie emittieren Banknoten, tauschen fremde Währungen, nehmen Depositen in Verwahrung, geben Kredit auf Handelswechsel (gegen Diskont), gewähren Darlehen und Hypotheken, versichern Land- und Seetransporte und handeln mit Wertpapieren (vgl. Sée 1928: 15). Bald werden Kreditgeschäfte auch mit weltlichen und kirchlichen Fürsten getätigt – ja, diese Engagements erweisen sich als besonders lukrativ. So konnte das Florentiner Bankhaus Peruzzi auf Darlehen an Päpste und an französische Könige Zinsen von über 25 Prozent einstreichen – zeitweise gar bis zu 50 Prozent pro Jahr (vgl. ebd.). Vor diesem Hintergrund wird die kirchliche Ächtung des Wuchers verständlicher – selbst wenn dies einige reiche Klöster und Orden (wie den Deutschorden) nicht davon abhielt, sich mit beträchtlichen Summen auch als Bankhaus und Kreditgeber zu betätigen.

Mit dem internationalen Handel nimmt auch die Bedeutung der Börsen zu. Werden dort zunächst nur gegenständlich vorhandene Waren und Währungen gehandelt, so wird das Börsengeschehen rasch virtuell: Es verlagert sich vom Handel mit Waren und Geld auf Dispositionen über Zahlungs*versprechen* (Wechsel, Darlehen), ferner auf Spekulationen und Handel mit Waren- und Währungskontrakten sowie mit Effekten (Wertpapiere, Aktien, Industrieobligationen, Schuldverschreibungen etc.), um schließlich auch noch die monetarisierten *Risiken* von Zahlungsversprechen in die Spekulation einzubeziehen (vgl. Baecker 2006: 74). Die Börse wird zum Ort des Terminhandels, der interlokalen und intertemporalen → Arbitrage und Spekulation (samt den unvermeidlichen Spekulationsblasen und Abstürzen wie Tulpencrash von 1637, South Sea Bubble 1720, Eisenbahnboom und Gründerkrise 1874, Weltwirtschaftskrise 1929, Absturz des »Neuen Marktes« 2002).

Im Zuge der Ausdifferenzierung eines leistungsfähigen Bank- und Börsenwesens nehmen finanzielle Transaktionen einen überwiegend unpersönlichen, anonymen Charakter an. Anteilsscheine (Aktien, Genussscheine), Schuldscheine (Obligationen, Hypotheken) und auch → Derivate

(Optionsscheine, *Futures*/→ Terminkontrakte, Zertifikate) tragen dazu bei, den wachsenden Finanzierungsbedarf der Aktiengesellschaften zu decken und Risiken abzusichern (etwa im Außenhandel das Risiko von Währungsschwankungen durch → *Hedging*). Dem (vermögenden) Publikum bieten die Börsen eine Vielfalt von Anlagemöglichkeiten, den (risikofreudigeren) Wirtschaftssubjekten Raum für Wetten und Spekulationen.

2.3 Hochkapitalismus

Wirtschaftshistoriker lassen den Hochkapitalismus mit den 1870er Jahren beginnen. Zwar sind zu dieser Zeit in Deutschland und Frankreich und selbst in den USA noch rund die Hälfte aller Beschäftigten in der Landwirtschaft tätig (nur in Großbritannien ist dieser Anteil bereits auf rund ein Viertel gesunken, vgl. Kromphardt 1980: 100), doch werden Arbeitsbedingungen und Lebensgefühl der Menschen zunehmend von Industrialismus, Fabrikarbeit und (vor-)städtischem Milieu geprägt. Zwischen den 70er Jahren des 19. Jahrhunderts und dem Ersten Weltkrieg verzeichnen die Montanindustrien (Kohle und Stahl) einen rasanten Aufschwung. 1873 produzieren die Zechen des Ruhrgebiets im Durchschnitt pro Zeche 64 000 Jahrestonnen mit einer Belegschaft von 252 Mann; 1913 sind es bereits 653 000 Jahrestonnen mit einer Belegschaft von 2 287 Mann (die Produktivität steigt also von 254 Tonnen auf 286 Tonnen pro Mann und Jahr; Daten: Regionalverband Ruhr).

Eisenbahnen und Lokomotivenbau (mit dem Staat als wichtigstem Auftraggeber) sowie Maschinenbau und Chemie entwickeln sich zu den Leitindustrien des Hochkapitalismus. Unternehmenskonzentration und staatlicher Interventionismus nehmen zu; der bislang marktliberale Charakter des kapitalistischen Systems wird →korporatistisch überformt. Durch Unternehmenszusammenschlüsse und Übernahmen entstehen bedeutende Großunternehmen und Mischkonzerne (vgl. Kromphardt 1980: 165f.; Treue 1966: 537–41). In vielen Branchen – Kohle, Eisen und Stahl, Grundstoffindustrien, Hüttenwerke, Schifffahrt, Eisenbahnen, chemische Industrie, aber auch im Einzelhandel (Wertheim, Karstadt, Tietz) – entstehen marktbeherrschende Großunternehmen und →oligopolistische Strukturen (rund 60 Prozent der gesamten Wertschöpfung der chemischen Industrie entfällt auf drei Unternehmen: BASF, Bayer und Hoechst; in der Elektroindustrie beherrschen Anfang des 20. Jahrhunderts nur zwei Unternehmen – AEG und Siemens – etwa drei Viertel des gesamten Marktes). Mit wachsender wirtschaftlicher Macht drängt es die Vertreter der Großkonzerne auch in die politische Arena; so erklären sich etwa die »Schlotbarone« Thyssen, Krupp und Stinnes selbstbewusst zu den »eigentlichen Trägern der nationalen Machtpolitik« (Hufnagel 2000: 12).

Das Finanzkapital
»Ich nenne das Bankkapital, also Kapital in Geldform, das auf diese Weise in Wirklichkeit in industrielles Kapital verwandelt ist, das Finanzkapital […] Das Finanzkapital entwickelt sich mit der Aktiengesellschaft und erreicht seinen Höhepunkt mit der Monopolisierung der Industrie« (Hilferding 1910: 335).

Oligopolistische Branchenstrukturen bieten günstige Voraussetzungen für Kartelle und Syndikate, die es den Unternehmen erleichtern, Produktionsmengen, Preise oder Marktsegmente abzusprechen. Bekannt geworden sind das Schienenkartell (1874), das Rheinisch-Westfälische Kohlensyndikat (1893) und der Stahlwerksverband (1904). Kartellabsprachen und ein am jeweiligen Marktführer stillschweigend ausgerichtetes »abgestimmtes Verhalten« hebeln den (Preis-)Wettbewerb aus. Der

Staat leistet diesen Tendenzen noch Vorschub durch Beschränkungen des Freihandels, Preisbindung bei Rohstoffen sowie durch Schutzzollpolitik: So wurden während der 1880er bis 1890er Jahre auf Roheisenimporte vom Deutschen Reich Zölle in Höhe von bis zu 70 Prozent erhoben. »Der Schutzzoll gewährt [...] dem Kartell einen Extraprofit« (Hilferding 1910: 420). Statt des Preiswettbewerbs setzen die Unternehmen nun vermehrt moderne Instrumente wie Produktdifferenzierung und Werbung ein, um Kunden zu gewinnen und zu binden (vgl. Kromphardt 1980: 165f.). Hierin zeigt sich auch, dass im Oligopol nicht weniger, sondern mehr Konkurrenz herrscht als im schlafmützigen Polypol – allerdings nicht Preiswettbewerb, sondern Konkurrenz via Innovation und Leistungsdifferenzierung.

Die Depression im Anschluss an die *Gründerjahre* (1871–1873) löst in Deutschland einen ähnlich starken Schock aus wie ein Jahrhundert später die erste Ölpreiskrise: »Der Glaube an die Selbstregulierung der Marktkräfte [...] und an sozialen Fortschritt [...] geht dahin« (Nipperdey 1990: 336). Es kommt zu einem Prozess der Konsolidierung und Kartellierung: Die Großen schlucken die Kleinen, »ein Kapitalist schlägt viele tot« (Marx 1867: 790); am Ende steht »die Vorherrschaft der Großkonzerne« (Schumpeter 1942: 135). Die Banken unterstützen diese Oligopolisierung, weil sie sich davon eine bessere Absicherung ihrer Unternehmenskredite versprechen. Mit dem wachsenden Einfluss der Großbanken auf die »monopolistisch organisierte Industrie« (Homburg 1986: 468) tritt nun zunehmend das »Finanzkapital« in Erscheinung: Es reorganisiert den Kapitalismus, indem es die bislang vorherrschenden Formen des Eigentümer- und Industriekapitals durch anonyme, börsenbestimmte Unternehmensfinanzierungs- und Beteiligungsformen substituiert; das Finanzkapital führt »den Sieg der Aktiengesellschaft« herbei (Hilferding 1910: 120).

Gewerkschaftsbewegung

Auch die Arbeitnehmer schließen sich zusammen (Gewerkvereine, Hilfskassen, Berufsgenossenschaften); gegen hinhaltenden Widerstand von Unternehmensverbänden, Politik und Justiz setzt sich schließlich die Gewerkschaftsbewegung durch. In England sind *unions* seit 1824 zugelassen; Deutschland zieht mit der Gewerbeordnung des Norddeutschen Bundes von 1869 nach und schafft das bislang bestehende Gewerkschaftsverbot ab. Lohnabschlüsse können jetzt in der kollektiven Form von Tarifverträgen durchgesetzt werden – notfalls auch mithilfe von Streiks. Lohnerhöhungen, schrittweise Verbesserungen der Arbeitsbedingungen und moderate Arbeitszeitverkürzungen sind die Folge. 1847 wird in England der Zehnstundentag per Gesetz eingeführt; in Deutschland ist zu dieser Zeit nur die Kinderarbeit gesetzlich eingeschränkt.

Erschwernisse der Gewerkschaftsagitation

»Außerordentlich erschwert wird die Agitation besonders in den neuerschlossenen Gebieten durch den Mangel an Lokalen. Was auf dem Gebiet der Saalabtreiberei* von unseren Gegnern geleistet wird, ist geradezu unglaublich. Trotz aller Bemühungen konnte ich beispielsweise im ganzen Regierungsbezirk Koblenz nur über *ein* Lokal verfügen, und das wurde schließlich auch wieder abgetrieben, so dass dort jetzt nicht ein einziges Lokal zu haben ist. […] Als ich im Dillkreise Versammlungen abhalten wollte, war es der Landrat, der sich in höchsteigener Person bemühte, uns das Lokal abzutreiben, und schließlich auch Erfolg hatte« (aus dem Bericht eines Bezirksleiters des Metallarbeiterverbandes. In: FES-Chronologie 1903).

* Verweigerung von Versammlungsräumen durch Druck auf Lokalinhaber

Die spürbaren Erfolge der Gewerkschaften im Kampf um Verbesserungen bei Entlohnung, Arbeitszeit und Arbeitsbedingungen, die allmähliche Teilhabe der »Proletarier« am allgemeinen Fortschritt sowie ihre beginnende Integration in die bürgerliche Gesellschaft lösen in der (sozialistischen) Arbeiterbewegung heftige Flügelkämpfe über die Streitfrage aus: Sozialreform oder Revolution? Die orthodoxe Richtung (→Kautsky, →Luxemburg) hält am Ziel des gewaltsamen Umsturzes der verhassten kapitalistischen Wirtschafts- und Gesellschaftsordnung fest, während die Revisionisten (→Bernstein, der späte →Hilferding) eine friedliche und parlamentarische Transformation zum Sozialismus befürworten.

In der Hochphase des Kapitalismus ist eine Tendenz zur korporatistischen Schließung der Gesellschaft zu beobachten; die Markt- und Preiskonkurrenz wird eingeschränkt durch koordinierende Absprachen zwischen Unternehmen, Verbänden und gesellschaftlichen Gruppen. Der Staat stützt Korporationen und Kartelle (Reichswirtschaftsverbände, Zwangsinnungen etc.) mit dem Ziel, größeren Einfluss auf das Wirtschaftsgeschehen zu gewinnen. →Korporativismus tritt zusehends an die Stelle der Marktwirtschaft. Was sich dabei herausbildet, interpretiert der Marxist Hilferding (1910: 462) als »organisierten Kapitalismus«, der tendenziell den anarchischen Markt und das »kapitalistische Prinzip der freien Konkurrenz« durch das »sozialistische Prinzip planmäßiger Produktion« verdränge: »Das Finanzkapital [...] verabscheut die Anarchie der Konkurrenz.« So tritt Monopolkapitalismus an die Stelle des Konkurrenzkapitalismus. Hoffnungsfroh sieht Hilferding im »organisierten Kapitalismus« die Vorstufe zum Sozialismus: »Die vergesellschaftende Funktion des Finanzkapitals erleichtert die Überwindung des Kapitalismus außerordentlich.« Hat die Kollusion zwischen Wirtschaft und Staat erst einmal ein »Generalkartell« errichtet, dann wird »die ganze kapitalistische Produktion bewusst geregelt von einer Instanz, die das Ausmaß der Produktion in allen ihren Sphären bestimmt« (ebd.: 349).

Früher schon hatte Engels Aktiengesellschaften und Kartellierung als Vorformen einer »gesellschaftlichen« Organisation der Wirtschaft begrüßt; ganz auf dieser Linie bezeichnete die SPD auf ihrem Parteitag von 1894 »Trusts, Ringe, Kartelle und ähnliche großkapitalistische Organisationen« als wichtigen »Schritt zur Verwirklichung des Sozialismus«. Einige Jahrzehnte später sollte Schumpeter (1942: 218) aus der zunehmenden Bürokratisierung der Unternehmen die Schlussfolgerung ziehen, es stehe ein kalter Übergang zum Sozialismus bevor (den er im Übrigen für wenig wünschenswert hielt). Alle diese Theoretiker irrten; Veränderungen der Organisationsformen lassen den Kern und die Funktionslogik der »kapitalistischen Maschine« unberührt. Unternehmenskonzentration, Kartellierung und Verbandsbürokratien waren nicht Vorboten der sozialistischen Planwirtschaft – in Deutschland eher die Morgenröte der nationalsozialistischen Kriegswirtschaft.

2.4 Globalisierter Kapitalismus

Die Entwicklung nach dem Zweiten Weltkrieg ist geprägt von dynamischem Wirtschaftswachstum, steigenden Exportquoten und einer rasanten Ausweitung der Weltwirtschaft – verbunden mit einem beachtlichen Anstieg der Einkommen breiter Schichten in den →OECD-Ländern. Zum ersten Mal in der Geschichte des Kapitalismus kann man von Massenwohlstand sprechen. In Westdeutschland hat sich das reale (inflationsbereinigte) Bruttoinlandsprodukt von 1950 bis 2005 mehr als versiebenfacht, seit 1970 verdreifacht; auch das reale Pro-Kopf-Einkommen stieg um ein Vielfaches an. »Dieser ›Massenwohlstand‹ ist eine völlig neue Erscheinung in der Wirtschaftsgeschichte« (Kaufhold 1987: 302); wirtschaftliches Wachstum und allgemeiner Wohlstand erweisen sich – neben der persönlichen Freiheit – als entscheidender Trumpf in der Auseinandersetzung um die kapitalistische Wirtschafts- und Gesellschaftsordnung.

Von Kritikern wird beklagt, dass die Einkommen und Vermögen in dieser kapitalistischen Wohlstandsgesellschaft ungleich verteilt sind, ja dass die Schere zwischen Arm und Reich sich weiter öffne. Empirisch gesehen ist zutreffend, dass in Phasen anhaltender Massenarbeitslosigkeit die Zahl der Menschen zunimmt, die unter der Armutsgrenze leben (das heißt mit weniger als 60 Prozent des Durchschnittseinkommens). Im Jahr 2003 waren das in Deutschland 13,5 Prozent der Bevölkerung = rund 11 Millionen Bundesbürger (Daten: Bundesregierung). Armut in diesem Sinne ist keine Folge des Kapitalismus, sondern der Massenarbeitslosigkeit, und diese ist keine Folge des Kapitalismus, sondern falscher, einen hohen Beschäftigungsstand verhindernder Rahmenbedingungen.

Die Prosperität der »ersten Welt« (OECD-Länder) ist wesentlich bedingt durch die fortschreitende weltwirtschaftliche Arbeitsteilung und die dadurch ermöglichte Spezialisierung. Vor dem Zweiten Weltkrieg hatte der Außenhandel einen überwiegend komplementären Charakter: Rohstoffe wurden gegen Fertigwaren getauscht. Das neue Muster des weltwirtschaftlichen Güterverkehrs ist dagegen stärker vom intra-industriellen Austausch geprägt, bei dem gleichartige Güter zwischen den hochindustrialisierten Ländern sowohl exportiert als auch importiert werden. Intensive Austauschbeziehungen bestehen bei den spezialisierten Zwischen- und Endprodukten der gleichen Industriebranchen (Automobil, Elektrotechnik, Chemie, Maschinenbau, Informationstechnologien, Bekleidung): Deutschlands Exportquote (Anteil am BIP) wuchs von 6,2 Prozent im Jahr 1950 auf knapp 33 Prozent im Jahr 1992 und liegt heute (2006) bei 40 Prozent. Auf der Angebotsseite eröffnet diese Entwicklung den Unternehmen die Chance einer beträchtlichen Ausweitung ihrer Märkte (mit entsprechenden Kostensenkungen aus → Skalenerträgen), während sich auf der Nachfrageseite die Konsumpräferenzen ausdifferenzieren (»von Aldi bis Gucci«). Die Konsumenten der entwickelten Länder kommen so in den Genuss einer beispiellosen Auffächerung ihrer Wahlmöglichkeiten bei fortschreitender Produkt- und Leistungsvielfalt.

Die Institutionen der Weltwirtschaft

Der Aufschwung der Weltwirtschaft in den Jahrzehnten nach dem Zweiten Weltkrieg wird gestützt von einer Vielzahl internationaler Institutionen zur Regulierung des weltweiten Güter- und Kapitalverkehrs. Dazu gehören die Bank für Internationalen Zahlungsausgleich (BIZ, Basel; 1930 gegründet), das Weltwährungssystem von → Bretton Woods (1944; Einführung fester Wechselkurse), Weltbank und Internationaler Währungsfonds (IWF, Washington; 1945), die → OECD (1961; Paris) sowie das → GATT (Allgemeines Zoll- und Handelsabkommen, 1995 abgelöst durch die → WTO). Vorrangiges Ziel all dieser Institutionen war und ist der Abbau von → tarifären und nicht-tarifären Handelshemmnissen, die Erleichterung des internationalen Zahlungsverkehrs sowie die Schlichtung im Falle von Handelskonflikten. Auch die europäische Einigung (zunächst Wirtschaftsgemeinschaft, ab 2001 Union, seit 2004 erweitert auf 25 Mitgliedsstaaten) ist ein wichtiges Element im Prozess der Integration von Wirtschaftsregionen und in der globalen Ausbreitung des Marktkapitalismus.

Die ersten drei Nachkriegsjahrzehnte sind als »keynesianische« Epoche in die Geschichte des Kapitalismus eingegangen (das »Goldene Zeitalter von Keynes«). Binnen- und weltwirtschaftliche Prosperität verstärkten sich in dieser Phase wechselseitig; begünstigend kam eine gemeinsame Doktrin hinzu, nämlich die verbreitete keynesianische Überzeugung, dass die Regierungen in der Lage seien, die Wirtschaftsentwicklung zu steuern und Krisen zu vermeiden; dies wirkte sich stabilisierend auf die Erwartungen der Investoren und günstig auf die Konsumneigung aus. Der Ost-West-Konflikt tat ein Übriges zur inneren Festigung der westlich-kapitalistischen Wirtschafts- und Gesellschaftsordnung.

Gelenkter Kapitalismus

In dieser Entwicklungsphase bildet sich in Europa das Modell der »gelenkten« Marktwirtschaft heraus – als Kombination aus Wettbewerbsmärkten und staatlicher Rahmenplanung (Globalsteuerung in Deutschland, *planification* in Frankreich, *mixed economy* in Großbritannien). Noch ausgeprägter war und ist die Verschränkung von Staat und Wirtschaft in Japan. Seit den 1960er Jahren entwickeln die Ministerien (insbesondere das MITI = *Ministry of International Trade and Industry*) in Abstimmung mit den Großunternehmen Rahmenpläne und Branchenleitlinien, die Japan in ausgewählten Bereichen (Stahl, Automobil, Schiffbau, Photo/Optik, Computer etc.) in die Position des Weltmarktführers katapultieren sollen. In der Aufholphase (bis in die 90er Jahre) war diese Strategie erfolgreich; danach versagte sie und führte das Land in eine anhaltende Depression, aus der es sich erst jetzt wieder löst.

Der »moderne Kapitalismus« (Shonfield 1969) der Nachkriegsepoche war in dreifacher Hinsicht ein *gelenkter* Kapitalismus: Eine ganze Reihe von Wirtschaftsbereichen unterlag staatlicher Regulierung (Post, Eisenbahnen, Telekommunikation, Gesundheitswesen, Transportwesen, Landwirtschaft, Wasser- und Energieversorgung etc.); zudem betrieb der Staat Wachstums-, Struktur- und Beschäftigungspolitik mit dem Ziel, Prosperität und hohe Beschäftigung zu sichern; und drittens wurde der Sozialstaat zügig ausgebaut. Das Ergebnis waren zunächst hohes Wachstum und anhaltende Perioden der Vollbeschäftigung – im Deutschland der 60er Jahre sogar Überbeschäftigung, die zur Anwerbung von ca. vier Millionen Gastarbeitern (inklusive Familienangehörigen) führte.

Wie die meisten Erfolge produzierte auch diese Epoche die Bedingungen ihres Niedergangs. Die günstige Lage auf dem Arbeitsmarkt erlaubte den Gewerkschaften eine umverteilungsorientierte Lohn- und Tarifpolitik. Unter den gegebenen Bedingungen – für das Unternehmenskapital bestand quasi Residenzpflicht, solange es wegen beschränkter Mobilität an den Standort gebunden war – reagierte das Kapital auf die gewerkschaftliche Umverteilungspolitik mit forcierten Produktivitätssteigerungen und mit der Überwälzung steigender Lohnkosten auf die Preise. In vielen Ländern löste dies in den 60er und 70er Jahren eine Preis-Lohnspirale aus, die – zusammen mit der inflationären Finanzierung des Vietnamkrieges – weltweit die Inflationsraten ansteigen ließ; 1973/74 kulminierte diese Entwicklung im ersten Ölpreisschock und endete in der →Stagflation der 70er Jahre.

Die Exit-Option für das Kapital

Die wirtschaftspolitische Konsequenz dieser Fehlentwicklungen ist die Abkehr vom Keynesianismus und die liberale »Wende« der 80er Jahre (die Ära von Reagan, Thatcher und Kohl). Außenwirtschaftlich schreitet die Liberalisierung mit den Zollsenkungsrunden der Welthandelskonferenzen und der weitergehenden Lockerung von Kapitalverkehrskontrollen voran. Für das Kapital eröffnet sich dadurch eine neue Option – die *Exit*-Option. Bei offenen Grenzen und Transferierbarkeit des Kapitals können Investoren ihren bisherigen Standort verlassen und Kapital dorthin verlagern, wo die Bedingungen attraktiver sind. Was Adam Smith (1776: 343) über die Exit-Option des 18. Jahrhunderts gesagt hat, dass es nämlich für einen Kaufmann »höchst gleichgültig ist, von welchem Ort aus er seinen Handel betreibt; schon kleine Ärgernisse können ihn veranlassen, sein Kapital [...] in ein anderes Land zu verlagern«, das bestätigt sich nun zum Ende des 20. Jahrhunderts in neuer Form. Im globalen Wettbewerb der Standorte kann sich das Kapital die attraktivsten Plätze auswählen und damit eine ihm zuträgliche Standortkonkurrenz um Investitionen entfachen.

Standortkonkurrenz

Der weltwirtschaftliche Strukturwandel hin zur Globalisierung des Kapitalismus stellt die sozialstaatlich orientierten Länder Alteuropas vor ganz neue wirtschafts- und sozialpolitische Herausforderungen. Einerseits nötigen Standortkonkurrenz und erhöhtes Innovationstempo zu mehr Liberalisierung, Flexibilisierung und →Deregulierung, um auf veränderliche Marktbedingungen rasch und flexibel reagieren zu können, andererseits nimmt mit dem hohen Veränderungstempo die Verunsicherung der Menschen zu, und entsprechend steigt ihr Bedarf an sozialer Absicherung und Zukunftsvorsorge. Wenn aber just das sozialstaatliche System Ursache beträchtlicher Rigiditäten ist und der Bedarf an mehr Flexibilität deswegen einen Umbau dieses Systems indiziert, dann stehen sich Forderungen nach *mehr* und gleichzeitig nach *weniger* Sozialstaat entgegen. Auf dieses Dilemma reagieren die Staaten mit unterschiedlichen institutionellen Reformen, deren Auswirkungen heute unter dem Stichwort »Varianten des Kapitalismus« diskutiert werden (vgl. dazu Abschnitt 5.3, S. 189). Die unterschiedlichen Formen der Regulierung modifizieren allerdings nur die *Ergebnisse* des Wirtschaftsprozesses, insbesondere Wachstumsraten, Beschäftigungsniveaus und Verteilungsrelationen – also die Performanz –, sie tangieren nicht die *Funktionsweise* des Wirtschaftssystems selbst. Dessen operativer Kern bleibt unverändert; er bildet das »unifying principle« (Roll 1956: 43) der unterschiedlichen institutionellen Ausprägungen des Kapitalismus.

Strukturwandel als Prozess der »schöpferischen Zerstörung«

Die stürmische Nachkriegsentwicklung ist mit einem tiefgreifenden strukturellen Wandel verbunden. Wichtigste Quelle des Wirtschaftswachstums ist die Zunahme der Produktivität, also die steigende Wertschöpfung pro Arbeitsstunde. Produktivitätssteigerungen resultieren aus verbesserten Produktionsverfahren, fortschreitender Arbeitsteilung und Spezialisierung sowie aus der Anwendung neuer Technologien; auch höhere Qualifikationen der Arbeitskräfte, verbesserte Organisationsformen der Unternehmen und modernisierte Infrastrukturen tragen dazu bei. Vor allem Schumpeter hat die umwälzenden Auswirkungen technologischer Innovationen, organisatorischer Neuerungen sowie der Erschließung neuer Märkte als Motor der kapitalistischen Entwicklung hervorgehoben. Er vergleicht sie mit einem »Prozess [...], der unaufhörlich die Wirtschaftsstruktur *von innen heraus revolutioniert*, unaufhörlich die alte

Struktur zerstört und unaufhörlich eine neue schafft. Dieser Prozess der ›schöpferischen Zerstörung‹ ist das für den Kapitalismus wesentliche Faktum. Darin besteht der Kapitalismus« (Schumpeter 1942: 137f.; kursiv i. O.). Die Umwälzungen beschränken sich dabei nicht auf den Bereich der Wirtschaft, sondern erfassen die Gesellschaft insgesamt – ihre Institutionen, ihre Normen, die gesamte Kultur.

Globalisierung als höchstes Stadium des Kapitalismus

Weltwirtschaftlichen Austausch und internationale Arbeitsteilung hat es immer gegeben – auch Phasen einer besonders dynamischen Entwicklung der Weltwirtschaft. Nach der Epochenwende 1989 (die ihrerseits bereits als Folge der Globalisierung gesehen werden kann) kommt ein neuartiges Element hinzu, das der Entwicklung der Weltwirtschaft eine spezifische Qualität verleiht: Es ist die Entgrenzung zwischen Ländern und Weltregionen. Bislang wirksame Barrieren werden überwunden durch einen intensivierten internationalen Kapitalverkehr und durch Direktinvestitionen, mit denen Unternehmen auf ihren bisherigen Exportmärkten und neu erschlossenen Auslandsmärkten eigene Produktionsstätten aufbauen und Tochterunternehmen sowie →*Joint Ventures* gründen, um auf expandierenden Zukunftsmärkten präsent zu sein. Dadurch nimmt die Verflechtung zwischen den Wirtschaftsregionen auf der Ebene von Kapitalbeteiligungen zu; mit Kapitalverflechtungen ist in der Regel ein intensiver Transfer von technischem, organisatorischem und Marketingwissen verbunden.

Atopische Weltgesellschaft

- »Logistisch und vor allem in der Kommunikation bedeutet Globalisierung das Ende der Entfernung« (*Blick durch die Wirtschaft* vom 12.11.1997: 2).
- Die »elektromagnetischen Wellen haben den Raum so ›erobert‹, dass er sich zugleich aufgelöst hat […] Territorialität ist keine sinnvolle Sinngrenze mehr […] Was allein noch zählt, ist Zeit« (Bolz 2000).
- »*Atopia* als die Utopie der Ortlosigkeit ist die Utopie der Irrelevanz divergierender Örtlichkeiten« (H. Willke 2001: 35; kursiv i. O.)

Die leitenden Motive für Direktinvestitionen sind neben der Ausnutzung von Kostenunterschieden vor allem die Sicherung und weitere Erschließung ausländischer Märkte, die größere Nähe zu den Kunden sowie der bessere Schutz vor Währungsschwankungen und (nicht-tarifären) Handelsbeschränkungen. Entsprechend spielt sich der größte Teil der Direktinvestitionen (ca. drei Viertel) innerhalb der Industrieländer ab. Engere Verflechtung bedeutet aber auch verschärfte Konkurrenz. Viele Unternehmen, auch mittelständische, richten ihren Einkauf inzwischen auf den Weltmarkt aus und praktizieren ein → *global sourcing*.

Triebkräfte dieser neuen Stufe der weltwirtschaftlichen Verflechtung sind zum einen die Liberalisierung (Abbau administrativer Beschränkungen des internationalen Güter- und Kapitalverkehrs), zum anderen technische Neuerungen (insbesondere bei den Transport- und Kommunikationstechnologien), die eine weitgehende Modularisierung der Wertschöpfungsketten ermöglichen. In der traditionellen Wertschöpfungsform waren die verschiedenen Module – Forschung und Entwicklung, Beschaffung, Herstellung, Personalmanagement und Weiterbildung, Rechnungswesen, Finanzen, Logistik, Marketing, Service – an *einen* Ort gebunden (*single-site manufacturing*). Modularisierung ermöglicht nun, einzelne Funktionsmodule herauszulösen und auf die jeweils günstigsten Standorte zu verlagern sowie bestimmte Funktionen vom Unternehmen abzutrennen und via *Outsourcing* auf dem Weltmarkt vom kostengünstigsten Anbieter einzukaufen; das Ergebnis ist »lean and flexible production« (Gilpin 2002: 167). Sobald ein Unternehmen diese Möglichkeiten nutzt, müssen die anderen aus Konkurrenz- und Kostengründen nachziehen. Dies führt zu mehr Verflechtung und Interdependenz – also zur Globalisierung.

Das alte Muster der weltwirtschaftlichen Arbeitsteilung: Produktion von Gütern im Inland und dann Export ins Ausland – dieses Muster wird abgelöst durch die direkte Produktion im Ausland, in der Nähe der wichtigsten Absatzmärkte. Wurde der VW-Käfer früher in Wolfsburg produziert und dann nach Südamerika exportiert, so werden jetzt Produktionskapazitäten in der Region selbst geschaffen (Mexiko) und neue Märkte mit Direktinvestitionen erschlossen (China). Der Anteil der Schwellenländer am Welthandel stieg dadurch während der letzten drei Jahrzehnte beträchtlich. Sie führen längst nicht mehr nur einfache Industriegüter in ihrem Exportsortiment, sondern auch mittlere und Hochtechnologiegüter.

Übersicht 4: *Triebkräfte der Globalisierung*

- Abbau von Handelshemmnissen sowie von Kapital- und Devisenverkehrsbeschränkungen (→ GATT/WTO-Runden zur Zollsenkung und → Deregulierung); hohe Mobilität des Finanz- und Investitionskapitals, zunehmende Mobilität hochqualifizierter Wissensarbeiter;
- globale Infrastrukturen für Kommunikation, Logistik, Finanzierung, Assekuranz etc.; nationale Grenzen werden porös, »laterale Weltsysteme« entstehen,
- sinkende Transportkosten für Waren, Dienstleistungen, Informationen und Wissen; sinkende Koordinationskosten für dezentralisierte Wertschöpfungsnetze; globale Vernetzung von Wertschöpfungsmodulen.

Globalisierung und verschärfte Standortkonkurrenz waren in den 90er Jahren begleitet von hoher Instabilität der internationalen Finanzmärkte und von einigen schweren Währungskrisen. Angefangen hat der »Kasino-Kapitalismus« (Strange 1986) allerdings bereits mit der inflationären Finanzierung des Vietnamkrieges, dem dadurch bedingten Zusammenbruch von → Bretton Woods (1971 Abkehr von fixen Wechselkursen) und den durch Inflation und Dollar-Abwertung mitverursachten Ölpreisschocks. Ob der globale Kapitalismus damit zu einem »finanzmarktgetriebenen Kapitalismus« (Fülberth 2005: 266) mutiert ist, mag offen bleiben. Erkennbar ist, dass transnationale Unternehmen und also auch Finanzunternehmen sowie Investmentfonds gegenüber den Nationalstaaten einen zunehmend exterritorialen Status gewinnen, also mit nationalen Rechts- und Aufsichtsinstrumenten nicht mehr wirksam zu fassen sind. Es erscheint somit vordringlich, das internationale Finanzsystem funktional äquivalenten Transparenz-Standards und Kontrollregimes zu unterwerfen, wie sie sich im nationalen Rahmen bewährt haben.

Die Weltwirtschaft als Positivsummenspiel

- »Die internationale Arbeitsteilung ist kein Nullsummen-Spiel, bei dem das eine Land lediglich dann gewinnt, wenn das andere Land verliert. Sie ist vielmehr ein Positivsummenspiel, bei dem alle Volkswirtschaften Vorteile haben« (Siebert 2001: 2).
- »Ich möchte der Vorstellung widersprechen, dass die Verbreitung der globalen Wirtschaft überall größere Ungleichheit hervorbringt. Trotz all ihrer Probleme sind die asiatischen Tigerökonomien eine große Erfolgsgeschichte. Innerhalb eines kurzen Zeitraums haben Millionen von Menschen die Armut hinter sich gelassen« (Giddens 2001: 28).

2.5 Der Staat im Kapitalismus

Der Staat hat im Kapitalismus immer eine bedeutende Rolle gespielt, sowohl als Geburtshelfer beim Übergang vom Merkantilismus zum Frühkapitalismus wie auch als Stabilisator in den späteren Phasen der kapitalistischen Entwicklung. In allen neuzeitlichen Ökonomien kommt dem Staat die Aufgabe zu, den institutionellen Rahmen des Wirtschaftens zu gewährleisten. Wie der mittelalterliche Wochen- und Krämermarkt nicht ohne »Marktpolizey« auskam, so der Kapitalismus nicht ohne Staat. Für die Gesellschaft bilden staatliche Institutionen ein Funktionssystem, das politisch handlungsfähig macht; so kann die Gesellschaft allgemeinverbindliche Festlegungen treffen, ihre Durchsetzung erzwingen und Verfehlungen ahnden; allein der Staat verfügt über das Recht legitimer Gewaltanwendung (Ausnahme: Notwehr).

Mit ihrer Kritik am Merkantilismus hat die liberale Bewegung nicht etwa den Staat als solchen abgelehnt, sondern nur den direktiven und überregulierenden Staat, der die Handlungsfreiheit der Wirtschaftssubjekte unzuträglich einschränkt und ihre Eigeninitiative erstickt. Liberale fordern einen starken Staat, der in der Lage ist, seine wohldefinierten Aufgaben wahrzunehmen, insbesondere die Sicherung des inneren Friedens (Vermeidung des »Kampfes aller gegen alle«) und den Schutz der persönlichen Freiheit. Ein starker Staat ist von einem fetten Staat zu unterscheiden, der zwar über eine Staatsquote von 50 Prozent am Bruttoinlandsprodukt verfügt, aber unfähig ist, etwa seine Finanzen in Ordnung zu halten oder eine optimale Bildungsinfrastruktur zu gewährleisten.

Für Adam Smith zählten Landesverteidigung, Infrastruktur, Bildung, der Schutz des Einzelnen vor Ungerechtigkeit und Unterdrückung sowie die Durchsetzung der Vertrags- und Wettbewerbsfreiheit zu den Kernaufgaben des Staates. Sogar die Einrichtung öffentlicher Anstalten wird von ihm befürwortet, wenn deren Leistungen für die Gesellschaft einen Nutzen abwerfen, aber von privaten Unternehmen mangels Rendite nicht angeboten werden (vgl. Kromphardt 1980: 90f.). In dieser Tradition sind Liberale keineswegs Verfechter eines schrankenlosen, sondern eines durch den Staat ergänzten und zivilisierten Kapitalismus.

Siebzig Jahre nach Adam Smith bekräftigt der liberale Klassiker John Stuart →Mill das »Laisser-faire-Prinzip«, das gewährleisten soll, dass der Umfang staatlicher Zwangsmaßnahmen nicht überhand nimmt; zugleich aber weitet er den Katalog wünschenswerter staatlicher Interventionen zeitgemäß aus. Der Einsatz öffentlicher Mittel sei auch dann gerechtfertigt, wenn →*meritorische* Güter bereitgestellt würden, die im allgemeinen Interesse liegen, ohne dass sie vom Markt in hinreichender Menge/Qualität angeboten würden (wie zum Beispiel Schutzimpfungen, Schulen, Theater, Museen, Sportstätten). Darüber hinaus müsse der Staat Kontroll- und Aufsichtsfunktionen wahrnehmen, wenn private Anbieter über eine Monopolstellung verfügten, etwa bei der Wasser- und Energieversorgung. Die Idee eines »Nachtwächterstaates« ist damit verabschiedet: »Der Liberalismus […] lehrt nicht, dass wir die Dinge sich selber überlassen sollen« (Hayek 1944: 47).

Der Staat setzt verbindliche Regeln

Die spezifische Funktion des Staates als Teilsystem der Gesellschaft besteht darin, nach Abstimmung der unterschiedlichen Interessen (Parteien) und im Rahmen (demokratisch) geregelter Verfahren allgemeinverbindliche Entscheidungen zu treffen, diese in Gesetzen und Verordnungen zu normieren und das Recht durchzusetzen. Als zuständige normensetzende Institution schafft und sichert der Staat damit auch die institutionelle Verfassung der Wirtschaft: »Market economies are intrinsically institutional economies« (Amable 2003: 74). Zu den wichtigsten Aufgaben des Staates gehört es, eine Rechtsordnung zu gewährleisten, die das Eigentum schützt, Verträge absichert und zur Erfüllung von Verbindlichkeiten anhält. Ohne eine solche Rechtsordnung könnte es keinen Kapitalismus geben (vgl. Baumol 2002: 68 ff.). Bei allgemeiner Unsicherheit und obrigkeitlicher Willkür bestehen kaum Anreize, Vermögen zu akkumulieren und zukunftsorientiert über Kapital zu disponieren. Erst wenn die Akkumulation rechtlich abgesichert ist und die Wirtschaftssubjekte Vertrauen in die Rechtsordnung haben, kann ein marktwirtschaftlich organisierter Prozess der Kapitalakkumulation beginnen.

Privateigentum

- »Das private Eigentumsrecht ist ein Ausschlussrecht, daher müssen alle Nicht-Eigentümer daran gehindert werden, Ansprüche ans private Eigentum geltend zu machen. Eigentumsrechte werden durch staatliche Gewalt zugeteilt und gesichert: durch Patentrechte, Grundbucheintragungen und das Strafrecht zur Abwehr von Eigentumsdelikten. Der Markt kann gar nicht existieren ohne die politische Macht, die Eigentumsrechte zuteilt und Nicht-Eigentümer ausschließt« (Altvater 2003).
- Wirtschaften ist die (in der Regel) »friedliche Ausübung von Verfügungsgewalt« über privates Eigentum (Weber 1922: 31).

Die Rolle des Staates gegenüber der Wirtschaft wandelt sich. War der Staat im Merkantilismus eine das Wirtschaftsleben beherrschende und umfassend regulierende Institution, so bringt die Phase des Marktliberalismus eine Befreiung von staatlicher Bevormundung und korporativer Bindung. Etwa ab 1875 übernimmt der Staat wieder eine aktivere Rolle, zum einen in der Sozialpolitik, aber auch bei der Regulierung der Wirtschaft und bei der Ausformung des »organisierten Kapitalismus«: Der Staat mildert »die Exzesse des Marktes« (Albert 1992: 225).

Seit im 19. Jahrhundert »Arbeiterfrage« und »soziale Frage« virulent wurden, besteht die größte Herausforderung des kapitalistischen Staates in der Bewältigung der gesellschaftlichen Konflikte, die aus sozialen Ungleichgewichten resultieren. Im Zentrum der Kritik am Kapitalismus stand immer der Vorwurf mangelnder sozialer Gerechtigkeit, und der Reiz des sozialistischen Gegenmodells lag im Versprechen der Klassenlosigkeit, hergestellter Gerechtigkeit, real existierender Humanität: »Es lebt in allem Sozialismus ein Antrieb, das Streben nach einer gerechten Gesellschaftsordnung« (de Man 1931: 54). Dieses Muster hat sich bis heute erhalten: Der Kapitalismus ist ungerecht, also bedarf es eines Gegenentwurfs, der mehr Gerechtigkeit verspricht – sei es Sozialismus (diese Hoffnung hat getrogen), sei es Wohlfahrtsstaat (diese Option hat ihren Zweck zunächst und zeitweise erfüllt, ist dann jedoch überzogen worden und hat, jedenfalls in Deutschland, das Beschäftigungssystem so stark beschädigt, dass die resultierende Massenarbeitslosigkeit zur eigentlichen Quelle sozialer Ungerechtigkeit geworden ist; vgl. G. Willke 2005).

Absterben des Staates?

In der marxistischen Staatstheorie ist der Staat nicht der gesellschaftliche Gegenspieler der Wirtschaft, sondern »ideeller Gesamtkapitalist« und Zwangsapparat in einem. Mit dem Advent des Sozialismus als dem »Reich der Freiheit« gibt es für den Staat nichts mehr zu tun; er welkt dahin. An die Stelle der Regierung von Menschen tritt die Verwaltung von Sachen; der nutzlose Staat stirbt ab (vgl. Schuon 1986: 657). Die ordoliberale Staatsauffassung ist dagegen von der Idee getragen, ein starker, aber begrenzter Staat sei unentbehrlich zur Sicherung einer marktwirtschaftlichen und freiheitlichen Ordnung. Im Unterschied zu Marktfundamentalisten bestehen Ordoliberale darauf, dass »freedom needs to be supplemented by carefully considered rules *and* institutions« (Lenel, zit. bei Kloten 1986: 9; kursiv i.O.). Dies erlaubt nicht nur, sondern erfordert staatliche Ordnungspolitik.

Steigende Staatsquote

Das »Zeitalter von Keynes« bringt sowohl eine Ausweitung der Staatsaufgaben als auch eine entsprechende Expansion der öffentlichen Haushalte mit sich. In den meisten OECD-Ländern steigen die Staatsausgaben schneller als das Volkseinkommen. Lag die Staatsquote (Anteil aller öffentlichen Haushalte am Bruttoinlandsprodukt) in Deutschland vor dem Ersten Weltkrieg noch bei ca. 15 Prozent, so stieg sie nach dem Zweiten Weltkrieg kontinuierlich an und überstieg Anfang der 90er Jahre die Marke von 50 Prozent; inzwischen ist die Staatsquote wieder leicht rückläufig und soll weiter abgesenkt werden. Schaut man auf die säkulare Entwicklung von Abschöpfungsquote und Marktanteil, dann bestätigt sich Sloterdjiks These (2005: 338), auf lange Sicht sei der Staat der »Hauptgewinner im Spiel, das Kapitalismus heißt.«

Unter dem Aspekt der Beziehungen zwischen Markt und Staat kann man feststellen, dass die Politik mit einer Vielzahl von institutionellen Vorkehrungen und Maßnahmen versucht hat, die wirklichen oder auch nur vermeintlichen Mängel des Kapitalismus zu kompensieren: Unter anderem durch Bereitstellung öffentlicher und meritorischer Güter, soziale Absicherung, Einkommensumverteilung, Konjunktur- und Wachstumspolitik, Umweltschutzpolitik. Viele dieser Eingriffe und Regulierungen, darauf verweist Scitovsky (1980: 3), mögen je für sich genommen begründbar und manchmal auch nützlich sein; sie reduzieren jedoch in den meisten Fällen die Flexibilität des Marktsystems, beeinträchtigen seine Dynamik und verzögern notwendige Anpassungsprozesse. Daraus ergeben sich Kosten der Performanz (messbar an unzureichendem Wachstum, hoher Arbeitslosigkeit, Haushaltsdefiziten), die dem Nutzen der Regulierung gegenüberzustellen wären.

Abbildung 3: *Interventionsgrad und Wohlfahrtsniveau*

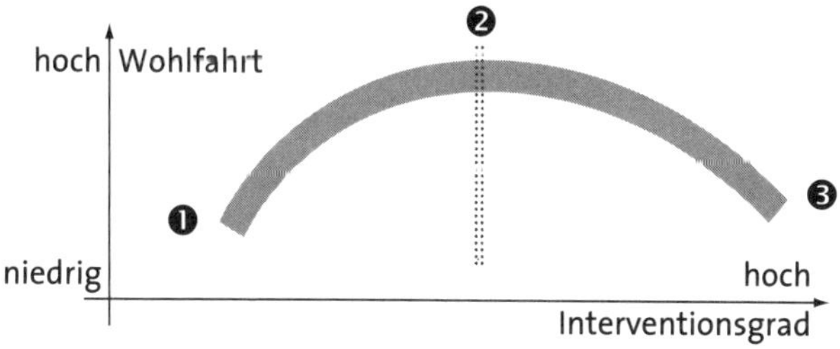

❶ Geringe Wohlfahrt bei zu niedrigem Interventionsgrad: »Nachtwächterstaat«; ❷ Wohlfahrtsoptimum: aktivierender Sozialstaat; ❸ abnehmende Wohlfahrt bei überhöhtem Interventionsgrad: passivierender Wohlfahrtsstaat.

Auch für Staatsinterventionen gilt das Paracelsus-Prinzip: Es kommt auf die Dosierung an. Wenn soziale Sicherheit, Gesundheit, Infrastrukturen, Bildung und Umwelt in Maßen staatlich gefördert werden, dann hat dies in aller Regel einen positiven gesellschaftlichen Nutzen und steigert die Leistungsfähigkeit des Systems insgesamt; das Wohlfahrtsniveau erhöht sich mit dem Grad staatlicher Intervention (vgl. Abbildung 3: Bewegung von ❶ nach ❷). Werden Ausmaß und Umfang der Eingriffe weiter erhöht – und steigt entsprechend auch die Belastung zur Finanzierung der staatlichen Programme und Transferleistungen an –, dann schlägt das Gesetz des abnehmenden Grenznutzens durch: aus Nettonutzen wird eine Nettobelastung (Übergang von ❷ nach ❸). Eine steigende Abgabenbelastung (vor allem bei den Lohnnebenkosten) beschädigt die Funktions- und Leistungsfähigkeit des Systems; empirisch kommt dies in den beiden Fehlentwicklungen Massenarbeitslosigkeit und Staatsverschuldung zum Ausdruck.

3 Diagnosen des Kapitalismus

3.1 Beobachtungen, Theorien, Diagnosen

Diagnose als Versuch einer Gesamtinterpretation

In der Kapitalismusanalyse lauten die Leitfragen, wie das kapitalistische Wirtschaftssystem funktioniert, was die Marktgesellschaft zusammenhält und wohin sich der Kapitalismus entwickelt. Weil komplexe Marktprozesse und die wechselseitigen Abhängigkeiten zwischen Wirtschaft und Gesellschaft nur schwer zu durchschauen sind, fehlt bis zum heutigen Tag eine allgemein akzeptierte Theorie des Kapitalismus. Eine Handvoll Diagnosen lassen sich immerhin als Gesamtentwürfe verstehen, als zeitbedingte Deutungsmuster der jeweils beobachteten kapitalistischen Gesellschaft. In diesen Diagnosen wird der Versuch erkennbar, die vielfaltigen Aspekte in einen Gesamtzusammenhang zu bringen, also die Handlungsmotive, das tatsächliche Geschehen sowie den erwarteten Entwicklungsverlauf sinnhaft zu interpretieren. Dabei handelt es sich jedoch immer um konstruierten und beigelegten Sinn; für sich genommen sind Sozialsysteme von »erhabener Zwecklosigkeit« (Spengler); allenfalls erfüllen sie bestimmte Funktionen.

Die »prästabilierte Harmonie«

Gestützt auf die Idee einer »natürlichen Harmonie« erkennen die Klassiker im Konkurrenzmarkt einen Mechanismus der Selbststeuerung und eine Tendenz des Marktprozesses hin zu einem (dynamischen) Gleichgewicht. Die bekanntesten Theoreme in diesem Zusammenhang sind der philosophische Satz von der »prästabilierten Harmonie« aus der Metaphysik von Leibniz (1646–1716) und Adam Smiths Metapher von der »invisible hand«:

Nach Smith wirkt sich der Marktmechanismus so aus, als ob eine »unsichtbare Hand« das am Eigeninteresse orientierte Streben der Wirtschaftssubjekte auf das Gemeinwohl und auf ein Gleichgewicht hinlenken würde. Die Klassik ahnt dabei nur, was inzwischen systemtheoretisch erhärtet ist, dass nämlich eine Sozialstruktur – also auch die durch Wettbewerb eingefasste Marktinteraktion – ein System darstellt, »das vom Handeln individueller Akteure generiert und reproduziert wird, ohne dass dieses Handeln das System intendieren müsste« (Baecker 2006: 40). Aus dem wirtschaftlichen Handeln der Wirtschaftssubjekte unter Wettbewerbsbedingungen entsteht spontan eine Ordnung – hier die Marktordnung –, ohne dass auch nur einer der handelnden Akteure oder gar eine zentrale Instanz diese Ordnung beabsichtigt oder geplant hätte.

Im Folgenden werden die Diagnosen von fünf Meisterdenkern des Kapitalismus vorgestellt. Völlig unterschiedliche Perspektiven auf die Wirtschafts- und Gesellschaftsordnung und stark divergierende Aussagen über ihre Funktionsweise lassen erkennen, dass diese Diagnosen nicht als objektive Wahrheiten, sondern als subjektive Konstruktionen aus selektiven Beobachtungen zu verstehen sind. Die Kapitalismus-Diagnosen der verschiedenen Autoren und ihre spezifischen Ansätze werden hier unter der Leitfrage zusammengefasst, welche Aussagen sie zur Funktionsweise und zur Entwicklungsdynamik des Kapitalismus enthalten.

1. Am Anfang steht *Adam Smith* (1723–1790) mit seiner »politischen Ökonomie« der Marktwirtschaft. Als System der Selbststeuerung unter Wettbewerbsbedingungen stellt der Markt für Smith ein »System der natürlichen Freiheit« und ein Instrument des wirtschaftlichen Fortschritts dar. Die Idee, das Wirtschaftsgeschehen der Koordination des Marktes zu überlassen und auf die

gewohnte hierarchische Lenkung durch Obrigkeit zu verzichten, musste seinen Zeitgenossen als Zumutung erscheinen. Insofern dient die Metapher von der »invisible hand« auch der Beschwichtigung: Es gibt eine lenkende Hand, selbst wenn sie nicht gesehen, sondern nur erkannt werden kann; sie besteht im Marktmechanismus als funktionalem Ersatz für zentrale Lenkung. Weil Planung und Steuerung bei zunehmender Komplexität versagen, soll die Koordination des Handelns dem Wettbewerb überlassen werden; bei fairen Spielregeln = Wettbewerbsregeln führt der Markt dann auch zum Gemeinwohl.

2. Auf den harmonie- und fortschrittsoptimistischen Smith folgt *Karl Marx* (1818–1883), dessen wirkungsmächtige Kapitalismuskritik den genauen Kontrapunkt dazu markiert. Marx analysiert »den gesellschaftlichen Mechanismus, worin der Kapitalist nur ein Triebrad ist« (*Kommunistisches Manifest*), und erkennt in der Ausbeutung den zentralen Widerspruch der kapitalistischen Klassengesellschaft. Ausbeutung führt zur Verelendung, diese zum notwendigen Zusammenbruch des Systems. Heute kann man wissen, dass Marxens »politische Ökonomie« einem theoretischen Irrtum, der Mehrwerttheorie, aufsitzt; dies mindert jedoch nicht seine theoretische Gesamtleistung. Es mutet wie eine Ironie der Geschichte an, dass Marxens Kritik jene Reformen ausgelöst hat, denen der Kapitalismus sein Überdauern verdankt.

3. *Werner Sombart* (1863–1941) knüpft zunächst an Marx an, doch entfernt er sich immer mehr vom einstigen Lehrmeister und driftet schließlich ins völkische Lager ab. Sein umfangreiches Werk über den »modernen Kapitalismus« des frühen 20. Jahrhunderts stellt die Motive des kapitalistischen Unternehmers ins Zentrum der Erklärung sowohl der Entstehung als auch der weiteren Entwicklung dieses Wirtschaftssystems.

Sombart greift die Marx'sche Figur vom »Geist der kapitalistischen Produktion[sweise]« (Marx 1894: 631) auf und formuliert sie zum »Geist des Kapitalismus« im Sinne einer »prävalenten, das Handeln beherrschenden Motivreihe« um. Damit prägt er eine Metapher, die in den Analysen seines Zeitgenossen Max Weber Berühmtheit erlangen sollte.

4. *Max Weber* (1864–1920) interpretiert die protestantisch-puritanische Ethik als Kern sowohl des »kapitalistischen Geistes« als auch der tiefer gründenden, säkularen Strömung fortschreitender Rationalisierung. Dieser Ansatz entspricht Webers Wissenschaftsverständnis, wonach Erklärung ein »deutendes Erfassen« menschlichen Handelns und die Konstruktion eines Sinnzusammenhangs voraussetzt. Weber verortet den »okzidentalen« Kapitalismus im Kontext einer rationalistischen »Entzauberung der Welt«. Innerweltliche Askese und berufliche Pflichterfüllung – Voraussetzungen kapitalistischer Akkumulation – beziehen ihren Sinn zunächst aus religiösen Überzeugungen (wirtschaftlicher Erfolg ist sichtbares Zeichen eines »Gnadenstandes«). Die religiöse Fundierung zerfällt jedoch bei wachsendem Wohlstand, und das ökonomische Erfolgsstreben verselbständigt sich zum Geist der Akkumulation.
5. Die abschließende Kapitalismusdiagnose stammt von *Joseph Schumpeter* (1883–1950), dessen Sichtweise des Kapitalismus sich in zwei Theorie-Figuren zusammenfassen lässt: dem »innovativen Pionierunternehmer«, der Neuerungen durchsetzt und damit das Wirtschaftswachstum als dynamischen Umwälzungsprozess vorantreibt; und dem Prozess der »schöpferischen Zerstörung« als Folge von Produkt-, Verfahrens- und Marktinnovationen, die von den dynamischen Pionieren vorangetrieben und den anderen, eher passiven »Betriebswirten« aufgezwungen werden. In seinem

Hauptwerk *Kapitalismus, Sozialismus und Demokratie* (1942) – das wenig Brauchbares über Sozialismus und Demokratie, aber eine Fülle von »Ideen über den Kapitalismus enthält« (McCraw (2000) – begründet Schumpeter seine Hypothese, dass der Kapitalismus an seinen Erfolgen scheitern wird.

Jede Epoche liefert ihre je eigenen Interpretationen und Diagnosen des gerade realisierten Wirtschaftssystems, und in jeder Epoche stehen sich konkurrierende Auffassungen über die Hauptmerkmale und Entwicklungstendenzen der herrschenden Gesellschaftsformation gegenüber. Eine Diagnose muss notwendig von der unüberschaubaren Vielfalt der Erscheinungen abstrahieren und begriffliche *Idealtypen* bilden, in welchen die für den Beobachter und für die jeweilige Epoche bedeutungsvollen Zusammenhänge hervorgehoben werden. Kein Gegenstand geht in seinem Begriff auf. Theorie ordnet ausgewählte Aspekte der Wirklichkeit nach einem »einheitlichen Erklärungsprinzip« (Sombart) – das ein teleologisches, kausales oder funktionales Prinzip sein kann. Da verschiedene Beobachter je nach Interesse Unterschiedliches sehen, kann es nicht verwundern, dass Diagnosen umstritten sind und Kontroversen ausbrechen über die zutreffende Interpretation des Kapitalismus.

Bis heute gibt es keine allgemein akzeptierte Theorie, die das Gesamtphänomen Kapitalismus erfassen und erklären könnte (und vermutlich wird es eine solche auch nie geben). Was die Wirtschaftstheorie bietet, sind Erklärungsansätze zu einzelnen Aspekten wie Preisbildung, Geldschöpfung, Außenhandel, oligopolistischer Wettbewerb, Konjunktur, Wachstum, struktureller und institutioneller Wandel etc., also überwiegend Teiltheorien zu verschiedenen Aspekten des marktwirtschaftlichen Systems. In der Formulierung von Schumpeter (1942: 124) ist das die Arena der »reinen Theorie der kapitalistischen Maschine«. Im Unterschied dazu wäre von einer politischen Ökonomie des Kapitalismus zu erwarten, was Schumpeter die »Würdigung der kapitalistischen Gesellschaft und ihrer Zivilisation« nennt (ebd.); dies wäre allerdings ein ungleich umfassenderes und anspruchsvolleres Unterfangen und ist so heute wohl nicht mehr zu leisten.

Aus den Gemeinsamkeiten und Unterschieden der hier vorgestellten Diagnosen aus aufeinander folgenden Epochen schält sich ein Bild des Kapitalismus heraus, das im Wandel der Formen einen stabilen operativen Kern bewahrt; dieser Kern der Varianten »ein und desselben Kapitalismus« (Albert 1992: 26) besteht aus Akkumulation und Innovation.

3.2 Adam Smith: Das System der natürlichen Freiheit

> »Gibt man alle Systeme der Begünstigung und Beschränkung auf, so stellt sich ganz von selbst das einsichtige und einfache System der natürlichen Freiheit her« (Smith 1776: 582).

Das Jahrhundert der klassischen Wirtschaftslehre (ca. 1770–1870) ist von britischen Ökonomen/Philosophen geprägt – insbesondere von Smith, → Ricardo und → Mill. Basierend auf Smiths grundlegendem Werk *Der Wohlstand der Nationen* (1776), betont die klassische Schule gegen die bislang vorherrschende Doktrin des Merkantilsystems den Aspekt der Selbstregulierung wirtschaftlichen Handelns durch Wettbewerbsmärkte – und also das Erfordernis der wirtschaftlichen Freiheit von staatlicher Reglementierung (»laissez-faire, laissez-aller!«). Wirtschaftliches Handeln soll nicht von Obrigkeiten bevormundet und gelenkt werden, sondern durch Markt und Wettbewerb. Die Ideen der freien Entfaltung des Eigeninteresses und der Selbststeuerung sozialer Systeme rühren allerdings fundamentale Ängste auf: Muss eine Ordnung nicht im Chaos untergehen, wenn es ihr an Lenkung durch eine starke (staatliche) Hand mangelt? Die Interessen der Herrschenden (nach Lenkung zu ihrem Vorteil) und das Verlangen der Beherrschten (nach Ordnung und paternalistischer Fürsorge) treffen sich in der Ablehnung des Konzepts der Selbststeuerung (sei es durch Wettbewerb, sei es durch demokratische Verfahren).

Adam Smith

1723–1790

Adam Smith, * 1723 in Kirkcaldy/Schottland geboren, † 1790 in Edinburgh gestorben. Studium der Moralphilosophie an der University of Glasgow und in Oxford. 1750 (mit 27 Jahren) Ernennung zum Professor für Logik, später für Moralphilosophie an der Universität Glasgow. 1759 erscheint sein erstes Buch: *The Theory of Moral Sentiments.* Smith wird Erzieher des jungen Herzogs von Buccleuch und reist mit ihm nach Frankreich. Dort beginnt er mit der Arbeit an seinem Hauptwerk »An Inquiry into the Nature and Causes of the Wealth of Nations«; es erscheint 1776. Darin werden Arbeitsteilung und Spezialisierung als wichtigste Quelle des Wohlstands bezeichnet: Sein Werk beginnt mit dem Satz: »Die Arbeitsteilung dürfte die produktiven Kräfte der Arbeit mehr als alles andere fördern und verbessern«. Darüber hinaus aber ist es die erste systematische Darstellung der Funktionsweise der Marktwirtschaft und ihrer »politischen Ökonomie«.

Adam Smith richtet die neue ökonomische Wissenschaft auf die Leitfrage aus, wie Wohlstand entsteht und wie der »Wohlstand der Nationen« gefördert werden kann. Ins Zentrum seiner Ökonomik rückt damit das Problem, über welche Mechanismen der wichtigste Motor wirtschaftlichen Handelns – das private Vorteilsstreben – in gesellschaftlichen Nutzen umgemünzt werden kann. Smiths »Marktwirtschaftslehre« oder »politische Ökonomie« handelt im Grunde von den politisch zu schaffenden Bedingungen, unter denen das wirtschaftliche Handeln zugleich entfesselt und zum Vorteil des Ganzen transformiert werden kann.

Auf der Grundlage der Leibniz'schen Vorstellung von einer »prästabilierten Harmonie« versucht Smith, die

Zumutung seines Konzepts der Selbststeuerung des Marktes dadurch abzumildern, dass er die Hilfskonstruktion einer »invisible hand« einführt, quasi als Ersatz für eine göttliche oder weltliche Vorsehung: Der Markt funktioniert so, *als ob* es eine wohlwollende und allwissende Leitung gäbe. Wenn sich auf den Märkten Wettbewerbspreise bilden können, führt sogar ein Verhalten, das nur am Eigeninteresse ausgerichtet ist, zu Harmonie und allgemeinem Wohlstand. Unter Marktbedingungen muss nämlich ein Wirtschaftssubjekt, wenn es seinen eigenen Vorteil sucht, die Interessen der Tauschpartner, also der Marktgegenseite berücksichtigen; nur dann stellt sich Erfolg ein, nämlich eine Tauschtransaktion zu beiderseitigem Nutzen. Bei freiwilligem Äquivalententausch beruhen die → »gains from trade« darauf, dass beide Partner sich mit Tausch besser stellen als ohne – und dass sie bereit sind, ihr »Glück und Unglück ganz von den Bedürfnissen anderer abhängig zu machen« (Sloterdijk 2005: 312). Wechselseitiger Nutzen führt am Ende auch zum allgemeinen Wohl. Und damit steuert der Marktmechanismus das Verhalten der Wirtschaftssubjekte so, als ob es von einer »invisible hand« zum Gemeinwohl hingelenkt würde.

In der öffentlichen Wahrnehmung wird der Verzicht auf eine zentrale, obrigkeitliche Steuerung (der Wirtschaft) immer schon mit Chaos, Anarchie und Zusammenbruch gleichgesetzt (nicht umsonst wurde Smiths Buch von der spanischen Inquisition verboten; vgl. Kromphardt 1980: 66). Dass eine Marktökonomie auch ohne bewusste Planung und zentrale Lenkung funktionieren könnte, nämlich über eine wettbewerbliche Selbststeuerung und spontan herausgebildete Ordnungsformen – und im Zweifel sogar besser funktioniert als eine merkantilistische oder zentral geplante Wirtschaft –, diese Vorstellung ist kontra-intuitiv und stößt auf prinzipielle Einwände des direktiven Denkens.

Smith untersucht in seinem Werk die »Wirtschaft als Inbegriff von Tauschvorgängen« (Ott/Winkel 1985: 52). Der Tausch entspringt einer tief verwurzelten »natürlichen Neigung des Menschen, zu handeln und Dinge gegeneinander auszutauschen« (Smith 1776: 16). Das Erfolgsgeheimnis der Tauschwirtschaft liegt in der Chance, einen wechselseitigen Nutzen zu realisieren (»gains from trade«) – ebenso wie das Geheimnis erfolgreicher Verhandlungsführung darin liegt, eine Lösung zu finden, die beiden Seiten weiterhilft. Die Quelle des verteilbaren Tauschnutzens ist die Produktivitätssteigerung als Folge vorgängiger Arbeitsteilung und Spezialisierung. (Wo Marx später »Ausbeutung« konstruiert, um die Entstehung von Mehrwert abzuleiten, erschließt Smith einfacher und schlüssiger den gesellschaftlichen Mehrwert aus Arbeitsteilung und Produktivitätssteigerung als »letzten Ursachen des Reichtums«.) Aufgrund von Spezialisierung entsteht überhaupt erst ein differenziertes Güterangebot, das Anlass zu Tauschgeschäften auf Märkten gibt. Ziel der Wirtschaftssubjekte ist Nutzenmehrung durch Tausch. Dieses Ziel gibt ihnen die Richtung ihres Handelns vor; Handeln auf Märkten ist somit keineswegs ungerichtet/chaotisch, sondern ausgerichtet auf einen nur durch Tausch realisierbaren Nutzen. Die Wirkung der aggregierten Tauschvorgänge geht nun weit über das einzelwirtschaftliche Handlungsmotiv hinaus: Die systemische Wirkung besteht in der fortwährenden Steigerung von Arbeitsteilung, Spezialisierung und Produktivitätszunahme sowie – dadurch bedingt – in der Erhöhung des Wohlstands *aller*: »that general opulence to which the division of labour gives occasion« (ebd.).

Markt = Freiheit + Fortschritt

Smiths Plädoyer für den Markt ist zugleich ein Plädoyer für wirtschaftliche Freiheit und gesellschaftlichen Fortschritt durch Entfesselung des »Erwerbsfleißes«. Er fordert freien Handel, freien Wettbewerb und ein Ende obrigkeitlicher Reglementierung. Dem Wohlstand aller sei am besten gedient, wenn jeder seine eigenen wirtschaftlichen Interessen verfolgen kann. Diese Haltung ist Ausdruck des Fortschrittsoptimismus des 18. Jahrhunderts und eines wachsenden Vertrauens auf die nützlichen Wirkungen rationalen Handelns. Schumpeter (1908: 8) stellt rückblickend fest: »Die Frische des jungen Tages liegt über den Werken der Klassiker.« Für Smith ist evident, dass nicht Caritas oder Zwang das wirtschaftliche Handeln leiten sollten, sondern das Eigeninteresse der Menschen, sofern diese sich in einem »System der natürlichen Freiheit« betätigen können. Auch wenn dabei der Wettbewerb die Koordination des Handelns übernimmt, bedeutet dies gerade nicht regelloses Chaos: »chaos it is not« (Lindblom 2001: 58). Vielmehr ist eigeninteressiertes Handeln von zwei Seiten her begrenzt: Zur Seite irrationaler, unbeherrschter Leidenschaften hin ist ein an Interessen ausgerichtetes Rationalhandeln gezügelt und verlässlich; zur Seite der Gesellschaft hin ist wirtschaftliches Handeln an den Rahmen der Gesetze und an Gerechtigkeitsnormen gebunden. Wohlweislich merkt Smith immer wieder an, dass auch das Marktverhalten nicht »gegen die Gesetze der Gerechtigkeit« verstoßen darf. Max Weber (1922: 20) weist ebenfalls darauf hin, dass die Marktkonkurrenz eben nicht regellos ist, sondern ein »an die Ordnung des Marktes gebundener Konkurrenzkampf um Tauschchancen«. Regeln einzuhalten ist auch rational, wenn Tauschpartner »an der Fortsetzung der Tauschbeziehungen […] auch für die Zukunft Interesse haben und daher […] mindestens eklatante Verletzungen von Treu und Glauben unterlassen werden« (ebd.: 383).

In der familialen Hauswirtschaft reichen (in der Regel) partnerschaftliche beziehungsweise elterliche Liebe und Wohlwollen aus, um die Güterversorgung zu gewährleisten; in der (merkantilistischen/sozialistischen) Staatswirtschaft werden Zwang und Reglementierung angewendet; im System der Marktwirtschaft dagegen sollen sich die Wirtschaftssubjekte von ihrem Eigeninteresse leiten lassen, um ihren Güterhaushalt zu besorgen – selbst wenn das zunächst ethisch etwas anstößig erscheinen mag, weil weder christliche Nächstenliebe noch weltliche Solidarität handlungsleitend sind. Es kommt jedoch nicht darauf an, so der lebenskluge Alfred → Marshall, für das allgemeine Wohl die *höchsten* Kräfte der menschlichen Natur zu nutzen, sondern die *stärksten* (zit. in Robinson 1962: 56). Oder mit Schumpeter (1942: 122) gesprochen: Das Marktsystem »appelliert an ein Schema von Motiven, das in Einfachheit und Kraft unübertrefflich ist.«

Gelegentlich erliegt auch Smith (wie jeder kultivierte Mensch) der Versuchung, etwas »gentlemanly distaste« kund zu tun über die Neigung vieler Menschen zu eigennützigem Verhalten (vgl. Robinson 1962: 54). Er ist jedoch Pragmatiker genug, um in der Befreiung des Eigeninteresses den Motor für allgemeine Prosperität zu sehen. Wird dieses Eigeninteresse auf die Mühlen des marktwirtschaftlichen Wettbewerbs gelenkt, befördert es den Erwerbstrieb und den Fleiß; da der Nutzen aus dem wettbewerblich angestachelten Erwerbsfleiß eben nicht nur den handelnden Wirtschaftssubjekten zugute kommt, sondern der Gesellschaft insgesamt, wäre es falsch, Eigeninteresse mit Egoismus gleichzusetzen; pragmatisch, also vom Resultat her gedacht, führt eigeninteressiertes Handeln zuverlässiger zu den Ergebnissen, die man vom Altruismus vergeblich erwartet. Erfahrung lehrt: Tauschen ist produktiver als Teilen.

Die List der unsichtbaren Hand und der vermittelnden Tätigkeit
»Tatsächlich fördert [der wirtschaftende Mensch] in der Regel nicht bewusst das Allgemeinwohl, noch weiß er, wie hoch der eigene Beitrag dazu ist. […] Er denkt eigentlich nur an die eigene Sicherheit und wenn er dadurch die Erwerbstätigkeit so fördert, dass ihr Ertrag den höchsten Wert erzielen kann, strebt er lediglich nach eigenem Gewinn. Und er wird in diesem wie auch in vielen anderen Fällen von einer unsichtbaren Hand geleitet, um einen Zweck zu fördern, den zu erfüllen er in keiner Weise beabsichtigt hat« (Smith 1776: 371).

An der Wirkungsweise der »invisible hand« zeigt sich, wie Jahrzehnte später Hegel bemerken wird, dass die »Vernunft ebenso listig [ist] als mächtig. Die List besteht überhaupt in der vermittelnden Tätigkeit, welche, indem sie die Objekte ihrer eigenen Natur gemäß aufeinander einwirken und sich aneinander abarbeiten lässt, ohne sich unmittelbar in diesem Prozess einzumischen, gleichwohl nur ihren Zweck zur Ausführung bringt« (Hegel 1840: 382).

Auf dem Markt als dem Ort des Tausches kommen Wirtschaftssubjekte zusammen, die Produkte und Leistungen anbieten, um aus den Erlösen andere Bedürfnisse befriedigen zu können. Jedes Angebot wird somit einerseits aus Eigeninteresse auf den Markt gebracht, nämlich mit dem Ziel, den eigenen Nutzen zu mehren, es muss andererseits aber auch auf die Marktgegenseite bezogen sein, das heißt auf das Eigeninteresse der Tauschpartner; für sie muss das Angebot attraktiv sein, und bei ihnen muss es Zahlungsbereitschaft auslösen. Güteraustausch auf Märkten setzt die Wahrnehmung und Einbeziehung der Ansprüche des anderen voraus: Das ist Altruismus im eigenen Interesse, weil Nutzen sich nur realisieren lässt, wenn auch der andere einen Nutzen davon hat. Das verbreitete Vor-Urteil, Wirtschaftssubjekte (beziehungsweise der → *homo oeconomicus*) handelten rücksichtslos und ohne Bezug auf andere, ist abwegig: Ohne Rücksichtnahme auf die Marktgegenseite käme kein Tausch zustande.

Eigeninteresse und Marktgegenseite

Vor seiner *Wealth of Nations* hatte Smith eine vielbeachtete *Theory of Moral Sentiments* (1759) geschrieben, die man als ethische Theorie des sozialen Handelns lesen kann. Moralphilosoph bleibt Smith auch als Ökonom: Wenn Wirtschaftssubjekte sich auf Märkten begegnen und dabei ihre Interessen verfolgen, dann ist keineswegs ausgeschlossen, dass sie dabei auch Verständnis und Mitgefühl zeigen; Smiths Liberalismus umfasst neben dem Eigeninteresse »moralphilosophisch-ethische Zielsetzungen [...]. Vernünftiges Handeln schließt Grundsätze der Ethik und Moral mit ein« (Ott/Winkel 1985: 49).

Eine Haltung, die »darauf vertraut, dass die Wirtschaft sich besser versteht« als irgendeiner ihrer Beobachter,

»Mit der Güte kannst du nicht rechnen«

könnte man mit Baecker (2006: 39) eine ironische Position nennen. Nur wenige der vorschnellen Kritiker der Metapher von der »invisible hand« haben das ordnungsbildende Zusammenspiel von Gewinnstreben und Marktkonkurrenz hinreichend verstanden. Sie könnten sich von Robert Musil belehren lassen, der den Generaldirektor Fischel zu seiner Tochter sagen lässt: »Wir müssen etwas finden, […] worauf wir uns verlassen können und womit wir rechnen können! […] Wer auf Stein bauen will, muss sich […] der Begierden bedienen. Dann wird der Mensch plötzlich eindeutig, berechenbar, fest […] Mit der Güte kannst du nicht rechnen. Mit den schlechten Eigenschaften kannst du rechnen. Gott ist wunderbar, mein Kind, er hat uns die schlechten Eigenschaften gegeben, damit wir zu einer Ordnung kommen« (Musil 1932: 670f.). Der Markt bedient sich der »schlechten« Eigenschaften des Eigeninteresses und des Gewinnstrebens – aus dem einfachen Grund, weil man mit den guten nicht rechnen kann; doch zugleich kontrolliert der Markt das Wirken der »schlechten« Eigenschaften durch diese selbst: nämlich durch die *Konkurrenz* zwischen eigeninteressierten Wirtschaftssubjekten. Das mag, wie Fischels Tochter bemerkt, »dressierte Niedrigkeit« sein (ebd.); doch alle Gegenmodelle laufen auf *un*dressierte Niedrigkeit hinaus.

Bei der Konzeption einer freiheitlichen Gesellschaft wollten sich die Liberalen – und allen voran Adam Smith – keineswegs auf die (zweifellos auch vorhandenen) Tugenden der Menschen verlassen, sondern doch eher auf ihre Interessen – also quasi auf menschliche Begierden. Ein halbes Jahrhundert vor Smith hatten bereits Bernard de Mandeville *(Bienenfabel)* und auch David Hume geschrieben, die Menschen sollten in ökonomischen Angelegenheiten doch besser als »knaves«, als Spitzbuben betrachtet werden, die an ihren Interessen gepackt werden müssen: »by this interest we must govern him and […] make him […] cooperate to public good« (Hume 1741: 42).

Den Markt interpretiert Smith als *Positivsummenspiel*, das allen Beteiligten Nutzen bringt (wenn auch nicht notwendig im gleichverteilten Maße): Durch Markttausch werden »gains from trade« realisiert, daraus sich ergebende Profite dienen der Kapitalakkumulation, also der Erhöhung des Kapitalstocks und der Produktivitätssteigerung. Dieser Gesamtprozess, der auf Arbeitsteilung und Spezialisierung basiert, führt »in einem gut regierten Staat« (auf diese Voraussetzung hinzuweisen wird Smith nicht müde) zu einem Zuwachs an Wertschöpfung, Einkommen und Beschäftigung und schließlich »zu allgemeinem Wohlstand, der selbst in den untersten Schichten der Bevölkerung spürbar wird« (Smith 1776: 14).

»Die Nachfrage nach Lohnarbeitern steigt also zwangsläufig, wenn Einkommen und Kapital in einem Lande zunehmen, aber auch nur unter dieser Voraussetzung. Wachstum von Einkommen und Kapital bedeutet Zunahme des nationalen Wohlstands, was wiederum die entscheidende Voraussetzung für eine wachsende Nachfrage nach Arbeitskräften ist« (Smith 1776: 60f.).

Das gleiche Prinzip gilt auch im Außenhandel zwischen Nationen. Smith stützt sich dabei auf Hume, der den Irrtum anprangert, die Zunahme von Wohlstand und Handel bei einer Nation schade den Nachbarnationen; im Gegenteil, so Hume, werde auch der Wohlstand der anderen dadurch vermehrt (vgl. Ott/Winkel: 48). Ein Jahrhundert später fällt Marx wieder hinter Smith zurück und deklariert den Marktmechanismus zum Nullsummenspiel, bei dem der eine verliert, was der andere gewinnt. Die Fakten sprechen gegen diese Auffassung: Statt zu verelenden (wie aus der Nullsummen-These zu folgern wäre) partizipiert die Arbeiterklasse am wachsenden Wohlstand; statt als »Lumpenproletariat« zu revoltieren, verbürgerlicht eine schwindende Arbeiterschicht.

In der zentralen klassischen Theoriefigur, dass »die Verfolgung des eigenen Interesses dem Allgemeinwohl diene«, sehen Boltanski/Chiapello (2003: 49) weniger eine Erklärung der Funktionsweise des Marktes als vielmehr eine Figur zur Rechtfertigung des Kapitalismus. Zugleich führen sie aus, dass Kapitalisten/Unternehmen ihre Profit- und Akkumulationsziele nur erreichen können, wenn sie die Wünsche der Konsumenten bestmöglich erfüllen. Also müssen sie attraktive Güter kostengünstig anbieten. Bei Tauschtransaktionen auf Märkten kommt nur zum Zuge, wer bei der Verfolgung seines Eigeninteresses die Bedürfnisse der Marktgegenseite nicht nur gut, sondern *besser* bedient als die Konkurrenz (vgl. ebd.: 50). Diesen Aspekt betont auch die Organisationsexpertin Moss Kanter, wenn sie bei Markttransaktionen »Empathie« am Werk sieht, »d.h. die Fähigkeit, sich in jemanden hineinzuversetzen und seine Ziele zu erfühlen« (zit. ebd.: 496). Noch etwas pathetischer formuliert → Simmel (1903: 227), der in der Konkurrenz nicht nur den Kampf aller gegen alle sieht, sondern zugleich den »Kampf aller um alle«. Damit gelinge der Konkurrenz, so Simmel weiter, »unzählige Male, was sonst nur der Liebe gelingt: das Ausspähen der innersten Wünsche eines Andern, bevor sie ihm noch selbst bewusst geworden sind« (ebd.: 328). Etwas nüchterner könnte man auch sagen, der Wettbewerb wirkt wie ein »Zuchtmeister«, der die Anbieter zwingt, »sich den Wünschen ihrer Kunden zu fügen« (Weizsäcker 2003: 807).

Beim Tausch wird die Marktgegenseite bedient

Liberale sehen ihr Eintreten für den Markt als Teil ihres Kampfes um Freiheit und Selbstbestimmung des Einzelnen. Freiheit ist dabei nicht nur formal definiert als Meinungs-, Bewegungs- oder Versammlungsfreiheit, sondern materiell konstituiert durch den Handlungsspielraum einer Person (vgl. Weizsäcker 2003: 813). Insofern weiten Wirtschaftswachstum und Einkommenszuwächse den Bereich der Handlungsoptionen und damit die Freiheit materiell aus. Nach Smiths Überzeugung gibt es einen »natürlichen Fortschritt« in Richtung Wohlstand und Prosperität, wenn der Markt von störenden politischen Interventionen

Woher kommt die Dynamik?

freigehalten wird: »Das gleichmäßige, fortwährende und ununterbrochene Streben der Menschen nach besseren Lebensbedingungen, Ursache und Quelle des öffentlichen und nationalen wie des privaten Wohlstands, ist durchweg mächtig genug, [...] den natürlichen Fortschritt zum Besseren hin aufrecht zu erhalten« (Smith 1776: 283).

Es ist offensichtlich, dass Smith die Theorie einer Wirtschafts- und Gesellschaftsordnung bietet, die er gleichzeitig auch für ein anzustrebendes Ideal der menschlichen Ordnung hält. (Konträr dazu wird Marx später die Theorie eines Kapitalismus formulieren, den er für ein zu überwindendes Herrschafts- und Ausbeutungssystem hält.) Immer schon sind theoretische Analysen und normative Programmatik in diesen Diagnosen miteinander verquickt; dagegen verlangt die heutige Methodologie, beide Aspekte möglichst getrennt zu halten. In Webers Formulierung: Es sollte erkennbar sein, »wo der denkende Forscher aufhört und der wollende Mensch anfängt« (1904: 157).

Smiths »Hauptanliegen« ist der Entwurf einer »Lehre von der Marktwirtschaft« (Recktenwald 1974: xxxii). Seine Wirtschafts- und Gesellschaftsdiagnose des 18. Jahrhunderts – und mehr noch seine marktwirtschaftliche Programmatik – ist durchdrungen von einer fundamentalen Zuversicht in die Selbststeuerungsfähigkeit eines auf Wettbewerb basierenden Marktsystems ebenso wie von einem starken Geschichts- und Fortschrittsoptimismus. Smith überträgt das mechanische Weltbild seiner Zeit inklusive der Vorstellung einer »natürlichen Harmonie«, die keiner Steuerungsinstanz bedarf, auf das soziale System Markt, das er modellhaft als gedanklich konstruierte Maschine versteht. Heute würde man die Wirtschaft als Sozialsystem etwas komplexer und weniger mechanisch sehen, doch das mindert nicht Smiths außergewöhnliche theoretische Leistung.

Wenn der Markt dieses Potenzial zur Selbststeuerung hat, sind die meisten staatlichen Beschränkungen des Wirtschaftslebens entbehrlich, ja schädlich. Smith plädiert für ein »System der natürlichen Freiheit« – aber nicht der Zügellosigkeit. Er lässt keinen Zweifel daran, dass in einem »gut regierten Staat« die Gesetze der Gerechtigkeit beachtet werden müssen. Hier ist Recktenwald (1974: xxxv) zuzustimmen, der es für einen Fall »bösartiger Kritik« hält, wenn Smith vorgeworfen wird, er »verabsolutiere das Ökonomische und Materielle«. Sofern überhaupt das »Streben des Einzelnen nach Verbesserung seiner ökonomischen Lage und seines sozialen Rangs« als Egoismus bezeichnet werden kann, handelt es sich bei Smith »um einen geläuterten, einen aufgeklärten und einen sozialen und rechtlichen Regeln unterworfenen Egoismus« (ebd.: xli).

»People of the same trade seldom meet together, even for merriment and diversion, but the conversation ends in a conspiracy against the public, or in some contrivance to raise prices« (Smith 1776: I,1,10).

Smith bleibt argwöhnisch gegenüber den Machenschaften der Unternehmer und Kaufleute, die kaum ein Dinner abhalten, ohne dabei eine Verschwörung gegen den Wettbewerb anzuzetteln – aber Smith benötigt kein Feindbild, um dies wirkungsvoll zu kritisieren. Er weiß, dass die Gerechtigkeit in Lumpen durch die Welt geht, doch ist er weise genug, bei seiner Forderung nach mehr Gerechtigkeit nicht auf Revolution, sondern auf Augenmaß zu setzen. Man mag Smith vorwerfen, er überschätze das Maß an Glück, das die Armen verspüren, wenn sich ihre Lage im Zuge einer allgemeinen Wohlstandssteigerung verbessert, und er unterschätze das Maß an Unglück, das sie empfinden, wenn dabei die Einkommens- und Vermögensunterschiede bestehen bleiben (nach wie vor verfügen die reichsten zehn Prozent der deutschen Haushalte über 51 Prozent des Nettovermögens). Das ändert nichts daran, dass es mit Smiths Konzeption der Marktwirtschaft zum ersten Mal in der Geschichte gelungen ist, zumindest einen Teil der Menschheit dauerhaft von Hunger und Elend zu befreien.

Gleichwohl ist Keynes zuzustimmen, wenn er – um die Erfahrungen von anderthalb Jahrhunderten reicher – anmerkt, dass privates Interesse und Gemeinwohl nicht immer zusammenfallen müssen: »The world is *not* so governed from above that private and social interest always coincide. It is *not* so managed here below that in practice they coincide« (Keynes 1931: 312).

3.3 Karl Marx: Zur Kritik der politischen Ökonomie

»Die Produktionsanarchie [des Kapitalismus] ist die Quelle so vielen Elends, gleichzeitig die Ursache allen Fortschritts« (Marx 1847: 491).

Ein halbes Jahrhundert nach Adam Smiths *Wohlstand der Nationen* sind viele hohe Hoffnungen auf die wohltätigen Wirkungen des Marktmechanismus im Elend einer proletarisierten Arbeiterklasse zerstoben. Die sozialistische Bewegung macht sich zum Wortführer der *Misérables,* und Karl Marx ist ihr intellektueller Kopf.

Karl Marx
1818–1883

Karl Marx, * 1818 in Trier geboren, † 1883 in London gestorben. Sein Vater ist Jude, der zum Protestantismus konvertiert. In Bonn und Berlin studiert er Jura, Philosophie und Geschichte (Promotion 1841 in Philosophie). Verheiratet (1843) mit Jenny Freiin von Westphalen. Sein treuester Freund ist Friedrich Engels; beide verfassen 1848 das *Kommunistische Manifest*. 1867 erscheint der erste Band von Marx' Hauptwerk: Das Kapital (die Bände 2/3 werden nach Marx' Tod von Engels 1885/1894 herausgegeben). Marx schlägt sich als politischer Redakteur bei verschiedenen Zeitungen durch, muss aber regelmäßig von Engels finanziell unterstützt werden. Wegen politischer Verfolgung geht er zunächst nach Paris, dann über Brüssel und Köln nach London. Dort widmet er sich vor allem dem Studium der »politischen Ökonomie« und seinem Hauptwerk, dem »Kapital«; daneben ist er auch organisatorisch und publizistisch für die Arbeiterbewegung tätig.

Sein Hauptwerk *Das Kapital* (1867) ist als eine »Kritik der politischen Ökonomie« angelegt; er lehnt die herrschenden Verhältnisse ab, die er als »kapitalistische Produktionsverhältnisse« und als Ausdruck von Klassen- und Herrschaftsstrukturen interpretiert, gewaltsam abgestützt durch Privateigentum und Klassenjustiz. Im Licht der elenden Wirklichkeit erscheint ihm die gängige Wirtschaftstheorie als ideologische Rechtfertigungslehre. Aus der klassischen Ökonomik übernimmt Marx nur einzelne, quasi passende Bausteine – von Smith die Unterscheidung zwischen Tausch- und Gebrauchswert der Güter, von Ricardo die Arbeitswertlehre als Basis seiner Mehrwert- und Ausbeutungstheorie. Er beschränkt sich nicht, wie die Klassik, auf eine Analyse des Individualverhaltens unter Marktbedingungen, sondern bezieht die gesellschaftlichen Verhältnisse, die politisch und damit durch Gewalt konstituierten »Klassenverhältnisse« als Determinanten des Wirtschaftsprozesses mit ein. Die Untersuchungsperspektive erweitert sich zur historisch-sozialen »Bewegungsanalyse« und thematisiert die »Ökonomie als Zusammenhang nicht von Dingen, sondern von Prozessen, insbesondere von Verhältnissen zwischen Menschen und Klassen« (vgl. de Man 1931: 65f.). Sein Ziel ist es, schonungslos mit der kapitalistischen Gesellschaft abzurechnen und sie über eine vernichtende Kritik ihrer »politischen Ökonomie« als ein Ausbeutungssystem zu entlarven, das an seinen Widersprüchen zugrunde gehen muss: Die kapitalistische Produktionsweise »muss vernichtet werden, sie wird vernichtet« (Marx 1867: 789).

Marx erhebt den Anspruch, »das ökonomische Bewegungsgesetz der modernen Gesellschaft zu enthüllen« – das »Naturgesetz« der kapitalistischen Produktionsweise. Er interpretiert »die Entwicklung der ökonomischen Gesellschaftsformation« als einen »naturgeschichtlichen Prozess« (Marx 1867: 15f.). Damit ist zugleich ein Wechsel in der Gewichtung von Mensch und System markiert: Nicht mehr das Handeln der einzelnen Person oder die persönliche Macht des einzelnen Kapitalisten stehen im Vordergrund, sondern die »gesellschaftliche Macht« des Kapitals, die »Wirkung des gesellschaftlichen Mechanismus, worin der Kapitalist nur ein Triebrad ist« (Marx/Engels 1848: 476).

Das »Bewegungsgesetz« der kapitalistischen Gesellschaft

Den Kapitalismus begreift Marx als historisch gewordene und damit auch vergängliche Gesellschaftsformation; ist deren »Bewegungsgesetz« als Logik ihres Wandels erkannt, lässt sich daraus der Pfad der künftigen Entwicklung ableiten. Die Triebkräfte der geschichtlichen Veränderung sind materieller Art; sie basieren auf der Reproduktion des vergesellschafteten Menschen, also auf dem güterwirtschaftlichen Stoffwechsel zwischen Mensch und Natur. Produzierende Menschen eignen sich Natur an mithilfe von Arbeit, Energie und Technik. Unter den Bedingungen kapitalistischer Produktionsverhältnisse besteht der Kern dieser Metabolik in der Mehrwertproduktion als Inbegriff kapitalistischer Ausbeutung. Das Ziel der Kapitalverwertung kann nur erreicht werden, wenn Profite anfallen – und die fallen nur an, wenn die Produktionsverhältnisse Ausbeutung menschlicher Arbeit zulassen. In dem Maße jedoch, wie *alle* Kapitalisten nach profitlicher Verwertung ihres Kapitals streben, muss die Profitrate sinken. Denn die Konkurrenz erzwingt eine steigende Kapitalintensität, also immer mehr Einsatz von konstantem Kapital (Maschinen und Produktionsanlagen) im Verhältnis zum variablen Kapital (menschliche Arbeit). Wenn mehr konstantes Kapital eine gleichbleibende Menge menschlicher Arbeit ausbeutet, verteilt sich eine gleichbleibende Profit*summe* auf mehr Kapital, also muss die Profit*rate* fallen. Alle Versuche der Kapitalisten, dem entgegenzuwirken, etwa durch Konzentration und Zentralisation des Kapitals oder durch Kolonialismus und Imperialismus, müssen scheitern. Wohl können temporäre Extraprofite abgepresst werden, doch diese heben das »Gesetz des tendenziellen Falls der Profitrate«

nicht auf. Gerade dieses Theorem erweist sich somit als »das in jeder Beziehung wichtigste Gesetz der modernen politischen Ökonomie und das wesentlichste, um die schwierigsten Verhältnisse zu verstehn« (Marx 1867: 641). Denn eine fallende Profitrate bedeutet, dass der Kapitalismus notwendig die Bedingung seines eigenen Scheiterns produziert.

Der tendenzielle Fall der Profitrate

Der »tendenzielle Fall der Profitrate« (p) ergibt sich aus der steigenden »organischen Zusammensetzung des Kapitals« (c/v); damit ist eine zunehmende Kapitalintensität der Produktionsprozesse gemeint, bei denen immer mehr fixes Kapital (c) für Maschinen eingesetzt wird – relativ zum variablen Kapital (v) für den Faktor Arbeit. Angenommen, der Mehrwert sei proportional zum eingesetzten variablen Kapital, dann leisten die Arbeitskräfte während der einen Hälfte ihrer Arbeitszeit »notwendige« Arbeit, die ihrem Lohn und damit ihrem Tauschwert entspricht; während der anderen Hälfte ihrer Arbeitszeit leisten sie »Mehrarbeit« und schaffen den »Mehrwert« für den Kapitalisten. Daraus ergibt sich die Mehrwertrate = Profitrate p = c/v: Wenn c zunimmt und v unverändert bleibt, dann muss die Profitrate abnehmen:

c = 50	v = 100	→	p = 100/150	=	66,6 %,
c = 200	v = 100	→	p = 100/300	=	33,3 %,
c = 400	v = 100	→	p = 100/500	=	20,0 %.

Das »allmähliche Anwachsen des konstanten Kapitals, im Verhältnis zum variablen, [muss] notwendig zum Resultat haben einen graduellen Fall in der allgemeinen Profitrate bei gleichbleibender Rate des Mehrwerts oder gleichbleibendem Exploitationsgrad* der Arbeit durch das Kapital« (Marx 1889: 221).

** Ausbeutungsgrad*

Mit seiner ökonomischen Analyse will Marx zeigen, dass die kapitalistische Operationsweise in sich widersprüchlich ist und deswegen zusammenbrechen muss. Was auf den Zusammenbruch folgt, lässt sich daraus allerdings nicht schlüssig ableiten. Wenn Marx dennoch Aussagen über die künftige Gesellschaftsformation macht, dann begibt er sich ins Reich der Spekulation. Hier kann man Marxens Prämisse (die er mit Adam Smith teilt), dass die

Menschheit sich auf einer *Achse des Fortschritts* bewegt, entweder übernehmen oder verwerfen. Wenn es einen historischen Fortschritt gibt, dann muss die den Kapitalismus ablösende Formation eine bessere und humanere sein, also eine höhere Gesellschaftsformation – also das »Reich der Freiheit« – kurzum: Sozialismus/Kommunismus.

Wie Smith hängt auch Marx der »Religion des Fortschritts« an; die Menschheit schreitet voran, bei Smith zu allgemeinem Wohlstand, bei Marx durch das Tal des allgemeinen Elends ins sozialistische Paradies. Bei den späteren Autoren verliert sich das Fortschrittsdenken; Sombart und Weber vertreten Stagnationstheorien – sie erwarten, dass der Kapitalismus an Dynamik verliert und aus Erschöpfung auf einen Stagnationspfad einschwenkt, in dem er funktional dem Sozialismus gleicht: Warenverwaltung bei Privateigentum. Schumpeter sieht ebenfalls den Sozialismus als Endstation des Kapitalismus, aber nicht in der Folge von Schwäche und Zusammenbruch, sondern als Konsequenz »seines Erfolgs« (Schumpeter 1942: 106), der die schützenden sozialen Schichten dieser Wirtschafts- und Gesellschaftsordnung untergräbt.

So verständlich das Verlangen vieler Theoretiker ist, mit ihren Diagnosen die Bewegungsgesetze des je untersuchten Sozialsystems zu entdecken, um daraus Prognosen über die künftige Entwicklung abzuleiten, so prinzipiell verfehlt ist dieser Ansatz. Immer haben sich solche Vorhersagen als falsch erwiesen, weil die Bewegungsgesetze nicht zureichend erkannt werden (können). Wenn sie denn je für bestehende Systeme rekonstruierbar wären, dann spricht nichts dafür, dass sie auch unter veränderten Bedingungen für künftige Formationen gelten – denn die Zukunft ist kontingent. Was allenfalls dabei herauskommen kann, sind Ideologien, »Zuversichtslehren« (de Man 1931: 54), die in der Absicht formuliert werden, die herrschenden Zustände entweder zu legitimieren oder zu überwinden. Beides ist anmaßend und abwegig.

Durch die »kapitalistische Produktionsweise« wird die Arbeitskraft des »freien« (nicht mehr leibeigenen, sondern auf dem Markt frei verfügbaren) Arbeiters zur Ware – auch für ihn selbst: Der Arbeiter ist »freier Eigentümer seines Arbeitsvermögens« (Marx 1867: 182). Das System der Lohnarbeit charakterisiert die Produktionsweise, also die »Art, wie Menschen ihren Lebensunterhalt gewinnen« (Marx/Engels 1848: 130). Unter den Bedingungen einer Klassengesellschaft ergeben sich daraus Produktionsverhältnisse, die Markttausch und Ausbeutung erzwingen und legitimieren. Marx betont gegen die »Vulgärökonomie«, dass auf Märkten nicht etwa betrogen wird, sondern »Äquivalententausch« stattfindet. Ausbeutung ist damit nicht dem schlechten Charakter der Kapitalisten geschuldet, sondern Teil der Funktionslogik des Systems. Einerseits ermöglicht die Ausbeutung Profite und damit Akkumulation, andererseits vergrößert sie die »Lazarusschicht der Arbeiterklasse« und die »industrielle Reservearmee« (Marx 1867: 673f.). Das »absolute, allgemeine Gesetz der kapitalistischen Akkumulation« verschärft die Widersprüche des Systems bis zu dem Punkt, an dem es zusammenbrechen muss.

Theoretische Grundlage dieser Argumentation ist die Mehrwerttheorie (vgl. Kasten, S. 94), die Marx aus der Arbeitswertlehre von →Ricardo (1772–1823) ableitet. Danach schafft *allein* die menschliche Arbeit Werte, und die Güterwerte verhalten sich wie die zu ihrer Erstellung notwendigen Arbeitszeiten: Dauert die Herstellung eines Rocks doppelt so lange wie die einer Elle Leinwand, ist der Rock doppelt soviel wert wie der Stoff. Der Wert einer Ware (also auch der Ware Arbeitskraft) wird bestimmt durch das Quantum der darin vergegenständlichten Arbeit. Wird menschliche Arbeit allerdings von Sachkapital und Technik unterstützt, dann steigen Produktivität und Wertschöpfung um ein Vielfaches an. Unter hochtechnisierten Bedingungen ist die Zurechnung der produzierten Werte auf menschliche Arbeit faktisch nicht mehr möglich. Damit versagt die Arbeitswertlehre unter fortgeschrittenen kapitalistischen Verhältnissen – und mit ihr die Mehrwerttheorie als Grundlage der Ausbeutungsthese. Die Arbeitswertlehre erweist sich als »simply an orthodox dogma« (Robinson 1962: 39).

Das Werk von Karl Marx nötigt hohen Respekt ab – trotz allem. Man kann nicht umhin, darin eine singuläre Theorie- und Arbeitsleistung zu sehen. Seine Mehrwert- und Ausbeutungstheorie und das davon abgeleitete Theorem des »tendenziellen Falls der Profitrate« sind anspruchsvolle Konstruktionen. Das Schicksal, dass sie sich bei genauerer Überprüfung als logisch inkonsistent und empirisch falsch erwiesen haben, teilen sie mit vielen anderen Theoremen. Die zentralen Aussagen des Marx'schen Œuvres haben der wissenschaftlichen Kritik nicht standgehalten. »Marxens Theorie des Mehrwerts […] ist unhaltbar« (Schumpeter 1942: 61). Statt der prognostizierten Verelendung ist das Gegenteil eingetreten, nämlich ein gewisser »Wohlstand für alle«. In Schumpeters (1942: 135) unnachahmlicher Formulierung: Es dämmert uns »der schreckliche Verdacht«, dass Großunternehmen und Kapitalismus mehr zur Erhöhung des Lebensstandards der Massen beigetragen haben könnten als zu ihrer Verelendung.

Exkurs: Eine kurze Widerlegung der Marx'schen Mehrwerttheorie

❶ Auf dem Arbeitsmarkt werden Äquivalente getauscht; der Tauschwert der Ware Arbeitskraft [TW] entspricht dem Wert der Waren, die zur Reproduktion des Arbeiters nötig sind. Sein Gebrauchswert für den Kapitalisten [GW] ist (angeblich) höher: GW > TW; GW – TW = Mehrwert. »On this plane the whole argument appears to be metaphysical« (Robinson 1962: 39).

❷ Um seinen TW zu verdienen, muss der Arbeiter ebenso viele Stunden arbeiten (= Arbeitskraft verausgaben) wie zur Herstellung der Lebensmittel nötig sind, die ihn reproduzieren. Reproduktion schafft im Arbeiter eine Wertsumme, die er im Produktionsprozess wieder verausgabt. Gilt das

Wertgesetz, dann kann er nicht mehr verausgaben als an Wert vorhanden (reproduziert) ist.

❸ Die Arbeitskraft des Arbeiters ist ein Wert-Reservoir; in der Reproduktion wird es aufgefüllt, in der Produktion entleert. Um eine Arbeitskraft nutzen zu können, muss der Kapitalist den Tauschwert in Höhe des Äquivalents der reproduktiv notwendigen Güter bezahlen: liegt diese Wertsumme bei 10 €/T (/T = pro Tag), beträgt der Tauschwert des Arbeiters auch 10 €/T.

❹ Geht in die Arbeitskraft die Wertsumme 10 €/T ein, so enthält das ›Reservoir‹ Arbeiter einen Warenwert von 10 €/T und kann entsprechend eine Wertschöpfung in Höhe von 10 €/T leisten. Wie soll er mehr leisten, wenn materiell im Arbeiter nicht mehr Arbeitskraft vorhanden ist?

❺ Marx behauptet ohne weitere Begründung, der Arbeiter sei imstande, »längere Zeit zu arbeiten, als die Arbeitszeit dauert, die für den Erwerb der Lebensmittel (im weitesten Sinne) nötig ist« (Marx 1867: 184–185) – also nötig für seine Reproduktion.

❻ Somit stellt der Mehrwert eine »okkulte Qualität« (ebd.: 169) nicht des kapitalistischen Prozesses, sondern des Marx'schen Denkens dar. Das dem Arbeiter trotz Äquivalententausch abgepresste »Mehr« an Wert kommt – aus dem Nichts.

Schema der Mehrwertproduktion

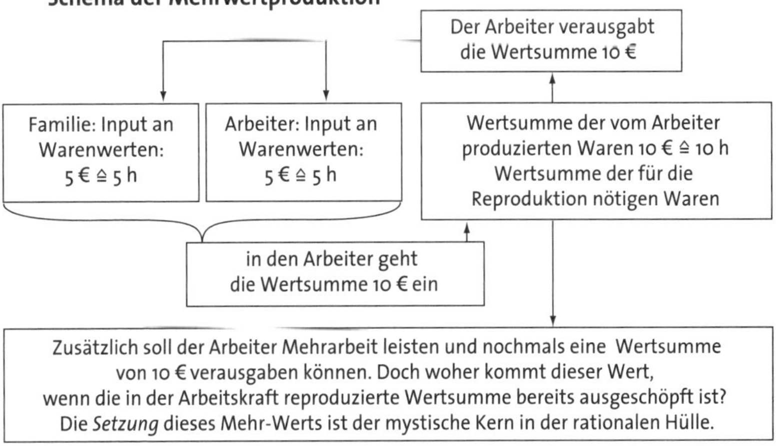

[*Angaben pro Tag;* Produktionswert einer Arbeitsstunde (h) = 1 €]

Mit der Marx'schen Verelendungsthese – »im Maße, wie Kapital akkumuliert, [muss] die Lage des Arbeiters [...] sich verschlechtern [...] Akkumulation von Kapital bedingt eine entsprechende Akkumulation von Elend« (Marx 1867: 675) – ist unvereinbar, dass der Arbeitnehmerlohn im Jahr 2000 ungefähr das 12-fache des entsprechenden Entgelts im Jahr 1870 beträgt (inflationsbereinigt, also gemessen an der realen Kaufkraft) und dass der durchschnittliche Arbeitnehmer gegenwärtig nur die Hälfte der jährlichen Arbeitsstunden seines Kollegen aus dem Jahr 1870 leistet (Maddison 1995). Aus den »Bewegungsgesetzen« des Kapitalismus leitet Marx Ausbeutung, Hungerlöhne, sinkende Profitrate und schließlich den Systemzusammenbruch ab. Offenbar hat er dabei etwas außer Acht gelassen: nämlich »die organisierte Gegenwehr der Arbeiterbewegung selber« (de Man 1931: 63) und auch die Wirkung seiner eigenen Kapitalismuskritik; er versäumte es, das Prinzip der Dialektik auf sich selbst anzuwenden. Entsprechend nahm die gesellschaftliche Entwicklung eine andere Richtung als prognostiziert:

- statt wachsender Verelendung zunehmender Wohlstand,
- statt »progressiver Dequalifizierung« höhere Qualifikationsanforderungen und insgesamt steigendes Qualifikationsniveau,
- statt Entrechtung der Arbeiter »Anerkennung gewerkschaftlicher Mitbestimmungsrechte« (ebd.).

Am Ende hat nicht der Klassenkampf den Kapitalismus erledigt, sondern der Kapitalismus den Klassenkampf. Wichtiger noch als Bewertungen von Kritikern der Marx'schen Theorie ist jedoch die Kritik seiner Anhänger, etwa des jungen (und zu diesem Zeitpunkt noch marxistischen) Sombart, der 1908 zum 25-jährigen Todestag von Marx schrieb, die Akkumulations- und Verelendungstheorie sei falsch, die Zusammenbruchstheorie unbegründet, die Konzentrationstheorie einseitig und die »Gesamttheorie der kapitalistischen Evolution haltlos geworden« (vgl. vom Brocke 1987: 24).

Man kann, wie Schumpeter (1942: 21) es getan hat, Marx als Kritiker bewundern – und doch sehen, dass Marx »im Kleid des Analytikers predigt«. Seine unsterbliche Maxime (1844: 385), »alle Verhältnisse umzuwerfen, in denen der Mensch ein erniedrigtes, ein geknechtetes, ein verlassenes, ein verächtliches Wesen ist«, bleibt Herausforderung und hohe Aufgabe. Die Praxis seiner Anhänger hat indessen weniger dazu beigetragen, Produktions- und Lebensverhältnisse abzuschaffen, in denen der Mensch entrechtet und geknechtet ist, als die von Marxisten verachtete Praxis der Anhänger Adam Smiths.

3.4 Werner Sombart: Entstehung des Kapitalismus

> Im Kapitalismus besteht ein Nebeneinander von »höchster Rationalität und höchster Irrationalität«: einerseits rational nach Erwerb strebende Wirtschaftssubjekte und »rationellste Verfahrensweisen in der Produktion«, während andererseits »das Wirtschaftssystem als Ganzes irrational bleibt« (Sombart 1931b: 260).

Sombarts Interesse gilt der Entstehung und den Bewegungsgesetzen des Kapitalismus; er betreibt »historische Sozialwissenschaft« (1916 I: 21) und will Funktionsweise und Entwicklungsdynamik des Wirtschaftssystems aus seinen Ursprüngen heraus erklären. Sein theoretischer Bezugsrahmen ist das Marx'sche *Kapital* (das mit der Veröffentlichung des 3. Bandes 1894 komplett vorliegt). Sombart zollt Marx hohe Anerkennung und folgt ihm – zumindest anfänglich – im Ziel der Aufdeckung der »Naturgesetze« des Marktkapitalismus. Später jedoch verschiebt sich sein Interesse auf Entstehung und Bedeutung des »kapitalistischen Geistes«, also der Motive, welche die Wirtschaftssubjekte in ihrem Handeln lenken.

Werner Sombart

1863–1941

Werner Sombart, * 1863 in Ermsleben/Sachsen geboren, † 1941 in Berlin gestorben. Jurastudium in Berlin, Pisa und Rom; weitere Studienfächer: Staats- und Wirtschaftswissenschaften, Geschichte und Philosophie. Promotion 1888 in Wirtschaftsgeschichte bei Schmoller in Berlin. Berufung an die Universität Breslau (1890–1906), danach Ruf an die Handelshochschule Berlin, ab 1917 Universität Berlin. Sein Hauptwerk »Der moderne Kapitalismus« erscheint 1902 in erster Auflage, 1916 als völlig revidierte Ausgabe; Band 3 erscheint 1927. Zweite Ehe mit der 30 Jahre jüngeren Tochter eines rumänischen Universitätsprofessors. In der Encyclopedia Britannica steht über Sombart: »he incorporated Marxist principles and Nazi theories in his writings on capitalism«.

Die ersten beiden Bände von Sombarts epochalem Hauptwerk erscheinen 1902; sie spüren den mittelalterlichen Vorformen des Kapitalismus und insbesondere der »ursprünglichen Akkumulation« nach. Zur Erklärung der wirtschaftlichen Entwicklung rekurriert er zwar ganz marxistisch auf Profitmechanismus und Kapitalakkumulation, doch sein eigentliches Interesse gilt dem Kulturellen (doppelte Buchführung, Erwerbsstreben, Entstehung der Unternehmerpersönlichkeit, Anwendung der Wissenschaft auf Produktionsverfahren). An die Stelle der Marx'schen Produktionsverhältnisse tritt bei Sombart das Konzept des »Wirtschaftssystems«. Es lässt sich charakterisieren als Kombination aus Institutionen, Produktionstechnologien und Mentalitäten. Die Wirtschaftsgesinnung – beim kapitalistischen Wirtschaftssystem also der »Geist des Kapitalismus« – verleiht dem System seine Identität.

Zur Erklärung von Marktprozessen hält Sombart das kausale Prinzip für angemessen, weil auf dem Markt »Gesetze« gelten, vergleichbar den Naturgesetzen. Das Handeln des einzelnen Wirtschaftssubjekts wird von einer »Gesinnung« geleitet, und für eine bestimmte Epoche gibt es zeittypische »Motivreihen«. Der Marktprozess als Ganzer steht jedoch nicht unter »bewusster Leitung«, kann also nicht aus Motiven teleologisch erklärt werden, sondern nur kausal als mechanische Transformation des intentionalen Handelns der Wirtschaftssubjekte. Als »letzte Ursachen des sozialen Geschehens« betrachtet Sombart (1902 I: xixff.) »menschliche Motivationen«, die »beherrschenden Motivreihen der führenden Wirtschaftssubjekte«.

Übersicht 5: *Grundelemente von Wirtschaftssystemen (nach Sombart)*

	Vorkapitalistische Wirtschaftsordnungen	**Kapitalistische Wirtschaftsordnung**
»Geist« (Wirtschaftsgesinnung)	• Bedarfsdeckungsprinzip • Traditionalismus • Solidarismus	• Erwerbsprinzip • Rationalität • Individualismus
Organisation (Wirtschaftsverfassung)	• gebundene Hauswirtschaft • aristokratisch • geschlossen[1]	• freie Verkehrswirtschaft • demokratisch • aufgelöst
Technik (Produktionsverfahren)	• traditionelle Verfahren • stationär • organisch[2]	• wissenschaftliche Verfahren • innovativ • nichtorganisch
Gesellschaftsverfassung	• mehrere »Stände«	• zwei »Klassen«[3]
Arbeitsverhältnisse	• familiär-patriarchalisch	• kapitalistisch-unpersönlich

1 beruflich nicht spezialisiert; 2 überwiegend auf nachwachsenden Rohstoffen basierend; 3 Kapitaleigentümer und Arbeiter (Anbieter von Arbeitskraft)

Die Suche nach »Gesetzmäßigkeiten« verweist auf eine theoretische Fragestellung, die Darstellung von »Entwicklungen« dagegen auf eine historische. Sombart schwankt zwischen beiden Ansprüchen hin und her: Die Fülle des untersuchten historischen Materials soll »unter dem Gesichtspunkt eines einheitlichen Erklärungsprincipes« geordnet werden (Sombart 1902 I: xiii); das verwendete Erklärungsprinzip ist aber nichts anderes als die Theorie, die sich doch erst aus der Generalisierung und kausalen Interpretation des historischen Materials ergeben kann; faktisch wird Theorie also bereits vorausgesetzt zur sinnhaften Anordnung des Beobachtungsmaterials – und die Theorie ist in dieser Phase die Marx'sche.

Während Marx die Bewegungsgesetze des Kapitals aus der Mechanik von Marktkonkurrenz, Mehrwertproduktion und Akkumulation ableitet, interessiert sich Sombart eher für die Motive der wirtschaftlich handelnden Menschen; ihm geht es um die »Auffindung jeweils, d.h. in einer bestimmten Epoche prävalenter, das Wirtschaftsleben primär verursachender Motivreihen« (Sombart 1902 I: xxi). Für Marx folgt der Kapitalismus aus den Zwängen der Kapitalverwertung unter Wettbewerbsbedingungen, für Sombart aus den Absichten der agierenden Kapitalisten. Zugespitzt: Bei Marx findet Kapitalakkumulation statt, weil Kapitalisten unter Konkurrenzdruck so handeln *müssen*, bei Sombart findet Akkumulation statt, weil Unternehmer so motiviert sind und es so *wollen*.

Der »Geist« als »letzte treibende Kraft«?

Allerdings bleibt Sombart widersprüchlich: Einmal sind die einzigen treibenden Kräfte die Zwecksetzungen lebendiger Menschen. Dann aber ist wieder das Verwertungsstreben des Kapitals die primär wirkende Ursache, »letzte treibende Kraft der modernen wirtschaftlichen Entwicklung« (1902 II: 7). Das entspräche nur dann seiner Forderung nach einem einheitlichen Erklärungsprinzip, wenn die Zwecksetzungen lebendiger Menschen identisch wären mit dem Verwertungsstreben des Kapitals – und dies identisch mit dem »Geist des Kapitalismus«. Objektiviert sich also menschlicher »Geist« im Streben des Sachkapitals? Ist es das Mentale, das den Kapitalismus in Entstehung und Entwicklung bestimmt und somit das kapitalistische Wirtschaftssystem erklären kann, oder sind es die Bedingungen der materiellen Produktion, die

Marx'schen Produktivkräfte und Produktionsverhältnisse, die einen mentalen Überbau hervortreiben, der diese Verhältnisse nachträglich zu motivieren und zu legitimieren sucht?

Mit seiner schwankenden Haltung befindet sich Sombart in bester Gesellschaft, denn auch Marx (1867: 790) fällt immer wieder in die motivationale Argumentation zurück, wenn er etwa die Ausbeutung als Folge »der infamsten, schmutzigsten, kleinlichst gehässigsten Leidenschaften« der Kapitalisten geißelt. Heute kommt diese Sichtweise im »Heuschreckenmotiv« wieder zum Ausdruck. Auf der Kommentarseite der *Frankfurter Rundschau* (vom 6.6.2006) kann man über »Fonds-Manager« lesen, ihr Geschäftsgebaren sei »kurzsichtig, aggressiv, von Gier getrieben, gefährlich [...] pervers«.

In der von Grund auf überarbeiteten 2. Auflage von 1916 (ein dritter Band über den Hochkapitalismus erscheint erst 1927) räumt Sombart der Mentalitätsgeschichte, also der »Seelenstimmung« und dem »Geist des Kapitalismus« als Verbindung von Erwerbstrieb und ökonomischem Rationalismus einen noch höheren Stellenwert ein; das Verwertungsstreben des Kapitals fehlt auffälligerweise. Sein Erklärungsansatz ist nun dezidiert kulturhistorisch: Im Zentrum steht der Mensch als kapitalistischer Unternehmer, der in seinem Wollen und Handeln von Geist und Seele bestimmt wird. Dieser »kapitalistische Geist« gibt sich in den Produktionsverhältnissen »eine angemessene Form« (1916 I: 25). Die Kritik wird ihm dies später als »idealistische Wende« (Appel 1987: 83) ankreiden, auch als Abrücken von der marxistischen Linie, welche der ersten Auflage noch die Richtung vorgab.

Die Kategorie des »Wirtschaftssystems« erlaubt es Sombart, verschiedene Epochen des (durch seinen stabilen Kern definierten) Kapitalismus zu unterscheiden, nämlich Früh-, Hoch- und Spätkapitalismus. Während der Frühkapitalismus noch vom »Bedarfsdeckungsprinzip« geprägt ist, setzt sich mit dem Hochkapitalismus das »Erwerbsprinzip« durch. Die Wirtschaftstätigkeit löst sich vom Leitmotiv der Befriedigung konkreten menschlichen Bedarfs und folgt dem neuen Leitmotiv Erwerb, das sich zum Selbstzweck des Profitstrebens verselbständigt. Der Hochkapitalismus wird definiert als die »Wirtschaftsweise, in der die spezifische Wirtschaftsform die kapitalistische Unternehmung ist« (1902 I: 195). Tatsächlich bildet in Sombarts erster Auflage das Unternehmen »den eigentlichen Gegenstand« und »den anonymen Helden« (Salin 1927: 335); in der zweiten Auflage dagegen spielt der »kapitalistische Geist« die Hauptrolle.

Übersicht 6: *Sombarts Definitionsmerkmale des Kapitalismus*

1. »Die Wirtschaftsform des kapitalistischen Wirtschaftssystems ist die kapitalistische Unternehmung. [...] Ihr Zweck ist die Erzielung von Gewinn« (1916 I: 321).
2. Kapitalismus ist »diejenige Wirtschaftsform, deren Zweck es ist, [...] ein Sachvermögen zu verwerten, d. h. mit einem Aufschlag (Profit) dem Eigentümer zu reproduzieren. Ein Sachvermögen, das solcher Art genutzt wird, heißt Kapital« (ebd.: 324).
3. Als »Wirtschaftssystem« ist Kapitalismus durch drei Merkmale gekennzeichnet:
   - Wirtschaftsgesinnung (»subjektiver Geist« des Kapitalismus: Motive, Zwecke, Maximen),
   - die Ordnung der Wirtschaft (staatliche Institutionen, Recht, Sitte),
   - Technik (Verfahrensweisen der Wertschöpfung, Transport).
4. Kapitalismus ist »eine verkehrswirtschaftliche Organisation, bei der regelmäßig zwei verschiedene Bevölkerungsgruppen: die Inhaber der Produktionsmittel, die gleichzeitig die Leitung haben, Wirtschaftssubjekte sind und besitzlose Nurarbeiter (als Wirtschaftsobjekte) durch den Markt verbunden, zusammenwirken, und die von dem Erwerbsprinzip und dem ökonomischen Rationalismus beherrscht wird« (ebd.: 319).

Als neue Leitidee und beherrschendes Motiv ergreift der »Geist des Kapitalismus« das wirtschaftliche Handeln der Menschen. Krämergeist und Erwerbsstreben hat es zu allen Zeiten gegeben, damit erworbener Reichtum wurde jedoch überwiegend konsumiert oder vergeudet – nicht akkumuliert. Dagegen gründet die neue, kapitalistische Epoche darauf, dass akkumuliertes Geld als *Kapital* investiert wird – zum Zweck seiner Mehrung: Kapital soll zusätzliches Kapital »hecken«, Kapital wird »Mehrwert heckender Wert« (Marx 1885: 33). »Der eigentliche Sinn« der kapitalistischen Wirtschaftsweise, schreibt Sombart (1931a: 79), liegt in der Reproduktion einer investierten Geldsumme (= Kapital) durch ökonomische Nutzung – wobei sich »Sinn« nur ergibt, wenn diese Reproduktion »mit einem Aufschlage« erfolgt. Man kann bezweifeln, ob die Kategorie »Sinn« auf das Sozialsystem Kapitalismus anwendbar ist. Gesellschaftliche Systeme haben den Sinn, den ihnen Beobachter zuschreiben: Wir können »den Sinn des Weltgeschehens nicht aus dem noch so vervollkommneten Ergebnis seiner Durchforschung ablesen«, sondern [müssen] ihn selbst zu schaffen imstande sein, da ›Weltanschauungen‹ niemals Produkt fortschreitenden Erfahrungswissens sein können« (Weber 1904: 154). Es mag das Ziel einzelner Investoren sein, ihre Kapitalanlage »mit einem Aufschlage«, also mit Gewinn zu »reproduzieren«. Daraus ergibt sich keinerlei Sinn des Systems. Es ist der Mensch, der in der »sinnlosen Unendlichkeit des Weltgeschehens« versucht, der Welt »einen Sinn zu verleihen« (ebd.: 180).

Ermattung des Kapitalismus

Mit dem Ersten Weltkrieg bricht für Sombart die Epoche des »Spätkapitalismus« an; sie läutet das »drohende Ende des Kapitalismus« (1916 II: 1137f.) ein – mit zunehmenden Verfallserscheinungen und einer Entwicklung hin zu »kapitalistischer Planwirtschaft«. Die Marktdynamik erlahmt, das Gewinnstreben ermattet, die Wertschätzung unternehmerischer Leistungen geht verloren. Sombart sieht einen hochgradig reglementierten und bürokratisierten Kapitalismus kommen, der von einem »technifizierten und rationalisierten Sozialismus« kaum zu unterscheiden sein wird. Wie so häufig, verraten derartige Prognosen mehr über den Autor als über die Sache. Den vom System der freiheitlichen und individualistischen Marktwirtschaft enttäuschten Sombart verlangt es nach Einbettung in ein zeitgemäßes, wenn auch obskures Gemeinschaftsideal. Während der Weltwirtschaftskrise publiziert er die Schrift *Die Zukunft des Kapitalismus*; ihm schwebt eine staatlich geplante und korporativ organisierte Wirtschaft vor, die sich vom Sozialismus nur durch das beibehaltene Privateigentum unterscheidet. Diese unausgegorenen Ideen werden noch durch ein dumpfes Raunen über Autarkie und über eine wünschenswerte Re-Agrarisierung Deutschlands ergänzt (vgl. vom Brocke 1987: 45).

Sombart und Hilferding: Teilweise Deckungsgleichheit

Sombart berührt sich hier mit Hilferding, der Ende der 1920er Jahre das Konzept des »organisierten Kapitalismus« entwickelt; zwischen diesen beiden Autoren erkennt vom Brocke (1987: 46) »teilweise Deckungsgleichheit«. Hilferding wünscht sich einen linken Sozialismus herbei, Sombart einen rechten »deutschen Sozialismus«; beide gründen ihre Hoffnungen auf einen Kapitalismus, bei dem die Marktkonkurrenz zunehmend durch korporatistisch-staatliche Planung, also durch Organisation ersetzt wird. Hilferding träumt vom »sozialistischen Prinzip planmäßiger Produktion«, Sombart von der Neuordnung des Wirtschaftslebens durch einen »starken Einzelwillen« (ebd.: 47) – also einen Führer. Gefasel nach links und Geraune nach rechts treffen sich in der Preisgabe des freiheitssichernden Marktes – und in der Hinnahme jenes »Gehäuses der Hörigkeit«, das offenbar solchen Gemütern genügt, denen »eine rationale Beamtenverwaltung und -versorgung der letzte und einzige Wert ist« (Weber 1917: 151). Nun tritt eine Gesinnung deutlicher hervor, die Sombart (1902 I: 386) bereits zu Beginn des Jahrhunderts in die Klage gefasst hatte, »in der Öde des ökonomischen Rationalismus« komme es zu einer Verkümmerung des sozialen Menschen. Sombart-Kenner wie vom Brocke (1987: 53) diagnostizieren hier eine bedenkliche geistige Nähe zum Nationalsozialismus.

3.5 Max Weber: Kapitalismus als »Schicksalmacht«

Der Kapitalismus ist die »schicksalsvollste Macht unseres modernen Lebens« (Weber 1905: 4)

Eine Gemeinsamkeit der hier vorgestellten Meisterdenker dürfte darin bestehen, dass sie alle die im Motto zitierte Ansicht Max Webers teilen. Der Satz vom Kapitalismus als »schicksalsvollster Macht« steht in der Einleitung zu Webers wohl berühmtesten Aufsatz »Die protestantische Ethik und der Geist des Kapitalismus«. Darin greift er Sombarts Fragestellung auf und übernimmt auch dessen Leitbegriff vom kapitalistischen »Geist«: Welche Bedeutung kommt den Handlungsmotiven und der Ethik der Lebensführung bei der Erklärung von Entstehung und Funk-

Max Weber

1864–1920

Max Weber, * 1864 in Erfurt geboren, † 1920 in München gestorben. Er studiert Jura, Nationalökonomie, Philosophie und Geschichte in Heidelberg, Berlin und Göttingen (Promotion 1889 in Jura). 1893 Heirat mit Marianne Schnitger. 1894 übernimmt Weber eine Professor für Nationalökonomie in Freiburg, 1897 wird er nach Heidelberg berufen. Er muss jedoch seine Lehrtätigkeit wegen eines psychischen Leidens bald wieder aufgeben. Publizistisch bleibt Weber aktiv, gründet (zusammen mit Sombart und anderen) die Deutsche Gesellschaft für Soziologie (1910). Weltberühmt wird Weber mit seinem Aufsatz »Die protestantische Ethik und der ›Geist‹ des Kapitalismus« (1905) und mit seinem Hauptwerk »Wirtschaft und Gesellschaft«, das nach seinem Tod von seiner Frau herausgegeben wird (1922).

tionsweise des Kapitalismus zu? Auf welchen kulturellen und motivationalen Grundlagen beruhen also Entwicklung und Erfolg dieses spezifisch »okzidentalen« Wirtschaftssystems?

Max Weber, Werner Sombart, Georg Simmel, Ferdinand → Tönnies, Ernst → Troeltsch und einige andere gehören im ersten Viertel des 20. Jahrhunderts zu einer bemerkenswerten Gruppe herausragender Sozialwissenschaftler, die sich mit dem Kapitalismus als »Schicksalsmacht« und als Motor der Moderne befassen. Ihre Absicht ist die historische und theoretische Erhellung der allgemeinen Kulturbedeutung des Kapitalismus und der damit verbundenen Umwälzung der Lebensweise. Sombart forscht als Wirtschaftshistoriker, Max Weber als Kultursoziologe; auch er beginnt zunächst mit wirtschaftsgeschichtlichen Untersuchungen (über »Handelsgesellschaften im Mittelalter«), wendet sich aber dann der Religionssoziologie zu. Aus seinen vergleichend angelegten Studien leitet er den bestimmenden Einfluss der Religion auf Alltag und Lebensführung ab. Gewiss hat auch »die Macht des Religiösen« ihre Grenzen – darauf weist Weber (1922: 349) ausdrücklich hin: »Sie stampft insbesondere nirgends ökonomische Zustände aus dem Boden, für welche nicht mindestens die Möglichkeiten […] in den bestehenden Verhältnissen und Interessenkonstellationen gegeben waren«. Gleichwohl erscheint ihm die »okzidentale« Entwicklung als einmaliger Sonderweg in der Weltgeschichte, als Hinwendung zur Rationalität aus dem Geist der Religion. Die mentale Macht, welche in der Entstehungsphase des Kapitalismus die gesamte Lebensführung bestimmt und, wenn auch unbeabsichtigt, das wirtschaftliche Handeln zunehmend rationalisiert, ist – die Religion.

Kapitalismus als Element im säkularen Rationalisierungsprozess

Mit seiner Auffassung stellt sich Weber gegen Marxens Geschichtsdeutung als einem gesetzmäßigen, quasi deterministischen Prozess, der aus den Produktionsverhältnissen und aus materiell bestimmten Klassenkämpfen abgeleitet wird. Ohnehin hält Weber Geschichtsphilosophien für »Schwindel«, sofern sie sich auf »objektive Gesetze« berufen (vgl. Mommsen 1974: 147). Weber kritisiert auch Sombarts anfängliche Fokussierung auf die »ursprüngliche Akkumulation« und besteht darauf, dass die »Frage nach den Triebkräften der Expansion des modernen Kapitalismus nicht in erster Linie eine Frage nach der Herkunft der kapitalistisch verwertbaren Geldvorräte« ist; vielmehr werfe die Ausbreitung des Kapitalismus vor allem die Frage »nach der Entwicklung des kapitalistischen Geistes« auf. […] ›Kapitalismus‹ hat es in China, Indien, Babylon, in der Antike und im Mittelalter gegeben. Aber eben jenes eigentümliche Ethos fehlte ihm« (Weber 1905: 53, 34).

Geht es Weber zunächst vor allem um den Kapitalismus in der besonderen Ausprägung der okzidentalen Wirtschaftsweise, so erweitert sich seine Fragestellung später auf die europäische Kulturentwicklung hin zur Moderne, die er in den größeren Zusammenhang von Rationalisierung und »Entzauberung der Welt« (Weber 1919: 594) stellt. Der Prozess der Rationalisierung zielt auf Beherrschung – auf die bewusste Gestaltung von Lebenswelt und Gesellschaft. Rationalität aber ist *diesseitig* orientiert; wie können Religion und Kirche als für das *Jenseits* zuständige Institutionen eine rationale und diesseitige Orientierung hervortreiben? Für Weber ist die Moderne nur zu verstehen aus den kulturellen Wertvorstellungen, die das Handeln ganz allgemein, aber eben auch das wirtschaftliche Handeln anleiten. Auf der Suche nach den ökonomisch handlungsleitenden Normen und ihren Veränderungen stößt er auf die Religion – insbesondere auf die Reformation. Der Clou seines Ansatzes besteht darin, dass er die Entstehung des Kapitalismus nicht aus Säkularisierung, Aufklärung und aus dem Verfall der Religion erklärt, sondern aus der erneuerten Bedeutung religiöser Wertvorstellungen in den protestantischen »Denominationen«: Religion prägt den »Lebensstil« der Gläubigen, und dieser bestimmt das wirtschaftliche und berufliche Handeln insbesondere dann, wenn beide Bereiche – diesseitiges Wirtschaftshandeln und jenseitsgerichtetes Hoffen – in einer kritischen Phase durch wechselseitige *Prämien* miteinander verbunden sind.

Den Durchbruch erzielt die Berufsidee mit ihrer Orientierung auf ökonomisch rationales Verhalten dadurch, dass im Calvinismus und später vor allem in der angloamerikanischen Lebenswelt wirtschaftlicher und unternehmerischer Erfolg durch »religiöse Prämien« belohnt wird (Weber 1905: 74). Ein Lebensstil der »innerweltlichen«, also im Arbeitsleben praktizierten Askese bringt »eine an Gottes Willen orientierte rationale Gestaltung des ganzen Daseins« hervor. Diese Askese ist »eine Leistung, die jedem zugemutet wurde, der seiner Seligkeit gewiss sein wollte« (ebd.: 163). Als Bindeglied zwischen Religion und Lebensführung wirkt die Berufsethik. Es ist die bereits bei den Benediktinern (*ora et labora*) angelegte, von Luther vertiefte und vom Puritanismus nochmals radikalisierte Berufsauffassung, die zur durchgreifenden »Rationalisierung der Lebensführung« (ebd.) beiträgt: Berufsarbeit ist christliches Wirken in der Welt und zugleich Mitarbeiten am Reich Gottes. Zu dieser »Berufskonzeption des asketischen Protestantismus« (ebd.) gehören Normen wie Pflichterfüllung, Fleiß, Zuverlässigkeit, Unterordnung, Genügsamkeit, Hingabe – kurz: eine ökonomisch rationale Lebensführung; und genau die steht »an der Wiege des modernen ›Wirtschaftsmenschen‹« (ebd.: 195).

Erwerbstrieb und Gewinnstreben sind nicht identisch mit Kapitalismus und dessen »Geist«. Der Erwerbstrieb, so Weber etwas salopp, finde sich auch »bei Kellnern, Ärzten […] und Kokotten« und hat als solcher »mit Kapitalismus gar nichts zu schaffen«. Was den okzidentalen Kapitalismus auszeichnet, ist gerade die »rationale Temperierung dieses irrationalen Triebes«, also seine Bändigung. Es kommt hinzu, dass nur der Okzident diese »ganz andere und nirgends sonst auf der Erde entwickelte Art des Kapitalismus« kennt – die »rationale Organisation von (formell) freier Arbeit« (1905: 4, 7). Die Menschen verfügen zwar frei über ihre Arbeitskraft, gleichwohl besteht ein indirekter Arbeitszwang, ja eine Art »herrenloser Sklaverei des modernen Proletariats«, weil das Lohnsystem durch die latente Drohung mit Entlassung und Arbeitslosigkeit eher noch wirksamer »Arbeit aus dem Abhängigen herauspressen« kann als der direkte Zwang (Weber 1922: 415, 361).

Die innerweltliche Askese des Protestantismus treibt zu Fleiß und Leistung an, verschmäht aber den Genuss des erarbeiteten Wohlstands. Die Fesseln des Gewinnstrebens werden gesprengt, der Gütererwerb legitimiert, wirtschaftlicher Erfolg als Zeichen der »Erwählung« interpretiert. Dieser von jedem Christenmenschen ersehnte »Gnadenstand« wird nun nicht mehr durch »Magie« erlangt (wie im mittelalterlichen Katholizismus), sondern durch Bewährung im Beruf (vgl. ebd.: 162). Die Folge ist Akkumulation: »Und halten wir nun noch jene Einschnürung der Konsumtion mit dieser Entfesselung des Erwerbsstrebens zusammen, so ist das äußere Ergebnis naheliegend. *Kapitalbildung* durch asketischen *Sparzwang*« (ebd.: 192; kursiv i. O.).

Die protestantische Berufsidee

Die gewissenhafte Erfüllung seiner Berufsaufgaben ist für den protestantischen Christen nicht nur religiöses Gebot, sondern zugleich eine Form von Gottesdienst. Nach Luther soll der Einzelne »in dem Beruf und Stand bleiben, in den ihn Gott einmal gestellt hat, und sein irdisches Streben in den Schranken dieser seiner gegebenen Lebensstellung halten« (Weber 1905: 76). Der Beruf gilt als eine von Gott zugeteilte Position und Pflichtaufgabe und muss entsprechend gewissenhaft versehen werden. Als innerweltliche Askese ist Berufsarbeit weltzugewandte Nächstenliebe (während die klösterliche Askese eher als

Abwendung von der Welt erscheint). Weil in der protestantischen Berufsidee zwei Wertvorstellungen miteinander verbunden sind, nämlich die der religiösen Pflichterfüllung und die der rationalen Lebensführung, hält Weber diese Berufsethik für einen wesentlichen Bestandteil des kapitalistischen Geistes und zugleich von »konstitutiver Bedeutung« für die moderne Kultur insgesamt. Gegen die verlotterte vorkapitalistische Arbeitsmoral, die von Traditionalismus, Gleichgültigkeit und dauernden Feiertagen geprägt war, musste sich die neue Berufsethik in einem langwierigen Prozess erst durchsetzen. Die Wirkung dieser »Berufskonzeption des asketischen Protestantismus« besteht in der »*Rationalisierung* der Lebensführung innerhalb der Welt«, aber »im Hinblick auf das Jenseits« (ebd.: 35f., 163; kursiv i. O.).

Rationale Betriebsorganisation und Kapitalrechnung

Ihren deutlichsten Niederschlag findet die »Rationalisierung der Lebensführung« in der rationalen Betriebsorganisation des kapitalistischen Unternehmens. Ein ökonomisch geführtes Unternehmen orientiert sich an den Chancen der Güter-, Faktor- und Kapitalmärkte, nicht an unkalkulierbaren politischen Abenteuern oder irrationalen Spekulationen. Wirtschaften ist ein an Rentabilität orientiertes Verhalten, bei dem Marktchancen erkannt und genutzt werden müssen, um in einem auf Dauer angelegten Prozess Gewinne zu erwirtschaften (Weber 1922: 48). Soll eine möglichst hohe Rendite des eingesetzten Kapitals erzielt werden, müssen den Nachfragern attraktive Güter angeboten, also Marktleistungen erbracht werden, die eine kaufkräftige Nachfrage tauschbereit = zahlungsbereit machen.

Um zwischen verschiedenen Investitionsmöglichkeiten rational entscheiden zu können, muss ein Investor die Gewinnwahrscheinlichkeiten kalkulieren; dazu sind Buchführung und Kapitalrechnung nötig. Erst die nüchterne, auf Marktdaten basierende Kapitalrechnung macht ein Unternehmen zu einem kapitalistischen Unternehmen;

Rechenhaftigkeit ist die methodische Grundlage der Akkumulation (vgl. Weber 1922: 48). Als »Grundform der Wirtschaftsrechnung« entsteht die an Marktpreisen für Güter und Arbeitsleistungen orientierte Kapitalrechnung »nur im Okzident« (ebd.).

Übersicht 7: *Max Webers Bedingungen rationaler Kapitalrechnung*

Weber formuliert acht Bedingungen für ein »Höchstmaß von formaler Rationalität der Kapitalrechnung« (Weber 1922: 94).

- Freie Gütermärkte; Privateigentum an den Produktionsmitteln;
- Freiheit der unternehmerischen Betätigung; freie Auswahl des Managements durch Kapitaleigner;
- freie Lohnarbeit; Abhängigkeit der Lohnarbeiter von Erwerbstätigkeit;
- wirtschaftliche Vertragsfreiheit, freie Vereinbarung der Bedingungen von Tauschgeschäften;
- rationale Technik, Berechenbarkeit von Produktionskosten und -erträgen;
- rationales Rechtssystem und rationale Verwaltung; begründete Erwartung, dass Verträge/Vereinbarungen eingehalten werden;
- Trennung von Haushalt und Betrieb;
- rationale Ordnung des Geldwesens.

Zusammengefasst sind dies die Bedingungen der »Möglichkeit der ausschließlichen Orientierung der Bedarfsdeckung an Marktchancen und an Rentabilität« (ebd.).

Die Kapitalrechnung beruht auf der Abschätzung von Erwerbschancen durch Vergleich zweier Geldbeträge: einerseits der Geldsumme, die dem Wert der Güter zu Beginn der Verwertungsperiode entspricht, andererseits der Geldsumme am Ende dieser Periode, wenn die damit neu produzierten Güter am Markt monetarisiert worden sind. Dabei ist auch ein *Kapitalrisiko* zu veranschlagen, das die geschätzte Wahrscheinlichkeit des Verlustes erfasst. Nur wenn der »Geldschätzungsbetrag« am Ende der Verwertungsperiode signifikant größer ist als zu Beginn, lohnt es sich, trotz bestehenden Kapitalrisikos das Investitionsvorhaben zu realisieren. Das kapitalistische Unternehmen ist eine rational aufgebaute Organisation, die auch die Funktion hat, den Erwerbstrieb einem kalkulierbaren Verfahren zu unterwerfen, ihn gegenüber irrationalen Impulsen zu temperieren und den Betrieb dadurch auf Dauer zu stellen.

Zu Beginn des vorigen Jahrhunderts kreist die wirtschaftshistorische und sozialwissenschaftliche Diskussion um die Frage, wie Entstehung und Entwicklungsverlauf des kapitalistischen Wirtschaftssystems erklärt werden können. Sombart führt die Kapitalismusdebatte aus den Marx'schen Denkschemata heraus, indem er den kulturellen Aspekt der »Motive« und des kapitalistischen »Geistes« betont. Weber geht noch einen Schritt weiter und erklärt die Entstehung dieses Geistes aus der protestantischen Ethik. Sein Interesse richtet sich dabei vor allem auf die mentalen und normativen Voraussetzungen rationalen Wirtschaftens, weil für ihn der Kapitalismus »okzidentaler« Prägung in eine säkulare Grundströmung der Entzauberung und der Rationalisierung eingebettet ist. Dieses Erkenntnisinteresse führt zu der Frage, wie der Traditionalismus überwunden wurde, der das vorkapitalistische Wirtschaften eingeschnürt hat. Aus religionssoziologischer Perspektive sieht Weber den entscheidenden Impuls für eine Dynamisierung und zugleich Rationalisierung des Wirtschaftens und für die Herausbildung des kapitalistischen Unternehmertums in der protestantischen Ethik calvinistisch-puritanischer Prägung, wonach wirtschaftlicher Erfolg Gottes Segen offenbart und als sichtbares Zeichen eines religiösen »Gnadenstandes« gewertet wird – also *unbedingt erstrebenswert* ist.

Gleichwohl erklärt Weber den Kapitalismus nicht aus dem Protestantismus und nicht aus religiösen Ideen. Vielmehr interpretiert er den Entstehungszusammenhang des Kapitalismus im Sinne einer *Ko-Produktion* aus materiell-gesellschaftlichen Bedingungen einerseits und religiös-mentalen Voraussetzungen andererseits. Aus einem komplexen Bedingungsgeflecht (von der »ursprünglichen Akkumulation« über technische Durchbrüche, Buchführung und Rechenhaftigkeit, Berufsethik und rationale Lebensführung bis zum religiös legitimierten Gewinnstreben) entsteht der Kapitalismus als ein von niemandem geplantes oder gewolltes Sozialsystem: Auch der Kapitalismus ist ein Phänomen der → Emergenz.

Die Besonderheit der okzidentalen Wirtschaftsweise als spezifisch westlicher Ausprägung des in vielen Regionen und zu allen Zeiten vorhandenen Erwerbstriebs besteht für Weber in der Überwindung einer Praxis des »ökonomischen Gelegenheitsprofits« und im Übergang zur systematischen, rationalen Form der Gewinnerzielung: Erst dies ergibt eine Ökonomie als System. Überwunden wird so die »Romantik des ökonomischen Abenteuers«, und es entwickelt sich die »rationale ökonomische Lebensmethodik« (Weber 1910: 556). Je erfolgreicher die innerweltliche Askese und das Erwerbsstreben, desto entbehrlicher wird allerdings die religiöse Fundierung dieser Lebensführung, desto zügiger verwandelt sich das Streben nach »weltlichen Gütern« in einen sich selbst genügenden Zweck (Weber 1905: 81). Dies ist sowohl Ausdruck der rationalistischen Grundströmung der Zeit wie auch der »säkularisierenden Wirkung des Besitzes« (ebd.: 373), von der schon dem Theologen Wesley schwante (den Weber zitiert): »Ich fürchte: wo immer sich der Reichtum vermehrt hat, da hat der Gehalt an Religion in gleichem Maße abgenommen« (ebd.: 196). Der »Geist des Kapitalismus« verselbständigt sich zur Maxime der beruflichen Pflichterfüllung und der methodisch betriebenen Akkumulation.

In ihrer Zwiespältigkeit konnte die puritanische Ethik nicht bestehen: Einerseits verdammt sie den Erwerbstrieb, andererseits lobt sie die Berufstätigkeit, in der dieser Trieb gelebt wird (vgl. Baecker 2006: 47). Es kann nicht verwundern, dass ein solcher *Double-bind* über kurz oder lang aufgelöst werden musste – im vorliegenden Fall schwand die religiöse Bindung; die Religion hatte ihre Schuldigkeit getan, sie wurde entbehrlich. Einmal ausgebildet, reproduziert sich der Kapitalismus, indem er die für diese Wirtschaftsform geeigneten Subjekte (Unternehmer) »im Wege der ökonomischen Auslese« (Weber 1905: 37) autonom hervorbringt: Das System belohnt kapitalistisches Verhalten durch materiellen Erfolg und bestraft davon abweichendes Handeln mit Verlusten und Ausscheiden aus dem Markt; das System hat sich etabliert und wird autopoietisch. Ob man darin, wie Max Weber in einer etwas düsteren Anwandlung, ein »Verhängnis« und ein »stahlhartes Gehäuse« sehen will (ebd.: 203), mag offen bleiben. Reichtum ist nun nicht mehr Zeichen eines jenseitigen »Gnadenstandes«, sondern nur noch diesseitiger Wohlstand; als solcher verschafft er das alleweil Entbehrte: *Anerkennung* vor den Menschen.

3.6 Joseph Schumpeter: »Schöpferische Zerstörung«

> »Dieser Prozess der ›schöpferischen Zerstörung‹ ist das für den Kapitalismus wesentliche Faktum« (Schumpeter 1942: 136f.).

Noch nicht dreißigjährig schreibt Schumpeter 1911/12 sein genialisches Frühwerk zur *Theorie der wirtschaftlichen Entwicklung*. Darin stellt er den Mechanismus sozioökonomischer Veränderung als ein Zusammenwirken von Faktoren dar, die auf Neuerung drängen und dazu führen, dass sich die Wirtschaft unaufhörlich aus sich selbst heraus wandelt. In seiner Theorie sind sowohl wirtschaftshistorische wie auch sozialwissenschaftliche Ansätze berücksichtigt – eine »glückliche Verbindung von Geschichte, Ökonomie und Statistik« (Lewis 1978). Schumpeter ist kein Marxist, aber er schätzt das Marx'sche Werk und bezieht die aus dem Zusammenspiel von Produktivkräften und Produktionsverhältnissen resultierende Veränderungsdynamik in seine Argumentation mit ein.

Joseph Schumpeter

1883–1950

Joseph Schumpeter, * 1883 in Triesch (damals Mähren, heute Tschechien) geboren, † 1950 in Tarconic/USA gestorben. Er studiert Jura und Staatswissenschaften in Wien (Promotion 1906). 1907 Heirat mit Gladys Ricarde Seavers, die 1926 stirbt. 1925 zweite Heirat mit Anna Reisinger, die ebenfalls 1926 stirbt. 1911 übernimmt er eine Professur in Graz, ist kurzzeitig Finanzminister in Österreich (Rücktritt nach 7-monatiger Amtszeit) sowie Privatbankier (beide Versuche enden erfolglos). 1925 wird er nach Bonn und 1932 nach Harvard/USA berufen. 1937 dritte Heirat mit der Ökonomin Elisabeth Boody. 1912 erscheint seine »Theorie der wirtschaftlichen Entwicklung«, 1939 seine »Business Cycles« und 1942 das Werk, durch das er berühmt werden sollte: Capitalism, Socialism and Democracy.

»Der fundamentale Antrieb, der die kapitalistische Maschine in Bewegung setzt und hält, kommt von den neuen Konsumgütern, den neuen Produktions- und Transportmethoden, den neuen Märkten, den neuen Formen der industriellen Organisation, welche die kapitalistische Unternehmung schafft« (Schumpeter 1942: 137).

Im Gegensatz zur gleichgewichtsorientierten Wirtschaftstheorie seiner Zeit beharrt Schumpeter darauf, dass Destabilisierung und Ungleichgewicht zum Kern des ökonomischen Geschehens gehören und dass der Entwicklungsprozess nicht stetig verläuft, sondern in diskontinuierlichen Schüben. Diese Auffassung basiert auf seiner Theorie des Unternehmers, dessen Funktion er darin sieht, *neue* Kombinationen durchzusetzen. Zur Erklärung des tatsächlichen historischen Geschehens erscheint ihm die ökonomische Gleichgewichtstheorie unzureichend – auch wenn er sie als wissenschaftliche Leistung bewundert (insbesondere das mathematische Modell des Markttausches von → Walras).

Schumpeter entwickelt eine eigene Synthese aus den formalen Theoremen der neoklassischen Ökonomik und dem beschreibenden Ansatz der → Historischen Schule. Mit seiner Sichtweise des kapitalistischen Wirtschaftsprozesses befreit er sich von der vorherrschenden mikroökonomisch ausgerichteten Wirtschaftstheorie und knüpft wieder an Marxens dynamische Betrachtungsweise des kapitalistischen Produktionsprozesses an.

Der personifizierte *Destabilisator* in Schumpeters Welt ist der kreative, innovative und risikobereite »Pionierunternehmer« – er ist es, der die ökonomischen Verhältnisse zum Tanzen bringt. Er realisiert Innovationen, indem er neue Ideen aufgreift, sobald sich dafür Marktchancen abzeichnen. Die Funktion dieses Unternehmers ist es, das Neue auch gegen Widerstände durchzusetzen. So wird die für den Kapitalismus typische Wirtschaftsdynamik als Prozess der »schöpferischen Zerstörung« in Gang gesetzt. Mit diesen beiden Denkfiguren – der Kapitalismus als dynamischer, destabilisierender, sowohl »schöpferischer« als auch »zerstörerischer« Prozess, und der innovative Pionierunternehmer als »Triebfeder« der wirtschaftlichen Entwicklung – sind die Themen benannt, die Schumpeter nicht mehr loslassen werden. Was das unternehmerische Handeln antreibt, sind Marktchancen, die sich daraus ergeben, dass bessere, kostensparende Verfahren und attraktivere Produkte den Innovatoren eine temporäre Monopolstellung auf alten oder neuen Märkten verschaffen. Die dadurch anfallenden Monopol- oder Marktlagengewinne stellen eine Belohnung für kreative und wagemutige Pionierunternehmer dar. Sobald allerdings »Nachahmer« den Vorsprung der Pioniere aufgeholt haben, werden die Extragewinne durch Ausweitung des Angebots und durch Preissenkungen wegkonkurriert. Anders als bei Marx hängt der Gewinn bei Schumpeter somit von der Marktform ab; darüber hinaus sind rückläufige (Pionier-)Gewinne für ihn nicht Vorboten des Zusammenbruchs, sondern Zeichen wirksamer Konkurrenz und Anreiz, neue Vorsprünge durch weitere Innovationen zu schaffen.

Temporäre Gleichgewichtszustände werden immer wieder durch Neuerungen gestört und destabilisiert – »Bewegungen und Gegenbewegungen, ein unablässiger Kampfzustand« (Schumpeter 1942: 132). Dies führt jedoch nicht zu Chaos und Zusammenbruch, sondern auf einen Entwicklungspfad, der zeitweilige Ungleichgewichte mit längerfristiger dynamischer Stabilität verbindet. Es bildet sich ein ultrastabiles Gleichgewicht heraus, das auch als Ausdruck der Lernfähigkeit des Sozialsystems Wirtschaft gelesen werden kann. In jeder Wirtschaft, so Schumpeter (1987: 230), besteht zu jedem Zeitpunkt »eine wirkliche Tendenz« in Richtung eines Gleichgewichts. Was jedoch in der Gleichgewichtstheorie externe Störungen sind, stellt sich aus dynamischer Sicht als unternehmerisch gewollte Destabilisierung des bisherigen Zustandes dar.

»Lange Wellen«

Die wirtschaftliche Entwicklung vollzieht sich in »langen Wellen«. Motor dieser Zyklen sind Unternehmer, die nicht nur verwalten, sondern tatsächlich etwas »unternehmen«, also risikobereit in Betrieben und auf Märkten neue Ideen durchsetzen, neue Güter und Produktionsverfahren entwickeln, neue Ressourcen und Märkte erschließen – kurzum, die kreativ und innovativ das tun, was ihnen Ziel und Sinngebung zugleich ist: Innovationen realisieren und Pioniergewinne einstreichen.

Schumpeter übernimmt das Konzept der langen Konjunkturwellen von dem russischen Wirtschaftsforscher →Kondratieff, der in seiner Analyse der längerfristigen kapitalistischen Entwicklung Zyklen mit einer Periodendauer zwischen 40 und 60 Jahren entdeckt hatte. Diese »langen Wellen« können im Kern als Technologiezyklen gesehen werden, weil sie von Basisinnovationen und technologischen Durchbrüchen getragen sind (Eisenbahn, Elektrizität, Automobil, Chemie, Mikroelektronik). Die intensive Innovations- und Investitionstätigkeit im Gefolge einer neuen Basistechnologie löst eine anhaltende Aufschwungs- und Prosperitätsphase aus. Sind die expansiven Wirkungen einer neuen Leittechnologie nach zwei bis drei Jahrzehnten erschöpft, lässt die Investitionseuphorie nach, das Wirtschaftsklima kühlt sich wieder ab, und es beginnt eine Abschwungs- und Depressionsphase. Je länger der Abschwung dauert, desto intensiver wird die Suche nach Innovationen und neuen Investitionschancen betrieben; die Wahrscheinlichkeit für technologische Durchbrüche steigt wieder an, und ein neuer »Kondratieff« kann beginnen. Die von industriellen Umbrüchen ausgelösten Wellen anhaltender Prosperität und nachfolgender Depression enthüllen »die Natur und den Mechanismus des kapitalistischen Prozesses besser als irgend etwas anderes« (Schumpeter 1912: 114). Wenn innovative Technologien, Produktionsverfahren, Produkte und Organisationsformen eingeführt und neue Märkte erschlossen werden, »finden wir lebhafte Ausdehnung und vorherrschende ›Prosperität‹«; ist dieses »Crescendo« erschöpft, folgen Marktbereinigung, Konkurse, Abbau überschüssiger und veralteter Strukturen: »es herrscht ›Depression‹« (ebd.: 115).

Die »treibende Kraft«: der Unternehmer

Woher kommt »die bewegende Kraft« für wirtschaftliche Dynamik, fragte schon Sombart (1931b: 86) und lokalisiert sie, wie auch Schumpeter, im *Unternehmer*. Für (den frühen) Sombart ist dieser Unternehmer (ganz im marxistischen Sinne) nur die Charaktermaske des Verwertungsstrebens des Kapitals; seine »Motive« sind auf Kapitalmehrung gerichtet und sein Geist ist der »Geist der Akkumulation«. Bei Schumpeter dagegen sind »Kapitalist« und »Unternehmer« getrennt: Der Kapitalist trägt als Kapitalgeber das finanzielle Risiko, der Unternehmer ist in den überwiegenden Fällen angestellter Manager – also »Betriebswirt« und Verwalter. Nur eine Minderheit dieser Unternehmer gehört zu den schöpferischen, risikobereiten und »kraftvollen« Persönlichkeiten, die eine innovative Idee aufgreifen und mit Verve durchsetzen (ohne notwendigerweise die Urheber dieser neuen Ideen zu sein; vgl. Schumpeter 1912: 543f.). Diese »Führer«-Unternehmer setzen neue Produktionsverfahren durch (Prozessinnovationen), bringen neue Produkte und Dienstleistungen auf den Markt (Produktinnovationen), erschließen neue Beschaffungs- und Absatzmärkte (Marktinnovationen) und tun neue Ressourcen und Rohstoffquellen auf (Ressourceninnovationen). Der dadurch entfachte Wettbewerb verdrängt die nicht mehr konkurrenzfähigen Produkte, Verfahren und Betriebe – dies ist der Prozess der »schöpferischen Zerstörung«. Darin geht unter, was nicht mehr wettbewerbsfähig ist, während sich das ökonomisch Effizientere durchsetzt.

Der »Pionierunternehmer« schafft »neue Kombinationen«

Also ist der schöpferische Unternehmer eben nicht nur Preis- und Mengenanpasser, wie die neoklassische Theorie postuliert, er ist nicht nur passiv und adaptiv, sondern aktiv und kreativ, er greift in das Marktgeschehen ein, entfaltet Eigeninitiative und ist von Begeisterung getragen. Unternehmer in diesem Sinne sind bei Schumpeter nur solche, die »neue Kombinationen« schaffen und auf den Märkten realisieren. Nur sie gelten als »Pionierunternehmer«, und nur ihnen schreibt Schumpeter »Siegerwille« und »Freude am Gestalten« zu, ja sogar »den Willen, ein privates Reich zu gründen« (Schumpeter 1928). Alle anderen gehören zum Verwaltungspersonal. Unter der Hand verwandelt sich so der Sombart-Weber'sche »Geist« von der strengen, puritanischen und rationalen Observanz zu einem flamboyanten, leicht exzentrischen, aber auch resoluten Charakter, der seinen kreativen Gestaltungswillen auslebt. Dieser Unternehmer steht keineswegs im Widerspruch zu einem gewinnmaximierenden Akteur, wie bisweilen behauptet wird, denn Pionier- und Monopolgewinne *sind* das Maximum, das auf Märkten zu erzielen ist. Gleichwohl hat dieser Charakter nichts von einem Dämon (wie bei Marx, der den Kapitalisten als infam, schmutzig und gehässig verdammt) und auch nichts von einer seelenlos kalkulierenden *Maschine* (wie im Marktmodell von

Walras), vielmehr ist er bei Schumpeter Willensmensch und Abenteurer, der »wirtschaftliches Handeln als Sport, als finanziellen Wettlauf, noch mehr aber als Boxkampf« betreibt (ebd.).

Was für Pionierunternehmer »Freude am Gestalten« sein mag, wird für Mitkonkurrenten bitterer Ernst: Frei ist, wer den ersten Schritt tut; die anderen sind Knechte, sie müssen folgen. Innovationen, kostensenkende Produktionsverfahren und attraktive Produkte setzen die Wettbewerber unter Existenzdruck; deren Produktionsanlagen und Güterangebote werden durch das Neue ökonomisch entwertet; es findet »Zerstörung von Kapitalwerten« statt (Schumpeter 1942: 157). Um Verluste zu mindern oder gar dem Bankrott zu entgehen, müssen Wettbewerber gleichziehen und die modernen Verfahren und Güter möglichst rasch »imitieren«.

Der entscheidende Unterschied zwischen statischer (vor-kapitalistischer) und dynamischer (hochkapitalistischer) Gesellschaft besteht also darin, dass Veränderungen und Innovationen in der ersten verpönt und/oder verboten sind (Zunftregeln, Vorschriften), während in der zweiten solche Veränderungen a) von »Pionierunternehmern« durchgesetzt werden und b) von allen anderen nachvollzogen werden müssen, weil der Wettbewerb dies erzwingt:

Der Zwang zu Verbesserungen

»Die Tatsache, dass der Wettbewerb nicht nur zeigt, wie die Dinge besser gemacht werden können, sondern alle, deren Einkommen vom Markt abhängt, zwingt, die Verbesserungen nachzuahmen, ist natürlich einer der Hauptgründe für die Abneigung gegen den Wettbewerb. Er stellt eine Art unpersönlichen Zwanges dar, der viele Individuen dazu veranlassen wird, ihr Verhalten in einer Weise zu ändern, die durch keinerlei Anweisungen oder Befehle erreicht werden könnte« (Hayek 1969: 260f.)

Es ist die Innovationskonkurrenz, die in der gesamten Wirtschaft dazu führt, dass die Effizienz gesteigert, die Prozess- und Produktmodernisierung vorangetrieben und die Wettbewerbsfähigkeit der Verbleibenden gestärkt wird.

Darüber hinaus müssen unter Konkurrenzdruck die erzielten Kostensenkungen durch entsprechende Preissenkungen an die Verbraucher weitergegeben werden. Der Wettbewerb zwingt alle Unternehmen, die konkurrenzfähig bleiben wollen, es den Pionieren gleichzutun; genau dadurch aber diffundieren Innovationen und Produktivitätssteigerungen – und kommen so *allen* zugute, während zugleich die Pioniergewinne von den Nachahmern wegkonkurriert werden.

Das Gesamtergebnis ist Diffusion des technischen Wandels und »schöpferische Zerstörung«: Der schöpferische Teil besteht in moderneren, kostensparenden Verfahren, in einem zusätzlichen und attraktiveren Güterangebot sowie im wirtschaftlichen Wachstum (inklusive Zunahme der Beschäftigung und der Realeinkommen). Der zerstörerische Teil besteht in der Verdrängung des Alten durch das Neue: veraltete Verfahren, Qualifikationen, Güter und ganze Branchen werden abgewickelt, ausrangiert. Vor diesem Hintergrund betont Schumpeter (1942: 234) zu Recht, dass die Gesamtleistung des Kapitalismus »nur sichtbar wird, wenn wir sie auf lange Frist betrachten; jedes prokapitalistische Argument muss auf langfristigen Überlegung beruhen«. Es kommt, wie immer, auf den längerfristigen Saldo an.

Zerfall des Kapitalismus

Hat der Kapitalismus eine Zukunft? Oder wird die »kapitalistische Maschine« den Geist aufgeben? Diese Fragen bewegen Schumpeter seit seiner Entwicklungstheorie von 1911; er spricht dort vom »kapitalistischen Intermezzo« – und in seinem Hauptwerk von der »kapitalistischen Symphonie«, die verklingen wird (1942: 182). Aber anders als Marx, der den unausweichlichen Zusammenbruch des Systems aus seinen inneren Widersprüchen ableitet; und anders als Sombart, der wegen zunehmender Bürokratisierung und Staatslenkung eine schleichende Transformation der kapitalistischen in eine sozialistische Planwirtschaft (mit Privateigentum) erwartet; anders auch als Weber, der aus methodologischer Einsicht auf Prognosen verzichtet, nur die Möglichkeit einer Erstarrung des (bürokratisierten) Systems zu einem »Gehäuse jener Hörigkeit der Zukunft« (Weber 1917: 320) erwägt (beziehungsweise aus Sorge um die individuelle Freiheit als Menetekel an die Wand malt); also anders als die genannten Autoren erwartet Schumpeter einen Zerfall des Kapitalismus aus der unaufhaltsamen Auflösung seiner tragenden Säulen und seiner »schützenden Schichten« als Konsequenz der *Erfolge* dieses Wirtschaftssystems. Er fasst seine Position in drei Thesen zum »Ende des Kapitalismus« und zum Verfall der kapitalistischen Gesellschaft zusammen:

1. Der Unternehmer wird »funktionslos«, weil Innovationen, technischer Wandel und also der Fortschritt immer stärker routinisiert werden; es bedarf keiner »Pioniere« mehr.
2. Der Kapitalismus »wird durch seine eigenen Errungenschaften umgebracht« (Schumpeter 1942: 12); und
3. gesellschaftliche Institutionen, die den Kapitalismus getragen haben, verfallen – die »Mauern bröckeln« (ebd.: 213).

Zur 1. These: Die Kernfunktion des Unternehmers besteht darin, »Dinge in Gang zu setzen«, doch genau die geht verloren. Was ehemals unternehmerisches Abenteuer war – die Leitung eines Unternehmens, die Durchsetzung von Innovationen –, das erstarrt zur Routine. Der »wirtschaftliche Fortschritt zeigt die Tendenz, entpersönlicht und automatisiert zu werden«; der bislang »Führende« findet keine Gelegenheit mehr, »sich in den Kampf zu stürzen. Er wird zu einem Bureauarbeiter«, zum »bezahlten Vollzugsorgan« (ebd.: 215f., 228). Das Ende des Kapitalismus kommt als eine Art schleichender Umwandlung in ein sozialistisches Wirtschaftssystem aus dem Geist von Routine und Bürokratie.

Auch das nach Schumpeter zentrale Motiv unternehmerischen Handelns zerbröselt – das Motiv, »für die Zukunft zu arbeiten«, genauer: für die Zukunft der eigenen Familie. Erst diese an das »Familienmotiv« gebundene Ethik motiviert zu unablässiger Leistung »unabhängig davon, ob man die Ernte selbst einbringen wird oder nicht« (ebd.: 259f.). Unter dem Einfluss modernistischer Ideen wie Gleichheit, Emanzipation, Pazifismus und Feminismus gerät alles in ein Stadium der »Zersetzung«: Der alte Unternehmer, »der in erster Linie für seine Frau und seine Kinder arbeiten und sparen will, [...] geht der einzigen Art von Romantik und Heroismus verlustig, die in dieser unromantischen und unheroischen Zivilisation des Kapitalismus noch übrig geblieben ist – des Heroismus von *navigare necesse est, vivere non necesse est*« (ebd.: 259) [Seefahren ist notwendig, leben ist nicht notwendig; dieser Spruch wird auf den römischen Feldherrn Pompeius zurückgeführt]. Unheroische Zeiten aber tendieren zum Sozialismus; ob man nun ein Unternehmen oder eine Kreisverwaltung leitet, macht keinen großen Unterschied. »An die Stelle des Kapitalisten-Unternehmers tritt mehr und mehr der gehaltempfangende Wirtschaftsbeamte« (de Man 1931: 71).

Zur 2. These: Im Unterschied zu Marx ist Schumpeter davon überzeugt, dass der Kapitalismus nicht an seinen Mängeln scheitern wird, sondern – mittelbar – an seinen Erfolgen: Der Kapitalismus »wird durch seine eigenen Errungenschaften umgebracht« (Schumpeter 1942: 12). Sozialer Fortschritt und steigender Wohlstand »zersetzen« die Kräfte, die den Kapitalismus bislang erhalten haben (ebd.: 182). An erster Stelle steht hier das »Familienmotiv«, das zerfallen muss, sobald die Menschen »in ihr Privatleben eine Art unausgesprochener Kostenrechnung einführen« und sich der »schweren persönlichen Opfer bewusst werden, welche Familienbindungen und namentlich Elternschaft unter modernen Bedingungen mit sich bringen«

(ebd.: 254). Dann lohnt es sich nicht mehr, »für die Zukunft zu arbeiten« (ebd.: 259f.).

Auch »die kapitalistische Unternehmung« tendiert dazu, »unter dem Druck ihrer eigenen Erfolge zusammenzubrechen« (ebd.: 218). Sie macht die Funktion des bisherigen Fortschrittsagenten – des Pionierunternehmers – obsolet, indem sie »durch ihre eigensten Leistungen« Innovation und Fortschritt automatisiert (ebd.).

»Die wahren Schrittmacher des Sozialismus waren nicht die Intellektuellen oder Agitatoren, die ihn predigten, sondern die Vanderbilts, Carnegies und Rockefellers« (ebd.: 208) [also die amerikanischen Großindustriellen wie der »Eisenbahn-König« Vanderbilt, der »Stahlmagnat« Carnegie oder »Standard-Oil«-Rockefeller, die ganze Wirtschaftsimperien errichtet haben].

Eine Nebenlinie dieser Diskussion ist die von Schumpeter geprüfte (und abgelehnte) These der »schwindenden Investitionschancen« (ebd.: 185, 192f.). Er wendet sich hier gegen die Stagnationstheorie von Keynes und erweist sich dabei als der realistischere Ökonom: »Wir können ein gewisses Vertrauen auf die Fähigkeit der kapitalistischen Maschine setzen, dass sie immer neue Chancen findet oder schafft, da sie gerade auf diesen Zweck hin konstruiert ist«. Und weiter: »es liegt kein Grund vor, ein Nachlassen des Produktionstempos infolge Erschöpfung der technischen Möglichkeiten zu erwarten« (ebd.: 192f.). Bemerkenswerterweise untermauert Schumpeter sein Argument mit einem Hinweis, der auch als Kritik an traditionellen Landnahme- und Imperialismustheorien gelesen werden kann: »Die Eroberung der Luft [heute wohl: des Weltraums] kann sehr wohl wichtiger sein, als es die Eroberung von Indien war« (ebd.: 191).

Zur 3. These: Nicht nur die unternehmerische Motivation und das kapitalistische Unternehmen unterliegen einem Auflösungsprozess, zusätzlich führen die Erfolge des Kapitalismus dazu, dass seine gesellschaftlichen Grundlagen von innen heraus zerstört werden. Zum einen zerfällt das unternehmerische Bürgertum, das für Schumpeter die gesellschaftliche Basis des Unternehmer-Kapitalismus bildet; dieser Zerfall beraubt ihn seiner »Lebenskraft«. Zum anderen entsteht eine wachsende »Atmosphäre der Feindschaft« gegen das kapitalistische Wirtschafts- und Gesellschaftssystem (ebd.: 107), ein »Milieu«, das ihm »feindlich« gesinnt ist und am Ende »die Funktionsfähigkeit der kapitalistischen Maschine vernichten« wird (ebd.: 184). Die latente antikapitalistische Stimmung der Schicht der Unzufriedenen und ihre mangelnde »gefühlsmäßige Anhänglichkeit« an dieses System erzeugen eine soziale Atmosphäre, die für das Funktionieren des Kapitalismus zu einer Belastung wird. Verstärkt wird die um sich greifende »Feindseligkeit gegen die kapitalistische Ordnung« (ebd.: 247) noch durch den Groll der Intellektuellen, die ohnehin in einem Geisteszustand dauernder Unzufriedenheit dahinleben und die kapitalistische Ordnung aus intellektuellem Hochmut ablehnen. Zusammen genommen verschärft dies die »allgemeine feindselige Atmosphäre, die die kapitalistische Maschine umgibt« (ebd.: 248).

Verfall des Unternehmertums?

Im Rückblick zeigt sich, dass Schumpeter sich mit seiner Prognose über den Verfall des Unternehmertums und über die Zersetzung der unternehmerischen Handlungsmotive geirrt hat. Die Tatsache, dass die meisten größeren Unternehmen inzwischen von »bezahlten Vollzugsorganen« geleitet werden, tut ihrer Dynamik keinen Abbruch. Die Bedeutung der von Schumpeter immer hervorgehobenen »Konkurrenz der neuen Waren, der neuen Technik, der neuen Versorgungsquelle, des neuen Organisationstyps« (ebd.: 140) ist allenfalls noch gestiegen – Innovationen sind zu einer entscheidenden »Waffe des Wettbewerbs« geworden (Baumol 2002: 27). Wohl gehört die laufende technische Optimierung längst zu den Routineaufgaben von Forschungs- und Entwicklungsabteilungen, doch das nimmt den wirklichen Innovationen – technologischen Durchbrüchen, der Erschließung neuer Märkte, der Umstrukturierung von Unternehmen – nichts von ihrer Unberechenbarkeit und ihrem »Abenteuer«. Offensichtlich war Schumpeters Abgesang auf den Kapitalismus verfrüht; wir stehen mitten in einem neuen Schub globaler kapitalistischer Vitalität.

Andauern und Prosperität des Kapitalismus hängen nicht, wie Schumpeter (1942: 230) meint, am Wunsch des Eigentümer-Unternehmers, »eine Dynastie zu gründen«, oder an seiner Entschlossenheit, für die »Kontrolle über seine Fabrik zu kämpfen und wenn nötig, auf ihrer Schwelle zu sterben«. Das Funktionssystem der neuzeitlichen Wirtschaft zeichnet sich – im Unterschied etwa zum Feudalismus – dadurch aus, dass darin Leidenschaften auf ein Minimum reduziert und »moralische Treuepflichten« durch unpersönliche Markt- und Tauschbeziehungen ersetzt worden sind. An die Stelle feudaler Bindungen sind Funktionalität und Fungibilität getreten. Ob diese Entfeudalisierung der Gesellschaft dem Bürgertum lebensnotwendige Schutzmechanismen entzogen hat, wie Schumpeter meint, ist fraglich. »Indem der Kapitalismus den präkapitalistischen Gesellschaftsrahmen zerbrach, hat er nicht nur Schranken niedergerissen, die seinen Fortschritt hemmten, sondern auch Strebepfeiler, die seinen Einsturz verhinderten« (ebd.: 226). In den sechs Jahrzehnten, die auf diese Diagnose folgten, hat der Kapitalismus eine ungeahnte Prosperität entfaltet, während das von Schumpeter ins Auge gefasste Nachfolgemodell nach anhaltender Agonie den Betrieb einstellen musste.

Auch überschätzte Schumpeter die schädlichen Auswirkungen des »feindseligen Milieus«, das sich unter bestimmten Gruppen der *chattering classes* bisweilen ausbildet. Selbst wenn neuerdings gar in der *ZEIT*, dem Blatt für die »gebildeten Stände«, ein Kolumnist seinen Systemverdruss mit der Rapper-Zeile »*fuck capitalism*« (Martenstein 14/2006; kursiv i. O.) garniert, darf man erwarten, dass der Kapitalismus diese Fundamentalkritik überstehen wird. Wie Boltanski/Chiapello (2003: 523) gezeigt haben, stellt sich die Kritik »indirekt in den Dienst des Kapitalismus und ist eines der Instrumente, die ihm überhaupt erst Kontinuität verleihen«. Statt den Kapitalismus zu schwächen, stärkt der Protest das System: »Der globale Kapitalismus floriert« (ebd.: 24).

1928 spricht Schumpeter in einem Vortrag von der zunehmenden »planwirtschaftlichen Ausschaltung des Unternehmers« und von einer Tendenz zur »gebundenen Wirtschaft«, in welcher der Staat regulierend und »planwirtschaftlich regelnd« in die »Sphäre der privaten Wirtschaftsführung« eingreift. Schumpeter knüpft hier an Sombarts These an, im Zuge der kapitalistischen Entwicklung würden persönliche unternehmerische Talente immer stärker durch erlernbare Fertigkeiten ersetzt (vgl. Sombart 1927: 592f.). Das Unternehmerhafte, der »Wagemut [...] des alten und echten Unternehmertyps«, müsse im Zuge einer vollständigen Rationalisierung dem »nahezu spekulationsfreien, geplanten Wirtschaften Platz machen« (1929: 32). Beide Autoren sehen darin Frühformen einer künftigen Planwirtschaft und der sozialistischen Gesellschaft der Zukunft. Daran ist überraschend, dass Schumpeter den Verfall des Kapitalismus voraussagt »at the very time when it was embarking on its longest stretch of uninterrupted fast growth and high prosperity« (Scitovsky 1980: 7).

Schumpeter konstatiert zwar, die kapitalistische Gesellschaft sei eine post-heroische, aber er hat nicht wirklich akzeptiert, dass diese Gesellschaft den heroischen Unternehmer gar nicht mehr braucht. Es hat sich gezeigt, dass der Kapitalismus mit »Betriebswirten« zurechtkommt, die ihr Handwerk verstehen; sie müssen nicht von einem heldischen Geist beflügelt werden – es genügt, wenn der Wettbewerb sie zu Innovationen anhält. Werden Unternehmer zu »Bureauarbeitern« und »bezahlten Vollzugsorganen«, bricht das dem Kapitalismus nicht das Genick. Entgegen Schumpeters pessimistischer Einschätzung sind es auch weiterhin kreative und dynamische Menschen, die »Dinge in Gang setzen« – vielleicht eher zu viel davon als zu wenig: siehe Aufstieg und Fall der *New Economy* in den 1990er Jahren.

In einer seiner überraschenden Bewertungen des Kapitalismus reicht Schumpeter fast an die Hymnen des *Kommunistischen Manifests* heran. Für ihn sind nicht nur produktive Fabriken und der allgemeine Wohlstand, nicht nur moderne Techniken und die rationale Betriebsorganisation, »sondern auch alle Eigenschaften und Leistungen der modernen Zivilisation direkt oder indirekt das Produkt des kapitalistischen Prozesses« (1942: 205). Doch was die Zukunft des Kapitalismus betrifft, so kommt Schumpeter – wie schon Marx – zu einem negativen Urteil. Seine Frage: »Kann der Kapitalismus weiterleben?« beantwortet er lakonisch mit »Nein, meines Erachtens nicht« (ebd.: 105). Was Schumpeter hier äußert, mag nach Koketterie klingen; offenbar ist es *contre cœur* geschrieben, worauf sein Hinweis deutet, diese »Prognose« sage nichts über ihre »Wünschbarkeit« aus (ebd.: 106). Salin erwähnt in seiner Einleitung zu Schumpeter (1944: 10) dessen »alt-österreichische Freude [...] an paradoxen Gedanken«. Möglicherweise haben wir es hier mit einer absichtsvollen Provokation eines Wissenschaftlers zu tun, den Karen Horn (2000) als »geniale, aber eitle, launische und seelisch zerbrechliche« Figur charakterisiert hat.

3.7 Vergleich der Diagnosen

Die erste der hier vorgestellten Diagnosen (Smith 1776) und die letzte (Schumpeter 1942) liegen 166 Jahre auseinander. Es kann daher nicht verwundern, dass beträchtliche Unterschiede zwischen den fünf Gesamtinterpretationen bestehen und dass die Schnittmenge von Gemeinsamkeiten eher klein ist. Doch diese Gemeinsamkeiten konstituieren das, was Schumpeter (1942: 176) die »strukturellen Eigenschaften des Kapitalismus« genannt hat. Diese machen den stabilen Kern von Funktionselementen und Operationsweisen aus, welche die Entwicklungsdynamik des Marktkapitalismus als einen vom Gewinnstreben motivierten Akkumulationsprozess bestimmen. Vorangetrieben wird diese privatwirtschaftliche Kapitalverwertung durch Investitionen und Innovationen, die ihrerseits Wachstum und Strukturwandel als einen Entwicklungsprozess der »schöpferischen Zerstörung« generieren.

Übersicht 8: *Die Leitfragen der Meisterdenker*

- *Smith*: Wie funktioniert die Selbststeuerung des Marktes? Wie lässt sich das durch Wettbewerbsmärkte begründete »System der natürlichen Freiheit« institutionell so absichern, dass der allgemeine Wohlstand erhöht wird?
- *Marx*: Worin besteht das »Bewegungsgesetz« des Kapitalismus? Lässt es sich theoretisch so fassen, dass damit die Ausbeutung erklärt und aus diesem Systemwiderspruch das notwendige Scheitern des Kapitalismus abgeleitet werden kann?
- *Sombart*: Welche Faktoren erklären die Entstehung des Kapitalismus, welche Rolle spielen kulturell-mentale Faktoren bei der Durchsetzung dieses Wirtschaftssystems und wohin treibt der Kapitalismus?
- *Weber*: Wie wirken religiös-normative Faktoren und ökonomisch-materielle Bedingungen zusammen, um einen Prozess der Rationalisierung in Gang zu setzen und jenen »kapitalistischen Geist« zu erzeugen, der den spezifisch »okzidentalen« Kapitalismus charakterisiert?
- *Schumpeter*: Auf welchen Mechanismen gründet die Dynamik des Kapitalismus? Welche Auswirkungen haben Innovationen auf Entwicklung und Strukturwandel? Kann der Kapitalismus überleben, wenn seine dynamischen Antriebskräfte erlahmen?

Die beträchtlichen Unterschiede zwischen den Diagnosen verweisen darauf, dass jede Interpretation zeitbedingt ist und eine Konstruktion aus selektiven Beobachtungen darstellt. Was jeweils als Wesen und Entwicklungslogik des Kapitalismus präsentiert wird, ist immer Ausdruck je spezifischer Weltsichten und Fragestellungen, denen unterschiedliche Erkenntnisinteressen zugrunde liegen.

Die spezifischen Beiträge zum Verständnis des Kapitalismus

Adam Smiths Beitrag zum Verständnis des Kapitalismus besteht im Kern darin, dass er den Konkurrenzmechanismus des Marktes als eine Form der Selbststeuerung des Wirtschaftsgeschehens beschreibt, die nicht nur allokative Effizienz und ein hinreichendes Gleichgewicht gewährleistet, sondern auch noch gesellschaftlichen Fortschritt – und dies in einem Arrangement, das der Freiheit des wirtschaftlichen Handelns zuträglich ist. Die Bedeutung von Wettbewerbsmärkten für die Sicherung der individuellen Freiheit erkannt zu haben – darin liegt vielleicht die größte Leistung von Smith. Wenn der Markt über ein Potenzial zur Selbststeuerung verfügt und Marktprozesse zu einem Gleichgewicht tendieren, dann erübrigt sich eine obrigkeitliche Regulierung wirtschaftlicher Prozesse – die staatliche Gängelung der Wirtschaftssubjekte wird entbehrlich. Der Markt entfesselt den »Erwerbsfleiß« der Bürger und trägt damit zum gesellschaftlichen Wohlstand bei. Im Rahmen einer liberalen Marktverfassung (in der nicht nur die Gesetze, sondern auch die Normen der Gerechtigkeit beachtet werden), wird das Eigeninteresse der Menschen dem Gemeinwohl dienstbar gemacht.

In diesem auf Wettbewerb beruhenden »System der natürlichen Freiheit« verfolgen die einzelnen Wirtschaftssubjekte zwar ihre je eigenen Interessen – wenn dieses mächtige Motiv jedoch auf die Mühlräder der Wertschöpfung gelenkt wird, dient das Streben der Menschen nach besseren Lebensbedingungen für sich *auch* dem gesellschaftlichen »Fortschritt zum Besseren« (Smith 1776: 283).

Smith betrachtet seine »Politische Ökonomie« als »eine Lehre für den Staatsmann und Gesetzgeber«, um den »Lebensunterhalt für die Bevölkerung zu verbessern«, und zwar nicht auf dem Wege staatlicher Bevormundung, sondern durch Vorkehrungen, »wodurch der einzelne in die Lage versetzt wird, beides [Einkommen und Lebensunterhalt] für sich selbst zu beschaffen« (Smith 1776: 347).

Smiths optimistische »Lehre von der Marktwirtschaft« (Recktenwald 1974: xxxii) liefert das theoretische Fundament für den Siegeszug des Kapitalismus. Für *Karl Marx* aber ist diese Lehre der Ausgangspunkt einer fundamentalen Kritik sowohl der klassischen Wirtschaftstheorie als Verschleierungs- und Rechtfertigungslehre wie auch der kapitalistischen Realität während der ersten Hälfte des 19. Jahrhunderts. Marx will erklären, was er beobachtet: Klassenantagonismus, Ausbeutung, Verelendung, Krise. Eine Erklärung der Wirtschaftsgesellschaft setzt die Erkenntnis ihrer »ökonomischen Bewegungsgesetze« voraus. Auf der Suche nach diesen Gesetzen kommt Marx dem »Grundwiderspruch« der kapitalistischen Gesellschaft als »Klassengesellschaft« auf die Spur: Er formuliert seine Theorie der Kapitalverwertung als Mehrwert- und Ausbeutungstheorie, aus der er mit logischer Konsequenz den unausweichlichen Zusammenbruch dieses Systems ableitet.

Dass sich die Mehrwerttheorie als fehlerhaft und Marxens Schlussfolgerungen daraus als unhaltbar erwiesen haben, nimmt seiner theoretischen und kritischen Leistung wenig von ihrer Bedeutung. Seither muss man *beide* Gesichter des Kapitalismus zur Kenntnis nehmen: freiheitssichernden Wettbewerb, Wohlstand, Innovation und Fortschritt auf der einen Seite, Verelendung, Ausbeutung, Marktmacht und Kapitalherrschaft auf der anderen. Bei einer Gesamtbewertung kommt es, wie immer, auf den Saldo an.

Zu Beginn des 20. Jahrhunderts verlagert sich das Interesse auf die Entstehungsbedingungen des »okzidentalen« Marktkapitalismus. Bis dahin hat sich das kapitalistische Wirtschaftssystem weder als so gleichgewichtig und fortschrittlich erwiesen wie Adam Smith dies erhofft hatte, noch als so elend und hinfällig wie in Marxens Prognose. Man ist der Diskussionen um den wahren Charakter des Systems müde und vertieft sich in dessen Geschichte. *Werner Sombarts* Analysen fördern die ganze Fülle von kulturellen, technischen und mentalen Faktoren zutage, die nötig waren, damit eine »kapitalistische Privatwirtschaft« sich entfalten konnte. Während der frühe Sombart noch ganz in marxistischer Manier die Bedeutung der »ursprünglichen Akkumulation« hervorhebt und das Verwertungsstreben des Kapitals als primäre Ursachen der kapitalistischen Entwicklung betont, geht es dem späten Sombart eher um den »Geist« und die »beherrschenden Motivreihen« der kapitalistischen Unternehmerpersönlichkeit als »letzten Ursachen des sozialen Geschehens« (Sombart 1902 I: xixff.).

Die Kontroversen über die relative Bedeutung der Eigengesetzlichkeit eines Systems einerseits und der Motive und Intentionen der darin agierenden Menschen andererseits sind bis heute unentschieden. Zur Erkenntnis des kapitalistischen Kernprozesses haben sie nichts Wesentliches beigetragen. Auch *Max Webers* Verdienst liegt eher in der Bereicherung der Theorie der Entstehungsbedingungen des Marktkapitalismus um den Aspekt der religiösen Ethik und der dadurch geprägten Lebensweise – die Ökonomik des Kapitalismus liegt nicht im Zentrum seines Interesses. Webers These, dass es ohne »kapitalistischen Geist« kein kapitalistisches Handeln geben könne, ist auch als Gegenposition zu Marx interpretiert worden. Sind es nun die ökonomisch-materiellen Bedingungen, die den zugehörigen »Geist« generieren, oder ist es der protestantisch imprägnierte kapitalistische »Geist«, also die kulturellen Werte und Normen, welche eine Wirtschaftsweise begründen, die sich dann als Kapitalismus entpuppt? Weber selbst hält von diesem Entweder-oder-Denken nichts. Der Kapitalismus ist für ihn ein Phänomen der → Emergenz, eine Ko-Produktion aus materiell-gesellschaftlichen Bedingungen einerseits und religiös-mentalen Voraussetzungen andererseits. »Innerweltliche Askese«, ökonomisch rationale Lebensführung und protestantische Berufsethik mögen »an der Wiege des modernen ›Wirtschaftsmenschen‹« gestanden haben (Weber 1904: 195) – das neue Wesen selbst verdankt sich einer vorausgehenden »ursprünglichen Akkumulation«, der Technik, dem Geldwesen, der Buchführung – kurz: den »ökonomischen Zuständen, [...] für welche mindestens die Möglichkeiten [...] in den bestehenden Verhältnissen und Interessenkonstellationen« gegeben sein mussten (Weber 1922: 349).

Joseph Schumpeter steht als Diagnostiker bereits an der Schwelle zur Moderne. Er fasst den Kapitalismus als dynamischen, destabilisierenden, schöpferischen und zugleich zerstörerischen Prozess auf, der durch kreative Pionierunternehmer im Wettbewerb um die Innovationsführerschaft vorangetrieben wird. Zu den Motiven dieser Unternehmer gehört wohl auch Profitstreben, insbesondere die Erzielung von Pioniergewinnen, doch genauso bedeutsam sind nach Schumpeters Auffassung »Siegerwille«, »Freude am Gestalten« und das »Familienmotiv«: unablässig etwas zu leisten, »unabhängig davon, ob man die Ernte selbst einbringen wird oder nicht« (Schumpeter 1942: 259 f.).

Alle Autoren stellen Prognosen über die Zukunft des Kapitalismus an (nur Weber äußert mit seiner These vom künftigen »stahlharten Gehäuse der Hörigkeit« eher eine Befürchtung). Es ist Schumpeter (1942: 105), der den methodischen Vorbehalt formuliert, unter dem prinzipiell alle Prognosen stehen: Dass sie uns nämlich »niemals sagen, was [...] geschehen *wird*, sondern nur, was geschehen *würde*«, wenn die bisher wirksamen Tendenzen weiterwirkten – was sie allerdings meist nicht tun.

4 Kernelemente des Kapitalismus

> »Das neue Programm der PDS nimmt wesentliche Elemente aus sozialdemokratischer Programmatik auf: Unter anderem das Bekenntnis zu Demokratie und Marktwirtschaft, zu freiem Unternehmertum und zu Gewinnen« (Oskar Lafontaine in Süddeutsche Zeitung vom 15.6.2005).

4.1 Kapitalismus als Wirtschaftsgesellschaft

Betrachtet man den Kapitalismus als Wirtschafts- und Gesellschaftsordnung, dann kommt eine ökonomische und eine institutionell-gesellschaftliche Seite ins Bild. Ökonomisch liegt eine Markt- und Konkurrenzwirtschaft vor – das, was Schumpeter (1942: 121) die »kapitalistische Maschine« genannt hat. Diese Wirtschaft ist eingebettet in eine Gesellschaft, deren Institutionen, Normen und Mentalitäten als Bedingung der Möglichkeit von Markt und Kapitalismus gesehen werden können. Der Kapitalismus ist ein gesellschaftliches, also ein »Kulturphänomen« (Sombart 1931a: 77).

So wie Gesellschaften und Kulturen sich unterscheiden, so gibt es auch verschiedene Ausprägungen des Kapitalismus, sowohl in der historischen Abfolge als auch innerhalb einer bestimmten Epoche. Shonfield (1965: 3) spricht vom »katastrophalen Kapitalismus« der 30er Jahre, der sich nach dem Zweiten Weltkrieg in eine »Maschine der Prosperität« verwandelt habe; diese Verwandlung betrifft die institutionellen, politischen und kulturellen Rahmenbedingungen, die sich auf den Wertschöpfungs- und Verteilungsprozess auswirken und die Performanz des Systems bestimmen. Wäre die »Maschine« selbst verändert worden, könnte man nicht mehr von Kapitalismus sprechen. Der Wandel der Formationen vom Früh- über den

Hoch- bis zum heutigen globalen Kapitalismus betrifft die institutionellen Beziehungen zwischen Wirtschaft und Gesellschaft; dagegen bleibt der systemische Kern aus Funktionselementen und Operationsform im Zeitverlauf stabil. Durch diese Operationsform wird mit den Elementen auch die kapitalistische Ökonomie selbst reproduziert.

In seiner Untersuchung zur »Dynamik des Kapitalismus« schreibt der Historiker Braudel (1985: 97), er glaube nicht, »dass sich das Wesen des Kapitalismus grundlegend geändert« habe. Sofern mit dem »Wesen« der Kern aus Funktionselementen und Operationsform gemeint ist (vgl. Übersicht 9, S. 136), weist dieser Nukleus in der Tat eine beachtliche Konstanz auf, während die Beziehungen zwischen dem ökonomischen Funktionskern und der Gesellschaft zyklische Veränderungen offenbaren. Dem institutionellen Wandel unterliegen insbesondere die Eigentums-, Wettbewerbs-, Geld-, Arbeitsmarkt- und Sozialordnungen, das Steuer- und Abgabensystem (also der staatliche Zugriff auf die Wirtschaft) sowie Art und Ausmaß der staatlichen Umverteilung. Der stabile funktionale Kern dagegen besteht in den Bedingungen der Möglichkeit kapitalistischer Akkumulation und Innovation.

Marktwirtschaft und Kapitalismus sind vereinbar mit ganz unterschiedlichen Ausprägungen von Staatlichkeit. Marktkoordination und Akkumulation funktionieren sowohl bei einer minimalen → Staatsquote (Anteil des Staates am BIP) von unter 20 Prozent wie in den meisten Industrieländern vor dem Ersten Weltkrieg, oder bei einer mittleren Staatsquote von rund 35 Prozent (USA, Japan, Schweiz heute) – als auch bei einer hohen Staatsquote von über 60 Prozent (wie im Skandinavien der 80er und 90er Jahre). Auch bezüglich der politischen Verfassung ist der Kapitalismus flexibel: Zwar korrespondiert die demokratisch-freiheitliche Ordnung am besten mit einem liberalen Marktsystem, doch sind auch autoritäre Regime (deutsches Kaiserreich oder China) mit dem Kapitalismus kompatibel.

Selbst in diktatorischen und totalitären Systemen (Drittes Reich oder Chile unter Pinochet) haben eingeschränkte Formen eines (Staats-) Kapitalismus fortbestanden. Es ist die *Gesellschaft*, die der Wirtschaft »mal volles Spiel, mal den engsten Rahmen, mal ein rasches Wachstum, mal das stationäre Gleichgewicht einräumt« (Baecker 2006: 5).

Übersicht 9: Der Kern der »kapitalistischen Maschine«

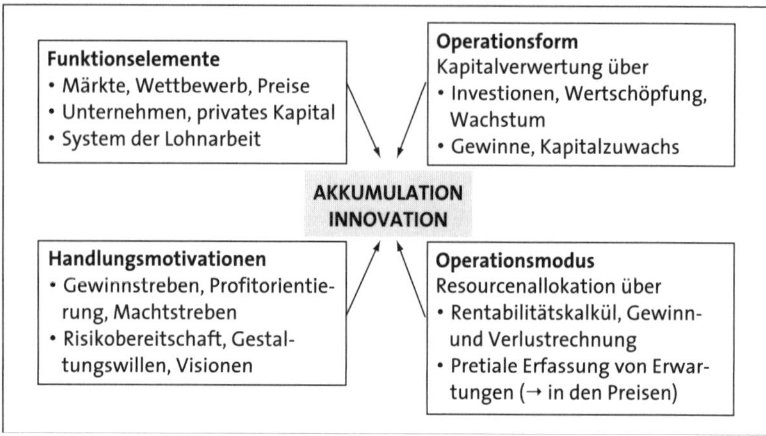

Die Funktionslogik der kapitalistischen »Maschine«

Die kapitalistische »Maschine« besteht aus jenen Funktionselementen, die Akkumulation und Innovation ermöglichen und induzieren. Dazu gehören insbesondere das Privateigentum an den Produktionsmitteln, marktorientierte Unternehmen, Preisbildung über Wettbewerbsmärkte sowie das System der Lohnarbeit, also marktmäßig verfügbare Arbeitskräfte. Angetrieben wird der Kernprozess von den »kapitalistischen« Handlungsmotiven, insbesondere dem Gewinnstreben und der unternehmerischen Bereitschaft, Neuerungen durchzusetzen und Risiken zu übernehmen. Die Operationsform transformiert das einzelwirtschaftliche Streben nach Kapitalverwertung über marktorientierte Wertschöpfung, Investitionen und Gewinne in gesamtwirtschaftlichen Wohlstand. Der Operationsmodus der Rentabilitätsrechnung sorgt für eine Ausrichtung der Investitionen und damit der Wertschöpfung an Marktsignalen auf der Basis eines preisbasierten und Erwartungen einbeziehenden Kosten-Ertragskalküls; dies gewährleistet eine bedarfsgerechte Allokation der Ressourcen. Die Logik des Kapitalismus ist die Logik des Akkumulationsprozesses: Investiertes (und riskiertes) Kapital soll *mehr* Kapital »hecken«. Aus Vermögen soll über den Umweg marktorientierter Wertschöpfung mehr Vermögen werden. Der produktive Umweg dieser Art von Vermögensakkumulation besteht in einer Wertschöpfung, die so vermarktet werden muss, dass die Erträge über den Kosten liegen. Das tun sie nur, wenn das Angebot die Präferenzen der Nachfrager trifft.

Wirtschaften in diesem Sinne bedeutet, dass traditionale Formen der Selbstversorgung und Eigenbedarfsdeckung abgelöst werden durch marktvermittelte Formen der Fremdbedarfsdeckung. Die Gesellschaft differenziert verschiedene Wirtschaftsformen aus: Neben die Hauswirtschaft (zur ergänzenden Selbstversorgung) tritt als Hauptform die Marktwirtschaft (als arbeitsteilige und monetarisierte Sphäre von Tauschhandlungen und Zahlungen) sowie eine dazu komplementäre Staatswirtschaft der öffentlichen Haushalte mit dem Zweck der Bereitstellung öffentlicher und meritorischer Güter. Ausgangspunkt und Endpunkt der Basisoperation Markttausch sind gezahlte Geldsummen – also Zahlungen. Damit am Ende einer rekursiven Operation wieder Zahlungen von Geldsummen stehen (möglichst höhere als zu Beginn), muss ein Umweg über die marktorientierte Wertschöpfung eingeschlagen werden; daraus ergeben sich – quasi als *Nebenwirkung* – Beschäftigung, Einkommen und Wohlstand.

Im Zentrum der »Profitwirtschaft« (Schumpeter 1942: 41) steht die Kalkulation von Kosten und Erträgen auf der Basis von Marktpreisen. Auch die Allokation der Ressourcen erfolgt auf der Grundlage dieses Ertragskalküls, das wesentlich auf Erwartungen beruht, weil Investitionen auf künftige, also projektierte Erträge ausgelegt sind. Sofern diese Erträge anfallen, ergeben sich Gewinne; wenn sie ausbleiben, entstehen Verluste (ein Risiko, das bisweilen übersehen wird). Im kapitalistischen Akkumulationsprozess ist das private Kapital immer Wagnis-Kapital, also dem Risiko des Verlusts ausgesetzt. Weil Erträge zuverlässiger und kontinuierlicher anfallen, wenn Güter produziert und nicht nur gehandelt werden, ist der Kapitalismus »in erster Linie ein System der Produktion, nicht einfach des Handels« (Heimann 1956: 512).

Die Ausdifferenzierung einer eigenen monetären Sphäre des Wirtschaftens und die Ablösung der traditionalen Produktionswirtschaft von der unmittelbar-anschaulichen Herstellung von Gebrauchsgütern für Menschen aus dem engeren Lebensumfeld hat immer wieder zu Klagen darüber geführt, dass kapitalistische Unternehmen sich nicht mehr am Menschen orientieren, sondern an einem abstrakten Ziel: dem Geschäftserfolg. Das führe dazu, dass der Erwerb nicht mehr begrenzt sei, sondern maßlos werde. Wenn unternehmerisches Erwerbsstreben dominiert, gerate der Zweck des Ganzen in Vergessenheit, so Sombart (1913: 423), was »die Sinnlosigkeit alles heutigen kapitalistischen Strebens« beweise. Sombart zufolge bewirkt Gewinnstreben beim Kapitalisten, dass »seine Seele schließlich verdorren« muss (ebd.: 454). Abgesehen davon, dass die Ökonomik für das Seelenheil nicht zuständig ist, übersieht diese Kritik die Begrenzung des Erwerbs durch Markt und Konkurrenz. Was das Erwerbsstreben effektiv daran hindert, »maßlos« zu werden, ist das Streben der *anderen*. »Man muss den Aufbau von Kapazitäten reziproker Hemmung als den wirksamsten Zivilisierungsmechanismus loben« (Sloterdijk 2005: 280).

Der institutionelle Rahmen

Einerseits wird der Akkumulationsprozess ermöglicht durch die Institutionen der kapitalistischen Gesellschaft, andererseits benötigt die privatwirtschaftliche Akkumulation einen bestimmten Typus von Institutionen: »the process of capital accumulation organizes and disciplines the social activity that surrounds it« (Heilbroner 1987: 348). Beispielhaft zeigt sich das an der basalen Institution des Privateigentums an den Produktionsmitteln: Nur wenn dieses Rechtsinstitut eingerichtet und gewährleistet ist, kann Kapitalismus sich entfalten. Das Privateigentum kann zwar bestimmten Beschränkungen unterworfen und mit Auflagen belastet werden (vgl. Grundgesetz, Art. 14/2: »Eigentum verpflichtet«), doch sobald der Kern der freien Verfügung über privates Produktionsmitteleigentum tangiert ist, stockt die Akkumulation – die »Maschine« blockiert. Dann kommt die negative Macht der Eigentümer zum Tragen, die darin besteht, dass sie der Gesellschaft ihr Eigentum vorenthalten können – sie verfügen nämlich über »the power of refusal« (ebd.): Zwar können die Eigner andere nicht zwingen, für sie und mit ihnen zu arbeiten, wohl aber sie können sich weigern, ihr Eigentum als Kapital dem gesellschaftlichen Produktionsprozess zu überlassen.

Zu den Funktionselementen des Kapitalismus gehört ferner das System der Lohnarbeit, also Arbeitskräfte, die genötigt sind, die Ware Arbeitskraft zu vermarkten, um ihren Lebensunterhalt zu sichern. Die Beteiligung an der Wertschöpfung beruht hier zwar nicht, wie etwa im Merkantilismus, auf Gewaltherrschaft, sondern auf (formaler) Freiwilligkeit: Es ist eine Beteiligung an Tauschprozessen. Doch dass »die große Mehrheit sich in die Lebenslage der abhängigen Arbeit schicken muss«, ist der sozialen Schichtung geschuldet, also der »schlichten Tatsache der ungleichmäßigen Ausstattung mit Vermögen« (Nell-Breuning 1974: 99). Allerdings sollte man sich hier keine Illusionen machen: Selbst wenn die Vermögen gleichverteilt wären, müsste sich die »große Mehrheit« dennoch zu irgendeiner Form der Beteiligung an der Wertschöpfung bequemen, weil anders wohl überhaupt keine zustande käme.

4.2 Die Handlungsmotive der Wirtschaftssubjekte

Was ist der (wirtschaftende) Mensch, was treibt ihn um? Unter günstigen Bedingungen ist er (so Aristoteles: *Politik*, ca. 350 v. Chr.) »das edelste aller Lebewesen«; derart günstige Bedingungen liegen eher selten vor. Ist der Mensch aber »losgerissen von Gesetz und Recht«, wird er zum »schlimmsten von allen [...], das ruchloseste in Bezug auf Geschlechts- und Gaumenlust« (ebd.). Dass der Mensch Gefahr läuft, das rechte Maß zu verlieren, beklagte auch schon Vergil (*Äneis* 3,57) vor zweitausend Jahren: »Wohin treibst du die Menschen, verfluchter Hunger nach Gold?« Der Mensch mag so sein, wie Homer ihn in der *Odyssee* schildert: »kein Wesen ist so eitel und unbeständig als der Mensch« (18/129f.); oder so, wie ihn David Hume charakterisiert: ein »Schurke«. Am Ende lässt sich verallgemeinernd über den Menschen mit Pascal (1623–1662) wohl nur sagen: er ist »ni ange, ni bête«.

Was folgt daraus für die Ökonomie? Das Wirtschaftssystem muss so angelegt sein, dass es mit den Menschen zurechtkommt – und zwar so, wie sie *sind*, nicht so, wie manche sie sich wünschen. Das basale Handlungsmotiv des wirtschaftenden Menschen ist sein Wunsch, zu überleben und gut zu leben. In der Neuzeit entfaltet sich dieser Wunsch zum individuellen Nutzenstreben, das auch als »Streben nach Glück« in die Unabhängigkeitserklärung der USA von 1776 eingegangen ist (»pursuit of happiness«). Das Geheimnis der Leistungsfähigkeit des marktwirtschaftlichen Systems liegt darin, »die einzige Wirtschaftsform« zu sein, »die diese nun einmal allgemeinste, alltäglichste und im Alltag stärkste aller menschlichen Kräfte [nämlich das Streben nach dem eigenen Nutzen, dem eigenen Glück] als ungebremste Antriebsenergie in ihren Dienst stellen kann«. Im Gegensatz dazu sind »alle anderen Wirtschaftsordnungen darauf angewiesen, einen aufreibenden und nie endenden Kampf gegen den menschlichen Egoismus zu führen« (Rüstow 2001: 153).

Unter ethischer Perspektive mögen die vorherrschenden Handlungsmotive der Marktakteure von zweifelhafter Qualität sein. Erwerbsstreben, Habgier und Eigennutz sind für manche (von der strengeren Observanz) mit dem Makel der Sünde behaftet. Adam Smith, der Moralphilosoph, fand diese Motive dann hinnehmbar, wenn der Wettbewerb ähnlich motivierte Wirtschaftssubjekte quasi wechselseitig in Zaum hält. Konkurrenz lenkt die Absichten der Handelnden um und versagt ihnen dadurch »the fruit that their greed-driven efforts were designed to attain« (Baumol 2002: 14). Auf diese Weise werden eigennützige Motive zum Nutzen des Ganzen instrumentalisiert: »greed harnessed [...] to serve the public interest in prosperity and growth« (ebd.: 15).

Die moderne Ökonomik betrachtet die Motive des wirtschaftlichen Handelns als Prämissen und somit als gegeben; Motivforschung überlässt sie anderen Disziplinen. Marx hingegen sah es immer als sein Vorrecht an, Werturteile über die Motive der Kapitalisten abzugeben – etwa über die »nackte, infame Gier nach Profit«. Das *Kommunistische Manifest* (1848) kontrastiert edle Motive wie »fromme Schwärmerei« und »ritterliche Begeisterung« mit dem profanen Erwerbstrieb, durch den alles Vornehme »im eiskalten Wasser egoistischer Berechnung ertränkt« und die »persönliche Würde in den Tauschwert aufgelöst« werde. Nun sind jedoch Habsucht, Gier und Gewinnstreben keine Spezifika des Kapitalismus; es hat diese menschlichen Neigungen zu allen Zeiten gegeben, und immer schon sind ethisch Gutgesinnte dagegen zu Felde gezogen – wenn auch ohne nennenswerten Erfolg. Das »Streben nach Tauschgewinn« (Böhm-Bawerk) ist tragendes Motiv des Markthandelns. Ein Gewinn lässt sich aber nur realisieren, wenn *beide* Tauschpartner einen solchen verbuchen können. Damit ist eine wichtige Schranke in den Markttausch eingebaut. Der Markt induziert mit mächtigen Antrieben das Tauschhandeln und diszipliniert es zugleich dadurch, dass ein Tausch allen Beteiligten einen Nutzen bringen muss; andernfalls würde er unterbleiben.

Eine verbreitete Kritik sieht in dem sich wandelnden Zweck des Wirtschaftens von der Bedarfsdeckung zu etwas Abstraktem, nämlich zur »Verwertung eines Sachvermögens«, den Grund für die Maßlosigkeit unserer Zeit: Das Erwerbsstreben werde »schrankenlos«: »In der Abstraktheit des Zweckes liegt seine Unbegrenztheit« (Sombart 1931b: 258). Auch für Heilbroner (1987: 347) erweist sich die Gier nach Geld als »insatiable pursuit«. Diese Autoren übersehen die Schranken, die das Wettbewerbssystem den Begierden der Einzelnen setzt. Solche Begrenzungen sind effektiver als der Versuch, Mäßigung und Selbstkontrolle zu internalisieren, also den Gewissen aufzubürden. Sofern die Marktkonkurrenz wirksam ist, verliert die (angebliche) Unersättlichkeit des Menschen ihren Schrecken. Der Wettbewerb ist ein »harter Zuchtmeister«, der nicht nur die Anbieter zwingt, »sich den Wünschen ihrer Kunden zu fügen« (Weizsäcker 2003: 807), sondern auch den Anbietern und Nachfragern untereinander die Grenzen aufzeigt; sie lernen, dass die Grenzen ihrer eigenen Interessenverfolgung durch die Interessen und Wünsche der anderen gezogen werden.

Neben der »schrankenlosen Gier« ist der »Egoismus« ein bevorzugtes Ziel der Kapitalismus- und Marktkritik. Der »Motor des Wettbewerbs«, meint Gräfin Dönhoff (1999) »ist der Egoismus. Ein Egoismus, der vor nichts halt macht«. So spricht ein Moralismus, dem die Empörung souffliert, der blind ist gegenüber der Differenz von Egoismus und wohlverstandenem Eigeninteresse: Man will nicht sehen, dass der Wettbewerb ein System der Kooperation unter Konkurrenzbedingungen ist. Sloterdijk (2005: 328) setzt gar den Beginn des Kapitalismus mit der »Freigabe des Egoismus« an. Das ist in zweifacher Hinsicht schief. Zum einen gibt es keinen Beginn des Kapitalismus, zum anderen hat das Tauschhandeln auf Märkten weniger mit Selbstsucht als vielmehr mit eben jenem Eigeninteresse zu tun, das den Tauschpartner wahr- und ernst nimmt.

Übersicht 10: *Zu den Zielen des Wirtschaftens*

	Letzte Ziele	*Bewertung*
Smith	• Streben nach Eigennutz • Individuelle Freiheit	• individuell zulässig und sozial nützlich; Teil des Systems der natürlichen Freiheit (1776: 582)
Marx	• Profitstreben • objektiviert im Verwertungs streben des Kapitals	• »nackte Gier nach Geldgewinn« • »infamste Leidenschaft« (1867: 790) • es bleibt kein anderes Band als die »gefühllose bare Zahlung«
Sombart	• Zwang zur Kapitalverwertung als Triebkraft des wirtschaftlichen Geschehens • Gewinnstreben als höchster Zweck	• das Erwerbsstreben gelangt als Selbstzweck zur »Alleinherrschaft« (1931b: 266) • die »Seele verdorrt« in der »Sinnlosigkeit des kapitalistischen Strebens«
Weber	• Innerweltliche Askese; • Rationale Lebensführung • »arbeiten, beten, sparen«	• »an der Wiege des modernen Wirtschaftsmenschen« steht die »rationale Lebensführung« (1905: 195) • Das Streben nach weltlichen Gütern wird zum Lebenszweck
Schumpeter	• Kreativität und Innovativität des Pionierunternehmers • Durchsetzung neuer Kombinationen	• »alle Leistungen der modernen Zivilisation sind direkt oder indirekt das Produkt des kapitalistischen Prozesses« (1942: 205).

Egoistisches Handeln kümmert sich nicht darum, ob es dem anderen schadet; ein am Eigeninteresse orientiertes Tauschhandeln muss dagegen auch dem anderen *nützen*. So hat Sombart (1927: 365) solidarisches Handeln definiert: Wenn ein Handeln »nicht ausschließlich durch das persönliche Interesse, sondern gleichzeitig durch die

Rücksichtnahme auf das Interesse der anderen« bestimmt ist. Wettbewerb führt zur wechselseitigen Einschränkung der Ansprüche der Wirtschaftssubjekte, und macht vor dem Schaden des anderen halt, weil sonst der Tausch und mögliche »gains from trade« verfehlt würden.

Die Stärke des Marktes liegt darin, dass er nicht den guten, am Gemeinsinn orientierten Menschen voraussetzt, sondern mit dessen »Unvollkommenheit und Fehlbarkeit« zurechtkommt (Herzinger 2003: 756). Der Markt benötigt keine Tugendbolde und »Helden der Arbeit«. In der Planwirtschaft müssen die Menschen permanent gegen ihre eigenen Interessen handeln, während der Markt es den Wirtschaftssubjekten ermöglicht, ihr Eigeninteresse zu verfolgen. Die List des Systems bewirkt die effektivste, nämlich die wechselseitige Kontrolle der Interessen, zum Nutzen des Ganzen – zumindest *per Saldo*. Und auf den Saldo kommt es an.

Das Rationalprinzip

Der zweckrational handelnde → »homo oeconomicus« ist ein Idealtypus – ein Konstrukt mit dem Anspruch, wesentliche Aspekte des wirtschaftenden Menschen zu erfassen, keineswegs die ganze Wirklichkeit des Menschen. Mit diesem Idealtypus wird ein Subjekt fingiert, das sich im ökonomischen Handlungsfeld an der Maxime der Rationalität orientiert. Die darauf basierende Ökonomik ist somit eine Theorie des »als ob«, die unterstellt, dass Wirtschaftssubjekte unter Wettbewerbsbedingungen in einer Marktwirtschaft sich so verhalten, *als ob* sie von ihrem Eigeninteresse gelenkt und in Entscheidungssituationen zwischen Handlungsoptionen rational abwägen würden. Unter dieser Prämisse lässt sich das Marktgeschehen als Ergebnis eines vom Wettbewerb koordinierten Tauschhandelns erklären, bei dem sich die Wirtschaftssubjekte rational verhalten. Gewiss ist auch der »homo oeconomicus« ein wollender und wertender Mensch; Rationalhandeln schließt Emotionen keineswegs aus, beruht es doch auf Präferenzen, also Höher- und Minderschätzungen alternativer Güterbündel. Ohne Rückgriff auf Emotionen können Präferenzen nicht gebildet werden. Das Rational-Kalkül und die darauf basierende Wirtschaftstheorie setzen jedoch erst ein, *nachdem* die Präferenzen gebildet sind. Die Ökonomik erklärt die Präferenzen nicht (das leisten andere Disziplinen), vielmehr behandelt sie diese als Daten.

Was durch rationales Handeln überwunden wird, ist die »Begierde nach augenblicklichem Genuss« (Smith 1776: 282). Erst wenn diese Leidenschaft gezähmt ist, kann der produktive Umweg eingeschlagen werden, der über Investition und Akkumulation zu Wohlstand führt. Gegenüber der heutigen Abwertung des Eigeninteresses ist in historischer Perspektive der kulturelle Fortschritt zu betonen, der darin besteht, dass vernünftige Interessenverfolgung an die Stelle irrationaler Affekte tritt. Im ökonomischen Kontext meint Eigeninteresse vor allem Zügelung unkontrollierter Leidenschaft durch das Rationalkalkül – Transformation der »frommen Schwärmerei«, der »ritterlichen Begeisterung« und des »Gelegenheitsprofits« in einen für den Einzelnen wie für die Gesellschaft nützlicheren Modus, nämlich in den der Akkumulation, also der Re-Investition von Gewinnen in zusätzliche Kapazitäten. Bei der Bändigung der Affekte erweisen sich religiöse Moralvorstellungen ebenso wirkungslos wie Zwangsmaßnahmen. Also bleibt der Ausweg, »*eine* Leidenschaft zu nutzen, um den anderen Schranken zu setzen« (Boltanski/Chiapello 2003: 45; kursiv i.O.) – genauer: die eine Leidenschaft des Erwerbsstrebens als Antrieb zuzulassen und sie der Kontrolle durch Konkurrenz zu unterwerfen.

Die Ökonomik sieht den Menschen als rational handelndes Vernunftwesen – nicht als eine in Geldwerten kalkulierende Maschine. Unter den Bedingungen von Tauschwirtschaft und Wettbewerb wird rationales Abwägen von Handlungsalternativen unterstellt. Die Akteure bestimmen damit über sich und ihre Handlungen, aber keineswegs auch über die *Ergebnisse* ihres Handelns; wirtschaftliches ist immer auch soziales Handeln, und die Folgen sozialen Handelns ergeben sich emergent aus der Funktionslogik der jeweiligen Handlungssysteme – in diesem Falle des Marktes. Darüber hinaus besteht kein Anlass, das Konzept der ökonomischen Rationalität zu überfrachten. Im Kern umfasst es ein Denken in Optionen und unterstellt, dass bei gegebenen Alternativen (zum Beispiel unterschiedlich rentierlichen und riskanten Investitions-, Kauf- oder Anlagemöglichkeiten) ein Rationalkalkül angestellt wird, um die unter Kosten- und Nutzengesichtspunkten günstigste Option zu bestimmen. Dies ist auch der Grund, warum der kreative Schumpeter'sche Unternehmer *nicht* in diese Art formalisierter Theorie hineinpasst: Dessen Verhalten ist nicht generalisierbar; es ist innovativ, singulär und unberechenbar: »entrepreneurship eludes the theorist« (Baumol 2002: 58).

4.3 Märkte, Wettbewerb, Preise

Der Markt als Ort des Tausches

Auf Märkten werden Güter getauscht. Zunächst umfasst der Tausch nur Waren (Naturaltausch), dann werden Produkte und Dienstleistungen mittels Geld ausgetauscht, schließlich kommt noch der Tausch symbolischer Güter hinzu (zum Beispiel Wertpapiere an Börsen). Wenn Geld eingeführt ist, können Preise entstehen, die den Markt- und Tauschwert der Güter widerspiegeln. Getauscht werden qualitativ unterschiedliche Güter: Die eine bietet Wolle an, der andere Wein, die eine hat Kieferchirurgie im Angebot, ein anderer kann programmieren. Getauscht wird unter der Maßgabe, dass die Beteiligten die ausgetauschten, mit ihren Preisen bewerteten Mengen als äquivalent = gleichwertig ansehen: Der Markt ist somit die Praxis des generalisierten Äquivalententausches, bei dem qualitativ Unterschiedliches, jedoch wertmäßig Gleiches getauscht wird. Ob die getauschten Gütermengen tatsächlich gleichwertig sind, weiß niemand – es ist auch irrelevant; denn es kommt auf die subjektiven Einschätzungen der Tauschpartner an. Sofern ein Tauschgeschäft freiwillig zustande kommt (und nicht etwa durch eine existenzielle Notlage erzwungen ist), kann unterstellt werden, dass Äquivalenz besteht und alle Beteiligten einen Nutzen von der Transaktion haben (sonst würde sie nicht stattfinden): »voluntary acts of exchange necessarily imply the existence of mutual benefits« (Hirschman 1992: 42). Das System der Marktwirtschaft als ein durch Marktsignale gesteuertes Tauschsystem wird zusammengehalten durch die Chancen auf wechselseitig vorteilhaften Tausch (vgl. Heilbroner 1987: 348).

»Ohne Tausch gibt es keine Gesellschaft« (Braudel 1985: 22).

Tausch findet überhaupt nur statt »wegen der Differenz der ausgetauschten Leistungen« (Baecker 2006: 44) – genauer gesagt: wegen der qualitativen Differenz bei wertmäßiger Gleichheit der Leistungen auf beiden Seiten des Tausches. *Freiwilliger* Tausch und Reziprozität sind dann gegeben, wenn der Faktor Macht in der Tauschbeziehung auf ein Minimum reduziert ist. »Macht bedeutet jede Chance, innerhalb einer sozialen Beziehung den eigenen Willen auch gegen Widerstreben durchzusetzen, gleichviel worauf diese Chance beruht« (Weber 1922: 28). Widerstreben und dessen Überwindung sind graduell. Ressourcen- und Vermögensunterschiede, aber auch Unterschiede des Talents, des Wissens oder der sozialen Position können ökonomisch relevante Macht begründen und somit die Tauschkonditionen verzerren. Je dramatischer die Machtunterschiede – wie etwa zwischen Proletarier und Fabrikherrn im 19. Jahrhundert –, desto näher rückt der formal freiwillige Tausch in den Bereich von Einseitigkeit und effektivem Zwang.

> »Der zentrale Grundsatz […] heißt: solange der Austausch ›freiwillig‹ ist, liegt er notwendigerweise im Interesse von jedermann. Die eigentliche Tatsache, dass ein Austausch stattgefunden hat, belegt das Vorliegen eines Vorteils für alle Parteien« (Perroux 1983: 96).

Arbeitsteilung, Tausch auf Märkten und Geld gibt es seit langem. Im Kapitalismus gewinnen Markt und Geld eine spezifische Bedeutung, weil marktvermittelte Transaktionen dominant werden und der Güterhaushalt der Gesellschaft überwiegend durch Märkte besorgt wird. Spezifisch ist dabei die »Organisation der Produktion auf Grund der Kostendaten und Profitchancen des Marktes« (Heimann 1956: 510 f.). Märkte sind Orte der Wechselseitigkeit, der Kooperation unter Konkurrenzbedingungen. Der marktmäßige Wettbewerb führt zu einer »Verschränkung von Auseinandersetzung und Zusammenarbeit zwischen handelnden Personen« (Perroux 1983: 42). Kooperation bedeutet immer auch Hemmung der Versuchung zu einseitigem Handeln. Der Markt fungiert als Bindeglied zwischen Produktion und Konsumtion, er ist aber zugleich eine »Triebkraft«, die Energien freisetzt, Innovationen anstößt, Wachstum und Fortschritt induziert (vgl. Braudel 1985: 23). Der Markt formt die Wertigkeit der Güter um: »Alles, was außerhalb des Marktes bleibt, hat nur Gebrauchswert; alles, was durch ein schmales Tor in den Markt gelangt, wird zum Tauschwert«. Mit dem Markt beginnt das »wirtschaftliche Leben«, zuvor ist es nur »materielles Leben« der Selbstversorgung (ebd.: 24).

Allerdings ist der Markt nicht nur der Ort, an dem vorhandene Güter getauscht werden, sondern zugleich ein Arrangement, das zusätzliche Güterproduktion – also Wertschöpfung – induziert, ja provoziert, weil dies im Interesse der auf Nutzenmehrung bedachten Wirtschaftssubjekte liegt. Auf Märkten werden knappe Güter über Preise rationiert, das heißt den konkurrierenden Nachfragern entsprechend ihrer Kaufkraft zugeteilt. Darüber hinaus aber induzieren Märkte ein zusätzliches Angebot – sofern und solange sich das für die Beteiligten lohnt. »The market system is an extraordinary organizer of cooperation« (Lindblom 2001: 41).

»Jeder, der einem anderen irgendeinen Tausch anbietet, schlägt vor: Gib mir, was ich wünsche, und du bekommst, was du benötigst. Das ist der Sinn eines solchen Angebotes, und auf diese Weise erhalten wir nahezu alle guten Dienste, auf die wir angewiesen sind« (Smith 1776: 17).

Es sind die Marktpreise, welche die Allokation der Ressourcen und damit Art und Umfang der Wertschöpfung steuern. Indem sich das Handeln der Wirtschaftssubjekte an Preissignalen orientiert, leisten Marktpreise eine ökonomisch effiziente Koordination der Wirtschaftspläne von Anbietern und Nachfragern. Steigt die Nachfrage nach einem bestimmten Gut, signalisieren steigender Preis und steigendes Einkommen den Anbietern, dass es sich lohnt, mehr von dem gewünschten Gut auf den Markt zu bringen und mehr Ressourcen in dessen Wertschöpfung zu investieren. Über Preissignale werden also die Präferenzen der Konsumenten in eine entsprechende Wertschöpfung transponiert. Damit gewährleistet der Markt-Preismechanismus nicht nur, dass die Dinge richtig gemacht werden (das heißt mit kosteneffizienten Techniken produziert wird; das hat manchmal auch der Sozialismus geschafft); sondern: dass die richtigen Dinge gemacht werden (das heißt, dass die von den Nachfragern gewünschten Güter auf den Markt kommen; an dieser Herausforderung ist der Sozialismus gescheitert).

Markt als Ort des Wettbewerbs

Marktwirtschaft basiert auf dem Wettbewerb, der sich auffassen lässt als Wettbewerb um den Nutzen, mit anderen kooperieren zu können (Lindblom 2001: 40). Weil Tauschakte Nutzen bringen, entsteht ein Wettbewerb um nutzenstiftende Transaktionen. Zugleich übt der Wettbewerb eine wirkungsvolle Kontrolle aus: Die Konkurrenz »ist eine allgegenwärtige Drohung. Sie nimmt in Zucht, bevor sie angreift« (Schumpeter 1942: 140). Zusätzlich wirkt der Wettbewerb als Motor des technischen und strukturellen Wandels. Weil Verfahrensinnovationen Kostenvorteile und Produktinnovationen neue Ertragschancen eröffnen, induziert der Wettbewerb Neuerungen, die das Veraltete verdrängen. Darin sieht Heilbroner (1987: 351) eines der herausragenden Merkmale des Kapitalismus, dass der technologische und organisatorische Wandel über die Zwischenziele Kostensenkung und Ertragssteigerung mit dem Kernprozess der Akkumulation verbunden ist. Genau hier liegt der Grund für die »vielgepriesene Stärke« des Marktssystems – »den Lebensstandard zu erhöhen«.

Der Wettbewerb eröffnet den Marktteilnehmern verschiedene Handlungs- und Tauschoptionen, aus denen sie die jeweils für sie optimale auswählen können. Mit der Wahlfreiheit wird zugleich der Raum der wirtschaftlichen Handlungsfreiheit ausgeweitet. Konkurrenz zwingt die Marktteilnehmer, sich an den Marktpreisen zu orientieren und damit – ob sie das nun beabsichtigen oder nicht – zur optimalen Allokation der vorhandenen und zu schaffenden Ressourcen beizutragen. Damit wird sichergestellt, »dass von alternativen Nutzungsmöglichkeiten einer Sache diejenige mit dem größten Gesamtertrag gewählt wird« (Koslowski 1987: 303).

Wenn Unternehmen auf Märkten um die Verwendung von Kapital konkurrieren, besteht eine hohe Wahrscheinlichkeit, dass knappes Kapital in die optimalen, das heißt die dringlichsten und nützlichsten Verwendungen gelenkt wird. Weil jeder eine andere Vorstellung davon hat, was »dringlich und nützlich« ist, gibt es nur *eine* zuverlässige Methode, das Optimum herauszufinden, nämlich die Zahlungsbereitschaft der Wirtschaftssubjekte darüber entscheiden zu lassen. Die Alternative wäre, dass eine Obrigkeit, ein Politbüro oder ein Präzeptor darüber entscheidet. Die bisherigen Erfahrungen mit diesen Formen sind nicht ermutigend.

Über den Wettbewerb leistet der Markt die wechselseitige Anpassung von Anbietern und Nachfragern in unzähligen mikroökonomischen Schritten. Auf diesem Prinzip basiert bei Darwin die Evolution und bei Adam Smith die Koordination der Wirtschaftssubjekte ohne zentrale Lenkung und ohne systemische Finalität. Für die Systeme insgesamt gibt es nur eine »ziellose Gegenwart« (H. Willke 2005: 22); Intentionalität kennen allenfalls einige ihrer handelnden und planenden Elemente. Innovationen sind, wie Mutationen in der natürlichen Evolution, systemische Irritationen – also Störungen, die Chancen und Risiken enthalten und von der Operationslogik der Systeme nach ihrem erwarteten Beitrag zur Leitdifferenz Gewinn/Verlust prozessiert werden (so wie Mutationen nach ihrem Beitrag zum Überleben selektiert werden). Der entscheidende evolutorische Vorteil dezentraler Koordinationsverfahren besteht darin, dass sie mit einem Minimum an Zwang auskommen und eine »flood of innovations« induzieren (Lindblom 2001: 31) – ein Aspekt, in dem Baumol (2002) den Motor des Wachstums und eine zentrale Stärke des Kapitalismus sieht.

Der Markt ist eine »spontane Ordnung« (Hayek). Entgegen einem manchmal chaotischen Eindruck sind alle diese Bewegungen »part of a precise, fast-moving coordination […] chaos it is not« (Lindblom 2001: 58f.). Selbst großen Ökonomen ist es missglückt, den Markt in seiner Eigenschaft als Koordinationsinstrument hinreichend zu erfassen. So kontrastiert Sombart (1931b: 260) die »höchste Rationalität« der Wirtschaftssubjekte bei ihrem Streben nach Erwerb mit »der Willkür« und der »höchsten Irrationalität« des Marktes bei der »Gesamtregelung des wirtschaftlichen Prozesses«. Sombart verkennt die spezifische Systemrationalität des Marktes, die über seine positiven und negativen Sanktionen durchgesetzt wird; das hat mit »Willkür« wenig zu tun, viel dagegen mit der Selbstregulierung hochkomplexer Prozesse. Marktrationalität stellt sich über wirksame Sanktionen her – Belohnung/Gewinne für Anbieter, die den Konsumentenwünschen entsprechen, Strafe/Verluste für jene, die am Markt vorbeiproduzieren (vgl. Weizsäcker 2003: 810). Das ist das Gegenteil von Willkür, weil Strafe und Belohnung hier nicht von politischen Instanzen verfügt werden, sondern von einem »entpolitisierten wirtschaftlichen Sanktionssystem« (ebd.) – einem anonymen Reglement, bei dem politische Präferenzen und Leidenschaften aus dem Spiel bleiben. »Kauft nicht bei Juden!« – auf eine so kranke Idee kann nur ein krankes *politisches* Hirn kommen; der Markt funktioniert ohne Ansehen der Person.

Marktsteuerung durch Preise

Märkte sind Institutionen der Koordination wirtschaftlichen Handelns durch Preise und Wettbewerb: Unter Wettbewerbsbedingungen können sich Preise als Indikatoren relativer Knappheit herausbilden. Bei den Anbietern schlagen sich variierende Preise in Einkommensveränderungen nieder; an steigenden oder sinkenden Einkommen merken sie, ob ihr Handeln marktgerecht ist. Damit signalisieren die Preise und ihre Veränderungen für beide Marktseiten entscheidungsrelevante Daten über die aktuellen (und erwarteten) Knappheiten, die Kostensituation, die Intensität von Bedürfnissen und Präferenzen, die Zahlungsbereitschaft etc.

Indem Preise die relativen Knappheiten signalisieren und auch Erwartungen widerspiegeln, ermöglichen sie ein Maß an Effizienz in wirtschaftlichen Dingen, das zwar nicht perfekt ist, aber doch höher als die Wirksamkeit aller anderen Steuerungssysteme. Dabei bezieht sich Effizienz auf zweierlei: a) auf die Lenkungsfunktion der Preise, die eine optimale Allokation der Produktionsfaktoren in konkurrierende Verwendungen gewährleistet, und b) auf die Rationierungsfunktion der Preise, die eine Beschränkung der Nachfrage auf das verfügbare Angebot entsprechend der Kaufkraft und der Zahlungsbereitschaft gewährleistet.

Relative Knappheit

Solange ein Gut einen Preis hat, ist es knapp im ökonomischen Sinne; der Zugang zu diesem Gut wird also über den Preis und damit über die Zahlungsbereitschaft der Nachfrager rationiert. Knappheit heißt nicht: absoluter Mangel. Auch wenn beim Autohändler viele Autos stehen und im Supermarkt viele Waschmittel in den Regalen, besteht doch eine relative, das heißt ökonomische Knappheit, die darin zum Ausdruck kommt, dass der Zugriff auf diese Güter nicht frei ist, sondern durch Preise rationiert wird. Die Knappheit der verfügbaren Geldmittel relativ zu den Kaufwünschen ist die andere Seite dieser gleichen Medaille. »In der entwickelten Marktwirtschaft ist aus der Sicht des Verbrauchers nichts knapp, nur das Geld« (Weizsäcker 2003: 808).

Markt ist die Bedingung der Möglichkeit von Wettbewerb und Preisbildung. Es gibt nur zwei Methoden, wirtschaftliche Knappheiten einerseits und die Bedürfnisse und Präferenzen der Wirtschaftssubjekte andererseits simultan zu erfassen und in einem quantitativen Signal auszudrücken: die Preisbildung auf Märkten oder die politische Preissetzung. Marktpreise sind effizienter. In der Veränderung der Preise kommen die ökonomisch relevanten Datenänderungen zum Ausdruck; es bedarf dazu keiner politischen Entscheidungsfindung und keiner Politbürobeschlüsse. Markt und preisgesteuerter Wettbewerb sind das effizienteste System, um zu gewährleisten, dass die Verbraucher »kommandieren« und die Anbieter »die rationellsten Produktionsmethoden« verwenden (Weizsäcker 2003: 807).

Entgegen der verbreiteten Befürchtung, Märkte, Wettbewerb und Preise müssten ins Chaos führen, zeigt die Erfahrung in Marktwirtschaften, dass sich das Chaos in Grenzen hält, dass sich stabile Ordnungsmuster herausbilden und aus sozialer Interaktion etwas entsteht, was die Chaosforschung erst neuerdings theoretisch fassen kann: eine »spontane Ordnung«. Heute würde man Chaos eher aus einem Arrangement erwarten, in dem der »gesellschaftliche Lebensprozess« unter der »bewussten, planmäßigen Kontrolle frei vergesellschafteter Menschen« stünde (wie Marx das 90 Jahre nach Adam Smith gefordert hat; vgl. Marx 1867: 94).

Welche Mechanismen führen dazu, dass sich einzelne Märkte, die Wirtschaft insgesamt und auch ganze Gesellschaften trotz temporärer Schocks und zyklischer Schwankungen immer wieder stabilisieren? Mit Bezug auf die Wirtschaft lässt sich sagen, dass der Markt das Verhalten der Marktteilnehmer durch Sanktionen steuert: Er verteilt »great rewards and high penalties« (Scitovsky 1980: 4). Dies führt zu raschen und flexiblen Reaktionen – also zu Anpassungs-, Substitutions- und Innovationsprozessen in Richtung auf die tatsächlichen (nämlich kaufkräftigen) Präferenzen der Wirtschaftssubjekte. Anpassungsprozesse betreffen Preis- und Mengenanpassungen beider Marktseiten: Verknappt sich beispielsweise das Angebot an Heizstoffen, steigt der Preis für Öl und Gas; Anbieter haben einen Anreiz, in zusätzliche Produktionskapazitäten zu investieren oder zusätzliche (Beschaffungs-)Quellen aufzutun; für Nachfrager erhöht sich der Anreiz, Brennstoffe sparsamer einzusetzen; für findige Köpfe entsteht ein Anreiz, durch Innovationen substitutive Energieformen auf den Markt zu bringen (Solarmodule, Windkraft, Biokraftstoffe).

Diese Marktmechanismen können politisch verstärkt oder abgeschwächt werden, etwa durch hohe Besteuerung fossiler Brennstoffe und/oder durch Subventionierung alternativer Energieformen. Die Politik kann den Marktmechanismus insgesamt stärken oder schwächen, indem etwa eine Umverteilung eingeführt wird, welche die Wirkung von Marktsanktionen unterläuft: »Every modification of market-determined distribution is likely to weaken or falsify market signalling and thereby to weaken the economy's automatic tendency to adjust« (Scitovsky 1980: 5). So wünschenswert die Verringerung sozialer Ungleichheit sein mag, die dazu nötigen Interventionen in den Markt verursachen ihrerseits Verzerrungen – und Kosten. Diese bestehen darin, dass die Effizienz der Marktprozesse gemindert wird und neue Ungleichgewichte entstehen – etwa Inflation und Arbeitslosigkeit. Dabei lässt sich feststellen, dass in einer anfänglichen Phase der Marktkorrektur die positiven Effekte überwiegen und erst ab einem bestimmten Umfang von Steuerungs- und Umverteilungsinterventionen der Gesamteffekt ins Negative umschlägt. Man könnte auch sagen, die Umverteilung der Wertschöpfung tangiert ihr *Niveau* – oder mit Schumpeter (1942: 123) gesprochen: »außerordentliche Belohnungen treiben die große Mehrheit der Unternehmer zu viel größerer Aktivität an als eine gleichmäßigere und ›gerechtere‹ Verteilung«. Die bisherige Erfahrung zeigt, dass sich moderate Formen der Umverteilung von Einkommen und Vermögen förderlich auf Wachstum und Wohlfahrt auswirken, während die gesamtwirtschaftliche Performanz leidet, wenn bei der Umverteilung überzogen wird.

Die Marktökonomie funktioniert als Zusammenspiel zwischen gesetzten Regeln (Eigentumsordnung, Wettbewerbsregeln etc.), Institutionen (Staat, Zentralbank, Tarifvertragsparteien etc.) und dem Handeln der Marktakteure (Anbieter, Nachfrager). Als Funktionssystem der Gesellschaft bildet die Marktwirtschaft eigengesetzliche, systemische Strukturen und Verfahren aus, die das Handeln der Wirtschaftssubjekte konditionieren. Womöglich ist, wie Sloterdijk (2005: 230) anmerkt, der Mensch durch den Markt »aus der Mitte gerückt«; wahrscheinlicher ist, dass er nie dort war.

Kapital und Akkumulation

Güterwirtschaftlich gesehen geht der Kapitalbildung die Entscheidung voraus, Wirtschaftsgüter nicht zu konsumieren, sondern anders zu verwenden, nämlich zur Verbesserung und Ausweitung des Produktionsapparates. Monetär gesehen bedeutet diese Verwendungsentscheidung, verfügbare Geldmittel zu sparen und damit für den Ausbau der Kapazitäten und für zusätzliche Wertschöpfung bereitzustellen.

Übersicht 11: Kapitaldefinitionen

- *Smith*: »Sobald sich nun aber Kapital in den Händen einzelner gebildet hat, werden es einige von ihnen natürlich dazu verwenden, um arbeitsame Leute zu beschäftigen [...] Die Erlöse müssen [über die Kosten hinaus] den Gewinn des Unternehmers [abdecken], der sein Kapital mit diesem Einsatz aufs Spiel setzt« (Smith 1776: 42f.).
- *Marx*: Güter im »Eigentum des unmittelbaren Produzenten, des Arbeiters selbst, sind kein Kapital. Sie werden Kapital nur unter Bedingungen, worin sie zugleich als Exploitations- und Beherrschungsmittel des Arbeiters dienen«; Kapital ist keine Sache, »sondern ein durch Sachen vermitteltes gesellschaftliches Verhältnis zwischen Personen«. Das Kapital hat »die okkulte Qualität, [...] goldene Eier [zu] legen« (1867: 793f., 169).
- *Sombart*: Kapital heißt »ein Sachvermögen«, das mit dem Ziel genutzt wird, es zu »verwerten, d. h. mit einem Aufschlag (Profit) dem Eigentümer zu reproduzieren« (Sombart 1916 I: 324).
- *Weber:* Privatwirtschaftliches Erwerbskapital umfasst Produkte und Produktionsmittel, »welche der Erzielung von ›Gewinn‹ im Güterverkehr dienen« (1909: 13).
- *Schumpeter*: Kapital ist ein »Vorrat an produzierten Produktionsmitteln«; die Masse des Kapitals stammt aus der Akkumulation, und diese »aus Profiten« (1942: 49, 35).

Ersparnis und investive Anlage der ersparten Geldmittel sind der Kern der Kapitalbildung. Nicht-konsumierte Mittel werden in der Absicht investiert, eine Rendite zu erzielen. Durch Investition wird Vermögen in einer bestimmten Anlageform (Sachkapital oder Finanzkapital) für eine bestimmte Zeit gebunden. Erfolgt die Investition in das Sachkapital eines Unternehmens, handelt es sich dabei meist um eine längerfristige Anlage mit dem Ziel, das eingesetzte Kapital während der Nutzungsperiode der Produktionsmittel zu verwerten; immer unterliegt eine solche Investition auch dem Risiko des Verlusts.

Geld und Kapital »verleiht Verfügungsmacht über Güter« (Bog 1978: 422) – auch über Produktionsgüter, die ihrerseits Verfügungsmacht über menschliche Arbeitsleistungen verleihen, also Verfügungsmacht über Menschen, sofern diese darauf angewiesen sind, ihren Lebensunterhalt in kapitalistischen Produktionsprozessen zu verdienen. Das sind sie regelmäßig dann, wenn sie nur ihre Arbeitskraft besitzen – also im System der Lohnarbeit. Wenn und solange dies so ist, sind rechtliche Vorkehrungen (Arbeitsschutzgesetzgebung, Arbeitszeitregelungen) und gesellschaftliche Formen von Gegenmacht (Gewerkschaften, Tarifautonomie) nötig, um die »Abhängigen« vor dem Missbrauch der Verfügungsmacht durch Kapitaleigner zu schützen.

Privateigentum an Produktionsmitteln ist Voraussetzung dafür, dass sich ein individuelles Interesse an Kapitalmehrung und Akkumulation entwickeln kann. Auch eine spezifische Kapitalrechnung in den beiden Formen des Investitionskalküls (das Zukunftserwartungen einbezieht) und der Gewinn- und Verlustrechnung (die Vergangenheitswerte bilanziert) ist sinnvoll nur auf Privatkapital anwendbar. Werden die Gewinne und Verluste einer Vielzahl von Kapitalien oder Betrieben miteinander verrechnet, verlieren die Marktergebnisse ihre Sanktions- und Lenkungsfunktion. Gewinne und Verluste können das Handeln der Wirtschaftssubjekte nur dann effizient steuern, wenn sie korrekt zugerechnet werden – wenn Kapitaleigner sich die Gewinne tatsächlich auch aneignen können und sie Verluste tatsächlich auch tragen müssen.

Erfolgreiche Unternehmen wachsen und gewinnen Marktanteile, erfolglose verschwinden vom Markt. Eine der Konsequenzen dieses Marktgesetzes ist die Akkumulation von Kapital bei den Erfolgreichen, eine Tendenz zu größeren Unternehmen (Übernahmen, Fusionen, Unternehmenskonzentration) sowie zur Ansammlung von Marktmacht bei marktbeherrschenden Unternehmen. Gleichwohl ist die immer wieder beschworene Gefahr eines »Monopol-Kapitalismus« oder einer Beherrschung der Wirtschaft durch wenige Großunternehmen überzogen. Empirisch zeigt sich zum Beispiel für Deutschland, dass von den 2,96 Millionen Unternehmen nur 1,3 Prozent einen Umsatz von über 100 Millionen Euro machen und nur 0,013 Prozent einen Umsatz von über einer Milliarde; diese haben allerdings einen 31,3-Prozent-Anteil am gesamten Umsatz. Dagegen liegt der Umsatzanteil der Unternehmen mit Umsätzen unter 100 Millionen Euro (das sind 98,7 Prozent aller Unternehmen) bei nur 26,1 Prozent (vgl. Übersicht 12).

Übersicht 12: *Die Struktur der Unternehmen nach Umsatz*

Anteil der Unternehmen	Umsatzgruppen	Umsatzanteil
98,7 %	< 100 Mio. €	26,1 %
1,17 %	> 100 Mio. €	42,6 %
0,013 %	> 1 Mrd. €	31,3 %

(eigene Berechnungen nach Daten von Globus 0552)

Die Funktion der Gewinne

Der Gewinn muss den auf Darlehen zu entrichtenden Kapitalzins übersteigen, um das mit Investitionen verbundene Verlustrisiko abzudecken. Wäre der Gewinn gleich dem Zins, so wäre es rational, in festverzinsliche, risiko- und arbeitsfreie Rentenwerte zu investieren. Die Einsicht, dass der »Profit als die Entschädigung für die Arbeit und das Risiko des Unternehmers« anzusehen sei, ist bereits von David Hume formuliert worden (vgl. Salin 1931: 153). Auch Sombart (1931b: 260) betont diesen Aspekt, wenn er von der »kapitalistischen Privatwirtschaft« als einer Ordnung spricht, in der die Initiative bei den Unternehmen liegt, »denen die ganze Chance des wirtschaftlichen Erfolges und das ganze Risiko des wirtschaftlichen Misserfolges obliegt«. Das Verlustrisiko »rechtfertigt die Profite der Pioniere« (Heimann 1956: 514). Zu Recht schränkt Heimann aber ein, dass nicht nur das Kapital, sondern auch die Arbeitnehmer Risiken tragen: Am »Existenzrisiko der Unternehmung [sind sie] voll beteiligt, aber von der Teilnahme am Profit ausgeschlossen«. Darin kommt für Heimann »die *Machtstruktur* des Kapitalismus zum Ausdruck« (ebd.; kursiv i. O.).

Warum Arbeitnehmer von der »Teilnahme am Profit« ausgeschlossen sein sollen, bleibt das Geheimnis dieses Autors. »Profit« ist Kennzeichen eines prosperierenden und erfolgreichen Unternehmens. Nur solche Unternehmen können investieren, Produkt- und Verfahrensinnovationen einführen, ihre Wettbewerbsfähigkeit verbessern und sich am Markt halten; nur solche können Unternehmenssteuern zahlen (effektive Gewinnbesteuerung der Kapitalgesellschaften in Deutschland: 36 Prozent). Davon »profitieren« Arbeitnehmer in der Form sicherer und gut bezahlter Arbeitsplätze – und öffentlicher Leistungen. Bei weniger erfolgreichen oder gar verlustreichen Unternehmen machen auch die Arbeitnehmer »Verluste«. Entgegen der Befürchtung von Heimann ist die »Teilnahme« der Arbeitnehmer am Profit wie am Verlust gewährleistet.

Die Funktion der Gewinne besteht darin, das Kapital in die nützlichsten Verwendungen zu lotsen; das ist ihre Allokationsfunktion. Hohe Erträge entstehen dort, wo ein attraktives Angebot eine kaufkräftige Nachfrage überzeugen, das heißt zahlungsbereit machen kann. Extragewinne signalisieren den Anbietern, dass sich weitere Investitionen hier lohnen könnten. Dadurch wird das Angebot ausgeweitet, und zugleich entsteht ein Preisdruck nach unten: Der Markt führt dazu, dass Extragewinne wieder wegkonkurriert werden, wenn sie ihren (Allokations-)Zweck erfüllt haben.

Die Rentabilität einer Investition ist im Kapitalismus die Hauptsache – die damit verbundene Wertschöpfung nur kontingent. In Schumpeters Formulierung (1942: 448): »die Produktion ist eine Nebenerscheinung beim Erzielen von Profiten«. Manche Beobachter stoßen sich an diesem Sachverhalt. Sie verlangen als »Ziel und Sinn der Wirtschaft« nicht Profit, sondern Güterproduktion oder Befriedigung menschlicher Bedürfnisse (so Nell-Breuning 1974: 56). »Ziel und Sinn der Wirtschaft« ist jedoch nicht Gegenstand frommer Wünsche oder ethischer Forderungen, sondern ein analytisch zu klärendes Problem. Dabei zeigt sich, dass »die Wirtschaft« keine Ziele hat und keine Zwecke verfolgt, sondern dass es Menschen sind, die im organisatorischen Rahmen eines (marktwirtschaftlichen) Unternehmens intentional handeln. Überdies wird erkennbar, dass es keineswegs das Ziel oder die Aufgabe eines Unternehmers ist, seine Mitmenschen mit Waschmaschinen oder Transportleistungen zu beglücken. Das ist vielmehr ein Ergebnis des Marktsystems – seine emergente Funktion; eine Rendite ergibt sich nämlich nur dann, wenn Unternehmen die Bedürfnisse der Nachfrageseite adäquat berücksichtigen – also ein Güterangebot auf den Markt bringen, das Zahlungsbereitschaft auslöst und dem Unternehmen Erlöse einbringt, die über den Kosten liegen.

Die Kritik an Ziel- und Zwecksetzungen gibt vor, »das wahre Ziel der Wirtschaft« zu kennen (Nell-Breuning (1974: 56). Der Ökonom verfügt über ein solches Wissen nicht. Nell-Breuning (ebd.: 57) macht selbst gegen diesen Ansatz geltend, dass hier die Beweggründe des Handelns mit seinen Ergebnissen verwechselt werden. Das (von niemandem unmittelbar angestrebte) Ergebnis des wirtschaftlichen Handelns auf Märkten ist Wertschöpfung und Güterversorgung – und zwar auf einem Niveau, das bislang von keinem anderen Wirtschaftssystem erreicht worden ist. Die Motivationen der Handelnden, die zu diesem Ergebnis führen, sind etwas völlig anderes. Was könnte ein Wirtschaftssubjekt bewegen, Güter für andere zu produzieren und zum Beispiel Waschmaschinen auf den Markt zu bringen? Wie man seit Adam Smith wissen könnte, ist es keineswegs sein Wohlwollen (»the benevolence of the butcher«) oder seine Menschenliebe, sondern es ist sein Eigeninteresse (»self-love«): Der einzelwirtschaftliche Zweck ist Gewinn, die gesamtwirtschaftliche Funktion ist Wertschöpfung.

Was den kapitalistischen Motor – und damit Wertschöpfung und Güterversorgung – zum Laufen bringt, das ist eben nicht Nächstenliebe, sondern »die Verlockung des Gewinns« (Albert 1992: 85) – das Interesse an der Mehrung des eigenen Nutzens. »Die Rentabilität und die Gewinnmargen sind die wahren und einzigen Motoren einer dynamischen Wirtschaft« (ebd.: 81). Das mögen manche ethisch verwerflich finden – es ändert nichts an der tatsächlichen Funktionsweise des Systems. »Wohl ist der einzelne Unternehmer auf Gewinn bedacht; doch Gewinn ist in der kapitalistischen Marktwirtschaft nur durch bestmögliche Befriedigung der Begehrungen der Verbraucher zu erzielen« (Mises: 1940: 257).

Typischerweise werden Unternehmensgewinne von den Eigentümern/Kapitalisten nicht konsumiert, sondern zur Sicherung der Rentabilität und der Marktposition reinvestiert. Dies ist der entscheidende Unterschied zu anderen Formen der Gewinnverwendung – etwa der Schatzbildung (wie im Merkantilismus). Die Re-Investition erwirtschafteter Überschüsse in zusätzliches und/oder verbessertes Produktivvermögen ermöglicht die Ausweitung der Kapazitäten, also Wachstum. »The capitalist economy can usefully be viewed as a machine whose primary product is economic growth« (Baumol 2002: 1).

4.4 Technischer Wandel, Innovation, Rationalisierung

Märkte, Güterproduktion und Wachstum – das gab es auch in anderen Wirtschaftssystemen. Spezifisch am Kapitalismus ist hingegen die von Wettbewerbsmärkten induzierte Innovation. »Durch beständige Verbesserungen sucht der kapitalistische Unternehmer seinen Absatz zu erweitern, seine Konkurrenten aus dem Felde zu schlagen, indem er dieselbe Ware billiger oder eine bessere zu gleichem Preise anbietet« (Sombart 1931b: 261). Der Antrieb hinter der Innovation ist das »Streben nach dem Extraprofit«; darauf beruht nach Sombart »die Dynamik der kapitalistischen Wirtschaft«. Teil dieser Dynamik ist jedoch, dass die anderen Unternehmen nachziehen müssen, wenn ein »Pionier« mit Innovationen vorgeprescht ist. Dadurch werden Verbesserungen zum »Gemeingut« (ebd.), Extraprofite werden wegkonkurriert, und der Gesamtprozess mündet in Wohlstandsgewinne. In der kapitalistischen Wirklichkeit zählt die Konkurrenz des Neuen – »jene Konkurrenz, die über einen entscheidenden Kosten- oder Qualitätsvorteil gebietet«. Sie ist »der mächtige Sauerteig, der auf lange Sicht die Produktion ausdehnt und die Preise herunterdrückt« (Schumpeter 1942: 140).

Wesentlich in diesem Prozess ist die Umsetzung von Inventionen (also neuem Wissen, Erfindungen) in wirtschaftlich verwertbare, marktgängige Güter (also Innovationen) zur Verbesserung der eigenen Wettbewerbsposition. Inventionen müssen keineswegs zu Innovationen führen, »wie das alte China zeigt, das Europa technisch nicht nachstand, dennoch seine Erfindungen aber nicht ökonomisch nutzte« (Bog 1978: 428). Frühere Hochkulturen brachten die erstaunlichsten Inventionen hervor – Papier, Buchdruck, Schießpulver, Kompass, Schachspiel. Wenig Bedeutung wurde dagegen der Umsetzung beigemessen, also der ökonomisch verwertbaren Innovation. Im Kapitalismus dagegen hängt das Überleben der Unternehmen von ihrer Innovationsfähigkeit und -bereitschaft ab: »innovate or die« (Baumol 2002: 10). Dieser eingebaute Zwang zur Innovation ist zugleich der Wachstumsmotor des Kapitalismus. Innovation und Wachstum stützen sich wechselseitig. Eine Weiterentwicklung dieses Merkmals ist die absehbare Routinisierung von Inventionsprozessen – durch systematische Wissensproduktion nicht nur in großen Unternehmen, sondern zunehmend auch in mittelständischen. Wie die Innovation wird auch die Wissensproduktion inzwischen von vielen Unternehmen planmäßig und kontinuierlich betrieben.

Technischer Wandel und Arbeitslosigkeit

Wie schon sein ökonomischer Lehrmeister → Ricardo, so behauptet auch Marx, die Einführung von Maschinen verursache technologische Arbeitslosigkeit, sie setze eine »Reservearmee« von Arbeitskräften frei und führe zu Verelendung und Zusammenbruch. In den seither vergangenen anderthalb Jahrhunderten hat sich diese These nicht bestätigt. Die Einführung immer neuer Maschinen, Produktionsanlagen, Automaten, programmgesteuerter Roboter – also die fortschreitende Rationalisierung der Produktionsprozesse – hat vielmehr zu einer beispiellosen Steigerung des Wohlstands, zur Ausweitung der Beschäftigung, zur Erhöhung der Frauenerwerbsquote und zur Ausweitung der Lebensarbeitszeit (bei Verdopplung der durchschnittlichen Lebenserwartung) geführt.

Der frappierende Unterschied zwischen der regelmäßig aufgewärmten These von der technologisch bedingten Massenarbeitslosigkeit einerseits und der tatsächlichen Entwicklung andererseits lässt sich erklären, wenn man die Differenz zwischen den unmittelbar-anschaulichen Wirkungen von Rationalisierungsmaßnahmen und den nur mittelbaren gesamtwirtschaftlichen Auswirkungen ins Auge fasst. Unmittelbar (und leicht zu erkennen) setzt technischer Wandel in den betroffenen Unternehmen häufig Arbeitskräfte frei; schließlich sind Kostensenkungen ein Zweck dieser Maßnahmen. Mittelbar jedoch (und mit bloßem Auge nicht zu erkennen) führen die kombinierten Effekte von Kostensenkungen, Produktivitäts- und Einkommenssteigerungen im Trend zu steigender Nachfrage, neuer Beschäftigung in expandierenden Wirtschaftszweigen (heute vor allem: Dienstleistungen) und zu wachsendem Wohlstand. Wie immer kommt es auch hier auf den Saldo an. Und empirisch gesehen ist dieser Saldo positiv: Die beispiellosen Rationalisierungen der letzten 200 Jahre haben eben nicht in Verelendung und technologische Massenarbeitslosigkeit geführt, sondern zu Wohlstand und zur Ausweitung der Beschäftigung. Im Gegenteil müssen heute (in Deutschland) eher eine unzureichende Innovationsbereitschaft und schleppender technischer Wandel als Bedrohung von Rentabilität und Konkurrenzfähigkeit – und damit von Arbeitsplätzen – angesehen werden.

Marktfreiheiten und Marktzwänge

Märkte haben eine »befreiende Wirkung« (Boltanski/Chiapello 2003: 457) – sie emanzipieren die Subjekte aus beengenden Abhängigkeiten von Familie, Stand, Zunft und Tradition zu einer nur noch partiellen Abhängigkeit, und damit zu einer gewissen Unabhängigkeit. Befürworter des Kapitalismus sehen in dieser Wirtschafts- und Gesellschaftsordnung eine Bedingung sowohl für bürgerliche Freiheiten als auch für wirtschaftliche Handlungsfreiheit als unverzichtbares Korrelat der politischen Freiheit. Liberale halten sich die Maxime zugute, Freiheit sei überhaupt der Zweck und Kapitalismus nur das Mittel. Allerdings steht diese Position im Verdacht, die kapitalistische Wirtschaftsfreiheit der Vermögenden zu meinen und damit die Spaltung der Gesellschaft in Arme und Reiche, in Produktionsmitteleigentümer und Habenichtse zu verharmlosen – oder gar zu legitimieren. Die liberale Position zeigt eine charakteristische Schwäche in der Frage, wie die materiale Unfreiheit derjenigen gemindert werden könnte, die »mittellos« sind und nur ihre Arbeitskraft zu verkaufen haben. Mit dem Prinzip der Chancengleichheit ist unvereinbar, dass strukturelle »Eigentumsdifferenziale« (Boltanski/Chiapello 2003: 413) fortbestehen und besitzbedingte Privilegien dauernd weitervererbt werden. »Unrestricted property rights are a useful social construction, not the Eleventh Commandment« (Solow 2006).

Welche Handlungsfreiheiten gewährt der Markt? Vor allem die Freiheit des »Pioniers«: Wer den ersten Schritt macht, ist frei; der kann die Handlungsspielräume des Marktes nutzen für Innovationen, für die Realisierung seiner wirtschaftlichen Ideen. Sobald sich aber solche innovativen ersten Schritte als Markterfolge erweisen, also die Produktionskosten senken, Nachfrage auf sich ziehen und die Gewinne erhöhen, entsteht für Wettbewerber ein Zwang, den Pionieren auf ihrem Weg zu folgen. Der Innovator ist frei, die anderen sind Knechte; sie unterliegen den Marktzwängen und müssen mitziehen, wenn sie nicht untergehen wollen. Doch genau diese Zwänge gewährleisten, dass Innovationen via Imitation diffundieren und ihr Nutzen allen zugute kommt.

»Diese neuen Produkte und neuen Methoden konkurrenzieren die alten Produkte und alten Methoden nicht zu gleichen Bedingungen, sondern mit einem entscheidenden Vorsprung, der für die letzteren den Tod bedeuten kann. Auf diese Weise geht der ›Fortschritt‹ in der kapitalistischen Gesellschaft vor sich. Um zu vermeiden, dass sie unterboten wird, ist *jede* Unternehmung letzten Endes gezwungen, dasselbe zu tun, muss ihrerseits investieren […] das heißt: akkumulieren« (Schumpeter 1942: 60; kursiv i. O.).

Marx und Sombart vertreten widersprüchliche Auffassungen in der Frage, ob Kapitalisten/Unternehmer Handlungsspielräume haben, in denen sie ihren Erwerbstrieb betätigen können, oder ob sie nur »Charaktermasken« sind, Getriebene des Systems, die unabhängig von ihrem individuellen Wollen den Imperativen der Kapitalverwertung folgen müssen. Marx unterstellt einen systemischen Zwang zu Verwertung und Akkumulation – einen Zwang, der sich unter Wettbewerbsbedingungen gegenüber dem

Wollen der Akteure quasi verselbständigt. Die Kapitalisten agieren dann als »Personifikationen der ökonomischen Verhältnisse«, als »Charaktermasken« des Kapitals (Marx 1867: 99f.), dessen Verwertungsimperative bei Strafe des Untergangs erfüllt werden müssen. Ganz auf Marxens Linie bezeichnet Sombart (1931b: 266) das »Gewinnstreben des Kapitals«, in dem sich die »Motivation des kapitalistischen Unternehmers« nur »erfüllt«, als »primär wirkende Ursache und letzte treibende Kraft der modernen wirtschaftlichen Entwicklung« (1902 II: 7). In einer anderen Formulierung nennt er jedoch als eigentliche Ursache des wirtschaftlichen Handelns die »Motivation lebendiger Menschen« (ebd.). Dies lässt darauf schließen, dass hinter dem Streben des Kapitals keine Personifizierung einer Sache, sondern das interessierte Handeln von Menschen steckt – als erste und letzte Ursache des Wirtschaftens.

Es ist naheliegend, eine dynamische Wechselwirkung zwischen den handelnden Menschen und dem eigengesetzlichen Marktsystem anzunehmen. Zunächst treiben Eigeninteresse und Aussicht auf Gewinne das unternehmerische Handeln an; die Konkurrenz herrscht dem Geschehen dann jedoch immer stärker die Eigengesetzlichkeit des institutionellen Systems auf und treibt die Unternehmer »zur höchsten Energieentfaltung an« (Sombart 1931a: 89). Es kommt zu einer »Verselbständigung des Geschäfts«, zu einer »Objektivierung des Gewinnstrebens«. Sombart geht so weit, dem Unternehmen einen »eigenen *Willen*« zuzuschreiben und das Gewinnstreben dem »Wesen des Kapitalismus« zuzuordnen, das am Ende auch unabhängig davon wirkt, ob »der einzelne Unternehmer psychologisch den Erwerb als seinen Lebenszweck betrachtet« oder nicht: Das Unternehmen »muss Gewinne machen«, was immer die Motivation der handelnden Personen ist: »Der Unternehmer wird also durch seine kapitalistische Unternehmung in die Gewinnerzielung zwangsweise eingereiht« (ebd.: 90; kursiv i. O.).

Unter der Hand vollzieht sich hier eine Transformation des »Geistes des Kapitalismus« in materiale Zwänge des kapitalistischen Marktes; das Motiv des Gewinnstrebens verwandelt sich in einen Imperativ des Systems zur Gewährleistung von Rentabilität. Wenn eine Wirtschaftseinheit gegenüber den Markterfordernissen versagt, wird sie mit Konkurs bestraft. Daraus ergeben sich »gesetzmäßige« Handlungszwänge, die wenig mit individuellen Motiven, viel dagegen mit den Akkumulationsimperativen des Systems zu tun haben. Auch von heutigen Autoren marxistischer Observanz wird diese Sichtweise marktbedingter Zwänge weiterhin vertreten. Da eine hohe Rendite im schärfer werdenden Konkurrenzkampf zur »Überlebensfrage« geworden sei, ergebe sich daraus ein »objektiver Akkumulationszwang« (Zinn 1986: 287): »Der Akkumulationsdruck des Konkurrenzsystems ist Ausdruck systemspezifischer Gesetzmäßigkeit« (ebd.).

Unstrittig erscheint, dass unternehmerisches Handeln auf Gewinnerzielung ausgerichtet sein muss, wenn der Bankrott vermieden werden soll; soweit reicht der Imperativ des Marktes. Doch damit sind keineswegs schon alle Handlungsoptionen festgelegt; es bleibt Spielraum für unterschiedliche Unternehmensstrategien, für kreative und phantasievolle Wege zur Sicherung von Markterfolg und Rentabilität. Die Spielregeln (etwa im Fußball) legen weder das Ziel des Spiels noch die Spielzüge fest; vielmehr sind es die Spieler, die gewinnen wollen und ihr Spiel entsprechend gestalten.

4.5 Marktmängel und Marktversagen

Zum Gesamtbild des Marktkapitalismus gehören auch markttypische Funktionsmängel und bestimmte Formen von Marktversagen. In diesen Unzulänglichkeiten kommt die eher triviale Tatsache zum Ausdruck, dass der Markt weder Allheilmittel noch Allzweckwaffe ist; vielmehr hat die Koordinations- und Selbststeuerungskapazität des Marktes auch ihre Grenzen. Wettbewerbsmärkte stellen zwar das effizienteste uns bekannte Instrument zur Koordination wirtschaftlichen Handelns dar, wenn eine Vielzahl von Marktteilnehmern und damit eine Vielzahl individueller Präferenzen koordiniert werden sollen. Doch ist das Marktprinzip der Abstimmung ökonomischer Pläne und Handlungen über Wettbewerb und Preise nur dann überhaupt anwendbar, wenn die entsprechenden Voraussetzungen für diese Koordinationsform erfüllt sind, wenn sich also Marktpreise bilden können und wenn wirksamer Wettbewerb zwischen vielen Anbietern und Nachfragern besteht. Im Idealfall sollte kein Anbieter oder Nachfrager einen spürbaren Einfluss auf den Marktpreis und auf sonstige Tauschkonditionen haben; tatsächlich trifft diese Voraussetzung im Normalfall oligopolistischer Märkte nicht zu.

Marktpreise können sich nur bilden, wenn die Bedingungen für einen Marktprozess erfüllt sind; zu den wichtigsten gehören:

- hinreichende Ressourcenausstattung (die Marktteilnehmer verfügen über einen Güterbestand, der getauscht werden kann; ein solches tauschbares Gut kann auch die Arbeitskraft sein);
- Ausschlussprinzip (von der Nutzung eines Gutes können diejenigen ausgeschlossen werden, die nicht bereit sind, dafür zu bezahlen);
- Teilbarkeit (je nach Preis können von einem Gut unterschiedliche Mengen erworben werden; unteilbare Güter wie Rechtssicherheit oder Seuchenschutz eignen sich nicht für den Markt);
- Freiwilligkeit (Tauschgeschäfte werden freiwillig abgeschlossen; es darf kein existenzieller Zwang zu einem Tausch bestehen);

- »gains from trade« (Markttransaktionen entsprechen »Win-win-Lösungen«, beide Seiten haben einen Nutzen davon).

Diese Funktionsbedingungen des Marktes können hier nur genannt, nicht näher untersucht werden. Weil es bestimmte Anwendungsvoraussetzungen für das Koordinationssystem Markt gibt, hatte bereits Adam Smith in seinem »System der natürlichen Freiheit« betont, Märkte könnten keineswegs *alles* regeln, vielmehr müssten bestimmte unverzichtbare Aufgaben dem Staat zugewiesen werden, insbesondere die innere und äußere Sicherheit, »ein zuverlässiges Justizwesen« sowie die Unterhaltung »öffentlicher Anstalten und Einrichtungen« mit hohem Nutzen für »das ganze Gemeinwesen« (Smith 1776: 582), wenn sie keinen oder zu wenig Gewinn abwerfen, um von Privaten betrieben zu werden. Dies gilt beispielsweise für → meritorische Güter wie Kultur (Musik, Theater, Museen), Bildung (Schulen, Akademien, Bibliotheken), lebensfreundliche Umwelt, Landschafts- oder Hochwasserschutz etc. Wenn der Markt zu einer Unterversorgung bei diesen von der Gesellschaft gewünschten meritorischen beziehungsweise Kollektivgütern führt, weil die Bedingungen für das Funktionieren des Marktes nicht oder nur unzureichend erfüllt sind, muss über öffentliche Haushalte für die entsprechende Güterbereitstellung gesorgt werden. Die Allokation erfolgt dann nicht über Märkte und Wettbewerbspreise, sondern über (haushalts-)politische Entscheidungen. Allerdings sollte man nüchtern sehen, dass es nicht nur Marktversagen gibt, sondern auch Staatsversagen; so wenig wie der Markt ist auch der politische Allokationsmechanismus ein Wunder- und Allheilmittel.

Darüber hinaus muss der Staat weitere Funktionen gegenüber dem Marktsystem wahrnehmen, nämlich die institutionelle Sicherung der marktwirtschaftlichen Ordnung selbst sowie die Korrektur beziehungsweise Abmilderung spezifischer Marktmängel. Auch hier können die wichtigsten Problemfelder nur genannt, nicht näher untersucht werden:

- Einschränkungen des Wettbewerbs (unlauterer Wettbewerb, Kartelle, Marktmacht, natürliche Monopole);
- negative externe Effekte (schädliche Auswirkungen auf Dritte: Lärm, Abgase, Umweltzerstörung);
- Instabilität von Marktprozessen (Konjunkturen, Branchenkrisen) und Selbstverstärkungsprozesse (Boom und Crash);
- ungleiche Einkommens- und Vermögensverteilung (der Markt produziert, nicht zuletzt aufgrund hochgradig ungleicher Ressourcenausstattungen, eine Einkommens- und Vermögensverteilung, die als ungerecht empfunden wird).

Bei diesen markttypischen Mängeln ist weithin unstrittig, dass ein regulierendes beziehungsweise korrigierendes Eingreifen des Staates erforderlich ist. So soll die Wettbewerbs- und Antikartellpolitik verhindern, dass marktbeherrschende Unternehmen entstehen oder Großunternehmen so viel Marktmacht ansammeln, dass sie keinem wesentlichen Wettbewerb mehr ausgesetzt sind. Bei »natürlichen« Monopolen wie etwa der kommunalen Wasser- und Abwasserversorgung (wo es nicht sinnvoll ist, dass mehrere Anbieter miteinander konkurrieren) muss das Gut entweder über öffentliche Haushalte und kommunale Unternehmen bereitgestellt werden, oder aber ein privater »Monopolist« übernimmt die Versorgung unter öffentlicher Aufsicht. Weiterhin kann es bei zyklischen oder schockartigen Störungen zu Überreaktionen und Selbstverstärkungsspiralen kommen, die das Marktsystem destabilisieren und denen die Politik entgegenwirken muss.

Der Akkumulationsprozess und mehr noch die Finanzmärkte sind in hohem Maße abhängig von Erwartungen, auch von ihrer reflexiven Form: den Erwartungserwartungen. Weil erwartete, also künftige Ereignisse mit Ungewissheit und Risiken verbunden sind, stellen die Investoren mit ihren (Erwartungs-)Erwartungen das instabilste Element des gesamten Wirtschaftsgeschehens dar. Diese Instabilität schlägt auf den marktwirtschaftlichen Akkumulationsprozess durch, dessen Kern die Investitionen sind. Es sind somit die von Ungewissheit und von der Risikowahrnehmung geprägten Erwartungsschwankungen der Investoren, die den Marktprozess zeitweise der Gefahr der Destabilisierung aussetzen.

Die Marktwirtschaft ist auf den Staat angewiesen – zur Sicherung ihres Bestehens und ihres Funktionierens. Nur einzelne verirrte Ultraliberale vertreten die Auffassung, der Markt könne *alle* ökonomischen Aufgaben lösen. Offensichtlich kann es keinen Markt geben ohne staatliche Institutionen und allgemeinverbindliche Regeln (Gesetze). Der Staat ist immer dann gefordert, wenn der Markt versagt oder suboptimal funktioniert – oder wenn die Marktergebnisse den gesellschaftlichen Vorstellungen von Gerechtigkeit widersprechen, wie etwa bei der Einkommens- und Vermögensverteilung. »Market societies can choose among various designs of the welfare state, from stingy redistributions to careless excesses« (Lindblom 2001: 255). Wenn kapitalistische Wirtschafts- und Gesellschaftsordnungen somit immer »hybride Formen« (Miller 2005: 33) aus den Elementen Markt und Staat sind, stellt sich die Frage der Optimierung ihres Verhältnisses. Offensichtlich suboptimal sind die Extremformen einer »freien« Marktwirtschaft mit Minimalstaat und einer staatlichen Planwirtschaft. Doch dazwischen gibt es eine Vielzahl von Kombinationsmöglichkeiten: Dies sind die im historischen Ablauf und synchron realisierten *Varianten des Kapitalismus* (vgl. Abschnitt 5.3).

Es gibt eine (unwahrscheinliche) Konstellation von Bedingungen, unter denen der Kapitalismus zufriedenstellend funktionieren könnte – also eine Optimal-Konstellation, in der einerseits wichtige ökonomische Ziele wie angemessenes Wachstum, hoher Beschäftigungsstand, Preisniveaustabilität und internationale Wettbewerbsfähigkeit sowie andererseits auch wichtige politische Ziele wie soziale Gerechtigkeit, Modernisierung, Umweltschutz und Nachhaltigkeit erreicht werden. Grundbedingung für die Verwirklichung beider Zielkomplexe ist wirtschaftliche Prosperität – ohne die geht nichts. Wenn die Wirtschaft stagniert, können weder die ökonomischen noch die politischen Ziele erreicht werden. Prosperität aber setzt eine hinreichende Rentabilität der privaten Unternehmen voraus, damit ein Niveau an Ertragskraft und Wirtschaftswachstum erreicht wird, das die Realisierung der politischen Ziele über eine hinreichende Finanzierung öffentlicher Haushalte ermöglicht. In diesem Sinne gilt die Maxime: Was gut ist für (mittelständische) Unternehmen, ist auch gut für die Gesellschaft.

Abbildung 4: *Trade-off zwischen Performanz und Regulierungsgrad*

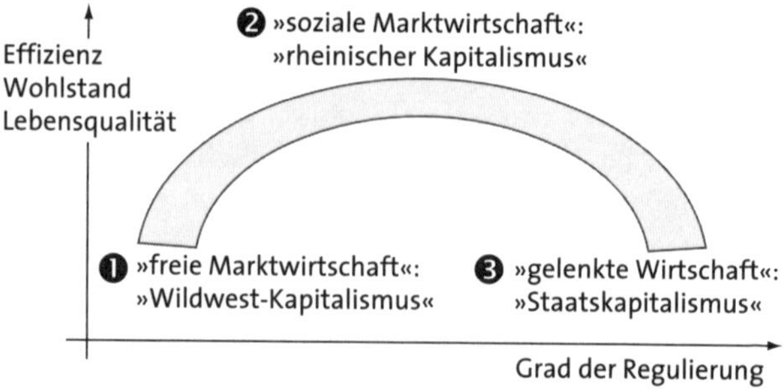

Wenn der Kapitalismus als Wirtschafts- und Gesellschaftsordnung die genannten Zielvorgaben verfehlt – und das dürfte der Normalfall sein –, dann liegen Verletzungen der Optimalitätsbedingungen vor, aus denen Beeinträchtigungen der Investitionstätigkeit resultieren – mit nachfolgender Verfehlung der Wachstums- und Beschäftigungsziele. Prinzipiell ist die kapitalistische »Maschine« in der Lage, Wohlstand und Prosperität zu generieren – wenn sie denn gut geölt und unter Dampf gesetzt wird. Wenn diese »Maschine« ihr Potenzial nicht voll entfalten kann (dies ist der Normalfall), dann liegt es daran, dass zu viel Sand ins Getriebe gestreut wird – sei es von der Politik, von gesellschaftlichen Gruppen und Verbänden, von den Tarifvertragsparteien oder auch von Großunternehmen mit übermäßiger Marktmacht.

Übersicht 13: *Kernmerkmale des Marktkapitalismus*

Der Kapitalismus ist eine Wirtschafts- und Gesellschaftsordnung, die durch folgende Merkmale bestimmt ist:

I. Der ökonomische Kern (Wirtschaftsordnung):

1. *Marktwirtschaft* (Koordination von Produktion, Verteilung und Konsumtion durch Preise auf Wettbewerbsmärkten)
2. *Privatkapital* und Technologien (kapitalistische Unternehmen, kostenminimierende Produktionstechnologien)
3. *Akkumulation* (Re-Investition der erwirtschafteten Gewinne zur Mehrung des Vermögens und zur Sicherung der Rentabilität)
4. *Innovation* (Entwicklung von Wissenschaft und Technik; Konkurrenz über Neuerungen; Innovation als »Waffe des Wettbewerbs«)

II. Der gesellschaftliche Rahmen (Gesellschaftsordnung):

5. *Eigentumsordnung* (Privateigentum an den Produktionsmitteln, private Vermögensakkumulation)
6. *Sozialstruktur* (gesellschaftliche Schichtung in Kapitaleigner und formal freie Arbeitskräfte; System der Lohnarbeit)
7. *Wirtschaftsgesinnung* (Erwerbsprinzip; rationale Wirtschaftsrechnung; »Geist des Kapitalismus«)

5 Kapitalismus in der Diskussion

»Den Kapitalismus zu verurteilen ist eine gefahrlose und ruhmlose Angelegenheit. Ihn zu verteidigen heißt, vor Richtern zu sprechen, die sein Todesurteil schon in der Tasche haben« (François Perroux 1948; zit. in Albert 1992: 226).

»Die Frage ist, bis zu welchem Grad man den Kapitalismus so verändern kann, dass sich andere Werte wie Gleichheit und soziale Gerechtigkeit mit ihm vereinbaren lassen« (Hutton 2001: 32).

5.1 Fundamentalkritik

Marxismus und christliche Soziallehre

Seit es den Kapitalismus gibt, ist er umstritten, sowohl als Wirtschaftsordnung wie auch als Gesellschaftssystem. In der Tat »ist der Antikapitalismus genauso alt wie der Kapitalismus selbst« (Boltanski/Chiapello 2003: 79). Die Spannbreite der Fundamentalkritik reicht vom Marxismus (Marx: die kapitalistische Produktionsweise »muss vernichtet werden«) über die christliche Soziallehre (Nell-Breuning: die auf »Klassenschichtung« beruhenden Wirtschaftsordnung ist »grundsätzlich falsch gebaut«) und die Kritische Theorie der Frankfurter Schule (Adorno: der Faschismus enthüllt nur »das wahre Gesicht des Kapitalismus«) bis zum heutigen Islamismus. Allen Varianten ist gemeinsam, dass sie den Kapitalismus als System und aus Prinzip ablehnen – und eine Alternative dazu jenseits von Privateigentum an den Produktionsmitteln, Gewinnstreben und Marktkonkurrenz suchen.

Die marxistische Kapitalismuskritik war und ist in dem Sinne Fundamentalkritik, als sie das privatwirtschaftliche System nicht nur für ausbeuterisch und unmoralisch hält, sondern für inhärent *widersprüchlich*. Moderate Varianten der marxistisch orientierten Kritik beklagen Entfremdung und Unterwerfung »der gesamten modernen Kultur« unter die Gesetze der kapitalistischen Warenwelt (so bereits Sombart 1931b: 265).

Das »Sozialwort« der Kirchen

Ähnlich fundamental in ihrer Zielrichtung ist die Kapitalismuskritik der christlichen Soziallehre, wie sie beispielhaft in den Sozialenzykliken der Päpste oder auch im »Sozialwort« der beiden Staatskirchen von 1997 vorgetragen wird. Ansatzpunkte dieser Kritik sind das sündhafte Gewinnstreben, der dem Gebot der Brüderlichkeit widersprechende Konkurrenzkampf und die Sozialstruktur der kapitalistischen Gesellschaft, in der den Vermögenden eine »Subjektstellung«, den Arbeitnehmern aber eine »Objektstellung« zukommt (Nell-Breuning 1974: 34f.). So schön ein vielfältiges Güterangebot sein mag, wenn man dabei in Kauf nehmen muss, dass der arbeitende Mensch infolge der »eiskalten Berechnungen« der Kapitalseite »zur Ware entwürdigt« wird, dann sei darin eine »schwerste Verfehlung« dieser auf »Klassenschichtung« beruhenden Wirtschaftsordnung zu sehen (ebd.: 119). Was hier zunächst irritiert, ist der Umstand, dass ausgerechnet Vertreter einer streng hierarchisch strukturierten und Frauen vom Priesteramt ausschließenden Institution die »Klassengesellschaft« anprangern. Zum andern unterliegt dieser Argumentation eine Zweckbestimmung des Wirtschaftens, die reichlich jenseitig erscheint.

Zur Zweckbestimmung des Wirtschaftens

»Die fundamentale Zweckbestimmung des Produktionsprozesses besteht aber weder in der vermehrten Produktion als solcher noch in Erzielung von Gewinn oder Ausübung von Macht, sondern im Dienst am Menschen, und zwar am ganzen Menschen [...] Alle wirtschaftliche Tätigkeit ist [...] immer im Rahmen der sittlichen Ordnung so auszuüben, dass das verwirklicht wird, was Gott mit dem Menschen vorhat« (Enzyklika Gaudium et Spes 2002: Ziffer 64).

Beide Formen der Kapitalismuskritik – Marxismus und christliche Soziallehre – sind heute insofern bedeutungslos, als niemand mehr die Verwirklichung ihrer Leitideen der Gerechtigkeit, Brüderlichkeit und Menschenwürde von der Abschaffung des Privateigentums oder von einer »gesellschaftlichen« Lenkung der Wirtschaft erwartet. Auch ist der Glaube daran geschwunden, dass wir wissen könnten, »was Gott mit dem Menschen vorhat«. Fundamentalkritik ist jedoch insoweit noch funktional, als sie eine allgemeine Hintergrundempörung über die herrschenden Zustände bestärkt.

Kritik des globalen Kapitalismus

Mit der Epochenwende von 1989/90, dem Zusammenbruch des Ostblocks und mit der weltweiten Durchsetzung des Marktkapitalismus im Zuge seiner Globalisierung ist die Welt »zum ersten Mal in der Geschichte [...] wirklich kapitalistisch« (Castells 2001: 68). Das wichtigste Vehikel der fortschreitenden weltwirtschaftlichen Verflechtung auf der Ebene der Wertschöpfung sind die → Direktinvestitionen. Darin schlägt sich die Globalisierung als eine Art »Weltbildung durch kapitalvermittelte Prozesse« (Sloterdijk 2005: 301) nieder. Die nationalen Wirtschaftssysteme sind offener, aber auch abhängiger voneinander geworden. Die Unternehmen befinden sich in einem verschärften Standortwettbewerb und sehen sich einem erhöhten Kosten- und Innovationsdruck ausgesetzt.

Die Globalisierung des Finanzkapitals treibt eine Entwicklung auf die Spitze, die zwar immer schon angelegt war, faktisch jedoch abgemildert wurde durch traditionale und kulturelle Beschränkungen: Es ist die Entwicklung hin zu einer kurzfristig-spekulativen Ausrichtung von Finanzinvestitionen in börsennotierte Unternehmen. (Die weit überwiegende Zahl der deutschen Unternehmen ist allerdings nicht an der Börse notiert; selbst bei den 30 DAX-Unternehmen sind meist noch Versicherungen, Gründerfamilien und der Staat die größten Anteilseigner, nur bei vieren sind es Investmentfonds; vgl. *Handelsblatt* vom 16.5.2006: 62.) Spekulative Investoren haben wenig Interesse am Bestand, an den Produkten oder gar an den Mitarbeitern der Unternehmen, in die sie investieren;

ihnen geht es um den → *Shareholder Value*, den sie zu maximieren suchen, um sich dann unter Gewinnmitnahme wieder aus dem Investment zurückzuziehen. Die bislang praktizierte Berücksichtigung der Belange aller Beteiligten, also die Orientierung am → *Stakeholder Value*, schwindet.

Dieser Prozess einer stärkeren Kapitalmarktorientierung geht (in Deutschland) einher mit dem Rückzug der traditionellen Geschäftsbanken als Hausbanken. Der Vorteil der Hausbanken-Konstruktion bestand darin, dass sie den Unternehmen eine längerfristige Finanzierung mit *geduldigem* Kapital ermöglichten und über personelle Verschränkungen (Bankenvertreter in Aufsichtsräten) Kontinuität sicherten. Nachteilig wirkte sich die Neigung zu Kungelei und Kollusion zwischen Vorständen und Großaktionären aus. (Dabei ist von Belang, dass die Hälfte des deutschen Geschäftsbankenmarktes von öffentlichen Körperschaften und Gewerkschaften kontrolliert wird; *Financial Times* vom 24.10.2005: 13.)

Das spekulative Finanzkapital

Die zunehmende Bedeutung anonymer Finanzinvestoren und der wachsende Einfluss von Analysten und → *Rating-Agenturen* auf börsennotierte Unternehmen ist für Albert (1992: 18f.) ein Indiz für den Zerfall der mittel- und längerfristigen Perspektive zugunsten der kurzen Frist und der Quartalsberichte. In der rein finanzwirtschaftlichen Perspektive von Kapitalbeteiligungsgesellschaften, → *Private-Equity-Fonds* oder spekulativen → *Hedge-Fonds* werden Unternehmen vor allem unter dem Gesichtspunkt der kurzfristigen Wertmaximierung behandelt – selbst wenn dazu ihre Zerschlagung erforderlich ist, inklusive Wiederverkauf der profitablen Unternehmenssparten und Abwicklung der verlustbringenden Teile.

Während manche Beobachter in spekulativen Investmentgesellschaften »Heuschrecken« sehen, gefräßige Schädlinge, betrachten andere sie eher als »Gesundheitspolizei« (→ HWWA-Chef Straubhaar, *Handelsblatt* vom

16.5.2006: 30). Grundsätzlich führt theorieloser Gefühlskitsch bei der Bewertung dieser Seite des Finanzkapitalismus nicht weiter. »In der ausschließlichen Fokussierung auf das Monetäre zeigt der Kapitalismus sein hässliches Gesicht«, so P. May in der *Süddeutschen Zeitung* (19.9.2005: 18); dies erfülle nicht die »Sehnsucht nach ethischen und sinngebenden Handelnden in den Herzen der Menschen«. Nun ist kapitalistisches Wirtschaften keine Veranstaltung zur Erfüllung menschlicher Sehnsüchte nach Ethik und Sinngebung. Eine Kritik, wonach Gewinnmaximierung verwerflich sei, weil sie »nicht nach Sinn und Zweck unternehmerischen Handelns [fragt], sondern nur nach dem Ergebnis«, ist abwegig. Sinn und Zweck unternehmerischen Handelns *ist* Gewinnmaximierung durch die Verwertung investierten Kapitals, nichts anderes. Die beiden relevanten Fragen in diesem Zusammenhang sind die nach dem staatlich gesetzten Rahmen für die private Gewinnmaximierung und die nach dem optimalen Zeithorizont der Unternehmen: Ob dem übergreifenden Zweck des wirtschaftlichen Erfolgs besser gedient wäre mit der kurzfristig ausgerichteten Strategie der → *Rating-Agenturen* und der → *Private-Equity-Fonds* oder aber mit einer mittel- bis längerfristig ausgerichteten Strategie der (ökonomischen) Nachhaltigkeit.

»Because international interdependence provides capital with more exit opportunities than it does for labor, the balance of power is said to have shifted dramatically toward capital« (Hall/Soskice 2001: 56).

Die »Exit-Option« für das Kapital

Die Globalisierung hat dem Kapital eine zusätzliche Handlungsoption eröffnet: die »Exit-Option«. Bestand während des »Goldenen Zeitalters von Keynes« bis in die 1980er Jahre hinein faktisch eine *Residenzpflicht* des Kapitals, so können Investoren heute wirksam damit drohen – und im Zweifel diese Drohung auch wahrmachen –, Wertschöpfung zu verlagern und Neuinvestitionen auf attraktiveren Standorten zu tätigen. Durch diese »Exit-Option« hat die Kapitalseite ein Übergewicht gegenüber der Arbeitnehmerseite wie auch gegenüber dem Staat erlangt.

Kapitalismus- und Globalisierungskritiker schildern die Folgen des globalen Standortwettbewerbs in grellen Farben. Die »Harmonisierungsbestrebungen in einem globalen Markt«, so Thurow (1996: 191), werden sich »immer auf dem geringsten gemeinsamen Nenner einpendeln«. Führt die Globalisierung also unvermeidlich in ein →»race to the bottom«? Ist es tatsächlich so, dass »die kapitalistischen Wirtschaften sich ihrem ganzen Wesen nach die Orte suchen, an denen sie mit den wenigsten Vorschriften und sozialen Auflagen zu rechnen haben« (ebd.: 190)? Wenn dies zuträfe, müssten die Unternehmens- und Gewerbesteuern überall *auf Null* abgesenkt worden sein. Das ist schließlich der »geringste gemeinsame Nenner« in einem »race to the bottom« – sofern man von einer negativen Steuer absehen will. Ferner müssten inzwischen *alle* Unternehmen in Bangladesch oder Burundi versammelt sein, weil es dort (vermutlich) die »wenigsten Vorschriften und sozialen Auflagen« gibt. Da diese logischen Konsequenzen in der Realität bislang nicht zu beobachten sind, muss die zugrunde liegende Theorie falsch sein. Offenbar hängen Standortentscheidungen noch von weiteren Faktoren ab, zum Beispiel von der Nähe zu den wichtigsten Märkten, von öffentlichen Leistungen und Infrastrukturen, von Kontakten zu anderen (Zuliefer-)Unternehmen, von der Qualifikation der Arbeitskräfte. Im globalisierten Weltmarkt kommt es beim Wettbewerb um Investoren nicht auf die geringsten Sozialabgaben an, sondern auf den *Saldo* von Belastungen und Vorteilen.

Die wirtschaftliche Globalisierung, insbesondere die Öffnung für Direktinvestitionen, ist kein Nullsummenspiel; sie hat auch den ärmeren Ländern genutzt, beispielsweise Indien und China. Nicht nur der Binnenhandel, sondern auch der internationale Handel vollzieht sich über Transaktionen »zum gegenseitigen Vorteil« (Bhagwati

2005). »Die offene globale Ökonomie ist eine kostbare Errungenschaft, die Chancen, Kreativität und Wohlstand bietet« (Hull/Giddens 2001: 259). Gleichzeitig gibt es jedoch »heftige Reaktionen gegen die anonymen Kräfte des Kapitalismus« (ebd.). Nun sind diese »anonymen Kräfte«, denen die Kritik gilt, genau diejenigen, die den Möglichkeitsraum für »Chancen, Kreativität und Wohlstand« eröffnen. Da man beides nur im Paket bekommt, muss man sich die Mühe machen, Vor- und Nachteile gegeneinander aufzurechnen.

Imperialismus der Ökonomie?

Kritiker beklagen den unaufhaltsamen Drang des Kapitalismus, alle Gesellschaftsbereiche und Lebenssphären sich imperialistisch zu unterwerfen. Kindergärten, Bildungssysteme, Kulturstätten, Pflegeheime, Kirchen, Kliniken – ja, sogar die Intimsphäre müssten sich dem Kostenkalkül und damit der ökonomistischen Logik fügen. Befinden wir uns also »im Zeitalter der totalen Ökonomisierung« (Busche 2006)? Fällt die Gesellschaft einer Tyrannei der Ökonomie zum Opfer? Viele dieser Kritiker verwechseln zwei Dinge: Das eine ist die Notwendigkeit eines betriebswirtschaftlich effizienten Managements von Institutionen, die Haushalte im Umfang von vielen Millionen oder gar Milliarden Euro verwalten. Das Kirchensteueraufkommen der beiden Großkirchen in Deutschland liegt bei acht Milliarden Euro; manche Universitäten verwalten Etats von Hunderten von Millionen Euro (Haushalt der Universität zu Köln 2004: 303 Millionen Euro – ohne Klinikum). Das Drei-Sparten-Haus der Württembergischen Staatstheater Stuttgart verfügt über einen Haushalt von fast 104 Millionen Euro (2005/2006). In diesen Großunternehmen sollte die Forderung nach einer wirtschaftlich-rationalen Verwendung der Mittel und auch nach modernen Managementmethoden eine Selbstverständlichkeit sein.

Das andere ist die Frage, ob diese Institutionen marktorientiert, also rein nach Rentabilitätsgesichtspunkten geführt werden sollten. Das kann man mit guten Gründen ablehnen – nur ist, wie immer, ein Preis dafür zu zahlen. All das hat nichts mit Imperialismus oder Terror der Ökonomie zu tun, sondern mit politischen Entscheidungen darüber, wie Hochschulen, Kirchen, Pflegeheime oder Opernhäuser finanziert und organisiert werden sollen. Es ist die Aufgabe der Politik, allgemeinverbindliche Regelungen entsprechend den gesellschaftlichen Präferenzen zu beschließen und durchzusetzen. Wenn sich entgegen dem politisch Gewollten ein Rentabilitätsdenken ausbreitet, deutet das weniger auf ökonomischen Imperialismus als vielmehr auf Funktionsschwächen von Gesellschaft und Politik. Der (angebliche) Imperialismus der Ökonomie entpuppt sich als ein Versagen der gesellschaftlichen »Kollektivstrukturen«, die ein Gegengewicht bilden müssten: Staat, Parteien, Gewerkschaften, Kirchen, Familien, Vereinigungen und zivilgesellschaftliche Gruppen (Boltanski/Chiapello 2003: 570). In bewährter Manier lenken sie von ihren Schwächen ab, indem sie einen imaginierten Bösewicht bezichtigen. Ob der Kapitalismus sich zum »Raubtier« entwickeln kann oder ob er domestiziert »durch den Reifen springt«, ist ein Problem des Dompteurs – also eine Frage politischer Entscheidungen und ihrer Durchsetzung. Es ist die *Gesellschaft*, die der Wirtschaft »mal volles Spiel, mal den engsten Rahmen […] einräumt« (Baecker 2006: 5). Für Marktliberale ist es völlig unstrittig, dass die Gesellschaft über den Staat, ihren politischen Arm, dem Funktionssystem Wirtschaft die Spielregeln vorgeben und die Ökonomie in die Schranken weisen muss; auch ist unstrittig, dass nur ein domestizierter und zivilisierter Kapitalismus ein guter Kapitalismus ist.

Kritik, Protest und der Druck von Oppositionsgruppen (insbesondere Arbeiterbewegung, Gewerkschaften, Sozialdemokratie, aber auch christliche Kirchen) haben den Ka-

Die Bedeutung der Kapitalismuskritik

pitalismus verändert – wenn nicht in seinem Kern, so doch in seinen Erscheinungsformen und Auswirkungen. Die von den Gewerkschaften durchgesetzten Lohnerhöhungen, Arbeitszeitverkürzungen, Verbesserungen der Arbeitsbedingungen und die politisch durchgesetzten Schutzvorkehrungen (vom Arbeitsschutz bis zu den Sozialversicherungen) haben nicht nur das Los der »abhängig Beschäftigten« verbessert, sondern zugleich den Kapitalismus stabilisiert (vgl. de Man 1931: 72). In historischer Perspektive könnte man sagen, dass es die oppositionellen Bewegungen waren, die den Kapitalismus vor dem Scheitern bewahrt haben. Kritik baut politischen Druck auf, gibt Anstöße »für das politische Handeln« (Boltanski/Chiapello 2003: 32); »Kritik fungiert als Motor für die Veränderungen des kapitalistischen Geistes« (ebd.: 68). Irrig ist allerdings die Schlussfolgerung, das System sei immer gestärkt aus gesellschaftlichen Konflikten hervorgegangen, weil es darauf mit »Zugeständnissen« reagiert habe. Es kommt sehr darauf an, welcher Art diese Zugeständnisse sind und wie weit sie gehen. Das System der sozialen Marktwirtschaft in Deutschland ist im Laufe der letzten Jahrzehnte durch immer weitergehende sozialstaatliche »Zugeständnisse« überdehnt und in seinen Grundlagen beschädigt worden. Jede einzelne Maßnahme mag gut gemeint gewesen sein, in der Summe haben die Interventionen jedoch zu einer systemwidrigen Eingriffsintensität und zu einer systemgefährdenden Überlastung geführt (Umfang des → Sozialbudgets in Deutschland: über 700 Mrd. Euro = ein Drittel des Sozialprodukts). Die ökonomische Basis der sozialen Gerechtigkeit, nämlich Wertschöpfung und Beschäftigung in privatwirtschaftlichen Unternehmen, hat Schaden genommen. Dies ist der Grund, warum der »neue Geist des Kapitalismus« nun auf Abstand geht »zum Sozialkapitalismus unter staatlicher Planung und Kontrolle«; der strukturelle Sozialdemokratismus gilt als Teil des »wirtschaftsdirigistischen Intermezzos«, das nun zu Ende ist (Boltanski/Chiapello 2003: 257f.).

5.2 Die ethische Debatte

Erwerb als Selbstzweck?

Für die christliche Morallehre (Nell-Breuning 1974: 35) ist das Erwerbsstreben »unbedenklich«, solange man nur Güter erwirbt, die man »benötigt«; dazu gehört neben dem »Nützlichen« in Grenzen sogar das »Angenehme«. Eindeutig abzulehnen sei das Erwerbsmotiv jedoch da, wo es »zum Selbstzweck« wird und »den Menschen an den Erwerb versklavt«. Diese Morallehre greift auf die traditionale Ethik der Bedarfsdeckung zurück und erklärt exzessives kapitalistisches Erwerbsstreben zum Laster. Eine solche Position setzt ein Wissen darüber voraus, was nötig und was gut für den Menschen sei; doch das ist ein angemaßtes Wissen. Im Unterschied zu Ethikern verfügen Ökonomen weder über ein solches Wissen noch neigen sie zu präzeptoraler Anmaßung. Für die ökonomische Theorie sind (Wert-)Entscheidungen der Wirtschaftssubjekte Ausdruck ihrer Präferenzen und somit ein Datum, etwas Gegebenes – nicht etwas zu Korrigierendes.

Wie Nell-Breuning die »Versklavung« des Menschen an das Erwerbsstreben tadelt, so rügt Koslowski (1982: 43) das »egoistische« Wirtschaftssubjekt, dem es nur um seinen eigenen größten Nutzen geht. »Dieser Zweck aber ist leer und formal, und die Maxime der Maximierung von Wohlbehagen bedeutet, wenn das Wohlbehagen nicht inhaltlich bestimmt ist, nicht mehr, als dass jeder das tut, was er ohnehin will«. Hier drängt sich dem Beobachter die Frage auf, ob jemand denn etwas anderes tun sollte als er »ohnehin will« (solange er sich im Rahmen der Gesetze und Kulturnormen bewegt) – und wer ihm dieses »andere« vorzugeben befugt wäre. Ethiker sehen die Leer-Stelle bei den Zwecken nicht etwa positiv und als Bedingung der Handlungsfreiheit des souveränen Wirtschaftssubjekts, sondern beklagen einen Mangel, dem »inhaltlich« abgeholfen werden müsse. Sie wissen offenbar besser als ein mündiger Wirtschaftsbürger, was ihm frommt und was er wollen soll. Glücklich und zufrieden könne nur sein, wer seine »Begierden« unterdrückt, statt »sie alle zu befriedigen« (ebd.: 44). Diese Art pastoraler Belehrung ist entbehrlich. Ökonomen respektieren die Zwecksetzungen des souverän gedachten Wirtschaftssubjekts. Der ethische Wert, der dabei anerkannt wird, ist die individuelle Freiheit.

Das ökonomische Menschenbild

Woher nehmen Ethiker das Recht, anderen zu verordnen, was zulässig ist und was nicht? Wenn ein Subjekt das Erwerbsstreben lustig findet und es für sich zum Selbstzweck erklärt – wer will ihm das nehmen? Man muss befürchten, dass manche Wirtschaftsethiker am Ende bereit sind, Marktsystem *und Freiheit* einzuschränken, ja aufs Spiel zu setzen, in der Hoffnung, dadurch »unsinnige Bedürfnisse« (Koslowski 1982: 61) und Unvernünftiges zu unterdrücken. Die »Souveränität« der Konsumenten halten sie für »furchterregend« (ebd.: 62) und werfen dem Marktsystem vor, »der menschlichen Unvernunft und Freiheit zu viel Raum zu lassen« (ebd.). Dieser kategoriale Angriff auf die Freiheit wird hinter der verharmlosenden Formulierung camoufliert, »gelegentlich bedürften wir doch der ›paternalistischen‹ Lenkung« (ebd.: 63). Dieses bemerkenswert vor-liberale Gesellschaftsverständnis wird mit folgendem Satz abgerundet: »Freiheit kann nicht der einzige Wert sein, den eine Gesellschaft zu wahren hat« (ebd.: 64). Nun hat niemand die Freiheit zum *einzigen* Wert erklärt. Relevant ist allein die Frage, ob Freiheit im Konflikt mit anderen Werten, zum Beispiel sozialer Gerechtigkeit, Vorrang haben soll.

Für die hier beispielhaft angeführten Kritiker gilt, was Schumpeter (1946: 67) über bestimmte Intellektuelle gesagt hat: »Sie rümpfen die Nase über das Profitmotiv«. Sie halten den Bereich des Ökonomischen prinzipiell für ethisch anstößig; und sie wünschen sich mehr Gemeinsinn. Diese Kritik hat nie zur Kenntnis genommen, dass im Sozialsystem Wirtschaft das Investieren brüderlicher ist als das Teilen.

Marktwesen oder Sozialwesen?

Ein anderer Zweig dieser Diskussion unterstellt der Ökonomik, sie nehme den Menschen nur als »Marktwesen« wahr und könne so »dem Menschen als Sozialwesen« nicht gerecht werden (Eppler 2005: 33). Nun ist jedoch ein »Marktwesen« notwendig immer auch »Sozialwesen«, weil die Marktbeziehung mindestens zwei Menschen umfasst, also eo ipso sozialer Natur ist: »It takes two to tango, and it takes at least two to create a market interaction« (Lindblom 2001: 153). Tauschen ist die Mutter des sozialen Handelns – es ist immer auf ein Gegenüber bezogen. Deswegen ist »alles Wirtschaften ein Wirken zwischen mehreren. Alle Wirtschaft ist notwendig sozial« (Sombart 1931a: 78). Die ethisch gemeinte Kritik, die der Ökonomik mangelnde Wahrnehmung des Menschen »als Sozialwesen« vorwirft, sollte sich gelegentlich über die Natur des Markttausches instruieren.

Markttheoretiker sehen den Menschen als ein Wesen, das sich beim wirtschaftlichen Handeln an seinem Eigeninteresse orientiert. Es wird aber keineswegs ausgeschlossen, dass sich manche bei ihrem familialen Handeln nach der Bergpredigt und bei ihrem politischen Handeln nach dem Prinzip mitmenschlicher Solidarität richten. Für die ökonomische Theoriebildung hat es sich als praktisch erwiesen, eine Handlungsmotivation zu unterstellen, die auf den eigenen Nutzen abzielt. Dieser Nutzen kann jedoch nur in Tauschtransaktionen auf Märkten realisiert werden; Marktbeziehungen sind auf Tauschpartner ausgerichtete soziale Beziehungen; tunlichst sollten beim Tausch die Wünsche der Marktgegenseite ins Kalkül einbezogen werden – sonst könnte der Tausch unterbleiben.

Unternehmensethik

Folgt man den Thesen Thurows (1996: 357), dann glaubt »der Kapitalismus« [sic!] daran, »dass es die Pflicht des wirtschaftlich Stärkeren sei, den Leistungsunfähigeren [sic!] in den wirtschaftlichen Ruin zu treiben«. Zur verkorksten Sprache passt der Inhalt. Warum gibt es dann in kapitalistischen Systemen überhaupt noch mehrere Unternehmen? Streng genommen dürfte es nur noch ein einziges geben, nämlich das stärkste; alle anderen müssten von diesem pflichtgemäß in den Ruin getrieben worden sein.

Auf gleichem Niveau wird in der heutigen Diskussion die Forderung vorgetragen, die Unternehmen sollten sich in der Marktwirtschaft doch bitte ethisch und »sozial verantwortlich« verhalten. Sofern damit mehr gemeint ist als die Beachtung der für alle geltenden Gesetze und kulturellen Normen – wenn Unternehmen sich darüber hinaus ethisch motiviert etwa um zivilgesellschaftliche Belange oder um »gute Zwecke« kümmern sollten, dann erscheint diese Forderung ökonomisch abwegig und politisch dubios. Aus der Sicht der Kapitaleigner hat ein Unternehmen den Zweck, zu prosperieren und für das investierte Kapital eine möglichst hohe Rendite abzuwerfen. Aus Systemsicht hat es die Funktion, eine (hinsichtlich Menge, Qualität und Preis) optimale Güterversorgung zu gewährleisten. »The notion that firms should by themselves pursue the objectives of society is, in fact, a rather frightening proposition« (Baumol, zit. in: Koslowski 1982: 52). Für diese Aussage wird Baumol der »Abneigung gegen Moralismus in der Wirtschaft« bezichtigt. Gleichzeitig begründet Koslowski die Nützlichkeit eines moralischen Handelns damit, dass es sich »auch als profitabel erweisen [...] kann« (ebd.: 53): Ethik in der Kategorie des Instrumentellen. Wenn unternehmerisches Handeln profitabel ist, bedarf es keines ethischen Heiligenscheins; wenn es nicht profitabel ist, sollte es unterbleiben.

Gutgesinnte sind davon überzeugt, dass der Mangel an sozialer Verantwortung bei den Unternehmen die Grundlagen der Gesellschaft gefährde. Der Marktliberale Milton Friedman (1962) hält dies für eine »zutiefst subversive Doktrin«: Im Gegenteil sei das freiheitliche Wirtschaftssystem gefährdet, wenn die Unternehmen damit anfingen,

»soziale Verantwortung« zu praktizieren. Privatleute in Unternehmen hätten kein Recht, »das soziale Interesse« zu definieren; dies müsse der Politik vorbehalten bleiben. Was kann »soziale Verantwortung« für ein Unternehmen denn heißen – außer dass es die Gesetze befolgt und sich an die guten Sitten hält? Soll ein Unternehmen Armenküchen einrichten oder Schulen mit Lernmitteln ausstatten? Woher käme das Geld für diese »sozialethischen« Aktivitäten? Entweder von den Kunden des Unternehmens, die überhöhte Preise bezahlen müssten (das ginge dann auf Kosten der Konsumenten), oder aus den Gewinnen (dies ginge zu Lasten der Aktionäre und/oder der Unternehmensinvestitionen). Besser wäre es, wenn Unternehmen sich stattdessen marktgerecht verhielten und aus höheren Gewinnen und Einkommen korrekt Steuern bezahlt würden, mit denen die *politisch* für notwendig gehaltenen öffentlichen Aufgaben (zum Beispiel Armenküchen und Lernmittel) aus den dafür zuständigen öffentlichen Haushalten bestritten werden könnten.

Unternehmen handeln am ehesten dann »sozial verantwortlich«, wenn sie prosperieren, weil sie nur dann ihre genuin »sozialen« Kernfunktionen der Wertschöpfung und der Beschäftigung erfüllen können. Wenn ein Unternehmer oder ein Unternehmen – etwa nach dem Modell *Robert Bosch* – freiwillig und aus eigenem Ermessen soziale Leistungen für die Belegschaft und/oder für die Standortgemeinde erbringt, ist das seine freie Entscheidung. Falsch ist allein die moralisierende *Forderung* nach einem solchen Handeln. (Robert Bosch führte bereits 1906 den Achtstundentag ein und hat überdurchschnittlich hohe Löhne gezahlt: »Ich zahle nicht gute Löhne, weil ich viel Geld habe, sondern ich habe viel Geld, weil ich gute Löhne zahle«, erklärte er seinem Biografen Theodor Heuss (1946: 306). Bosch wäre es allerdings nie eingefallen, aus »sozialen« Erwägungen z. B. auf Rationalisierungsmaßnahmen zu verzichten.)

Die Frage der Gerechtigkeit

Es gehört zum eisernen Bestand der Kapitalismuskritik, die Verteilungsergebnisse des Marktes für ungerecht zu halten. Da sich objektiv nicht sagen lässt, was im Verteilungsgeschehen gerecht und was ungerecht ist, weil es sich dabei um subjektive und politische Wertungen handelt, kann die Frage der Gerechtigkeit ökonomisch-wissenschaftlich nicht entschieden werden. Gesetzt den Fall, man hielte die Marktergebnisse der Einkommens- und Vermögensverteilung für ungerecht und korrekturbedürftig, dann stellt sich die Frage nach den Kosten und Nebenwirkungen einer Umverteilung. Insbesondere wäre zu klären, wie sich Maßnahmen zur Reduzierung von Einkommens- und Vermögensunterschieden auf Wachstum, Beschäftigung und auf den allgemeinen Wohlstand auswirken. Wenn sich zeigen sollte, dass eine spürbare Umverteilung die Wachstumsdynamik mindert und die Beschäftigungschancen insbesondere derjenigen reduziert, die gering qualifiziert und damit ohnehin sozial benachteiligt sind, dann gerät eine (gut gemeinte) Politik zur Verbesserung der sozialen Gerechtigkeit in das Dilemma, dass sie nicht nur vergeblich ist, sondern im Ergebnis das genaue Gegenteil des Intendierten bewirkt.

Es ist dies das Dilemma zwischen *naivem* und *reflektiertem* Gerechtigkeitshandeln: Das naive Konzept gibt der Verlockung des Unmittelbaren nach und setzt auf Umverteilung; Ungerechtigkeit soll bekämpft werden, indem Benachteiligte staatliche Transferzahlungen bekommen. Das Naheliegende aber ist das Falsche; in den meisten Fällen verfestigt dieser Ansatz nur Abhängigkeit und Deprivation. Überdies muss jede Umverteilung finanziert werden – und daraus ergeben sich Rückwirkungen auf die Wertschöpfung. Wird ein bestimmtes Ausmaß an Umverteilung überschritten, schlägt die Abgabenbelastung negativ auf Wachstum und Beschäftigung durch. Dies wird im reflektierten Gerechtigkeitskonzept berücksichtigt; es widersteht der Verlockung des Unmittelbaren und sucht die

Bildungs-, Beschäftigungs- und Aufstiegschancen benachteiligter Menschen zu verbessern, also ihre Chancen, *selbst* ein Markteinkommen zu erzielen statt auf staatliche Transfers angewiesen zu sein.

In Konflikten über soziale Gerechtigkeit geht es nicht darum, ob jemand für oder gegen dieses Ziel ist – alle sind dafür. Dissens besteht in der Frage, welche Zustände als sozial gerecht bewertet werden sollen und wie soziale Gerechtigkeit erreicht werden kann. Ist es sozial gerecht, Arbeitslosen mehr Geld zu geben, oder wäre dem Ziel der sozialen Gerechtigkeit eher gedient, alle Mittel dafür einzusetzen, dass sie wieder in Beschäftigung kommen? Im einen Falle geht es um die direkte Verbesserung der (Einkommensverteilungs-)Gerechtigkeit durch staatliche Transferzahlungen, im andern Falle um eine Verbesserung der Bedingungen, für sich selbst sorgen zu können. Höhere staatliche Transfers können zwar unmittelbar eine Notlage mildern, sie ändern aber nichts an den Ursachen der Not – im Gegenteil: Wenn die Transferzahlungen durch Steuern und Abgaben finanziert werden, belastet dies die Rahmenbedingungen für Wertschöpfung, Wachstum und Beschäftigung; dies verschlimmert noch die Hauptursache sozialer Not: die Massenarbeitslosigkeit (vgl. G. Willke 2005).

5.3 Die »Varianten«-Diskussion

Varianten statt Alternativen

Nach dem Scheitern der sozialistischen Systeme und der weltweiten Durchsetzung kapitalistischer Wirtschaftsformen verlagerte sich die Diskussion von den Alternativen zum Kapitalismus auf die »Varianten« innerhalb des kapitalistischen Grundmodells. Das neue Thema der komparativen Debatte ist die »kapitalistische Diversität« (Lütz 2003: 16). Der Wettbewerb der Varianten – »Kapitalismus contra Kapitalismus« (Albert 1992) – spielt vor dem Hintergrund von Globalisierung und intensivierter Standortkonkurrenz. Länder und Regionen wetteifern um die Gunst von Investoren mit unterschiedlichen Arrangements aus ökonomischen und institutionellen Standortbedingungen; Unternehmen sehen diese Arrangements als standortspezifische Kombinationen von Kosten und Nutzen und basieren darauf ihre Standortentscheidungen.

Die »Varianten« des Kapitalismus

Soziale Marktwirtschaft	⟷	freie Marktwirtschaft
»rheinischer Kapitalismus«	⟷	»angelsächsischer Kapitalismus«
»koordinierte Marktwirtschaft« (KMW)[1]	⟷	»liberale Marktwirtschaft« (LMW)[2]
regulierter Kapitalismus	⟷	Marktkapitalismus

1 Zu diesem Typus zählen Hall/Soskice (2001: 17ff.) Deutschland, Schweden, Schweiz, Niederlande, Norwegen, Österreich, Dänemark, Japan;
2 hierzu zählen sie die Vereinigten Staaten, Großbritannien, Kanada, Australien, Irland und Neuseeland. Vgl. auch Albert (1992); Amable (2003).

Im Zentrum der »Varianten«-Debatte stehen zwei idealtypische Ausprägungen der kapitalistischen Wirtschafts- und Gesellschaftsordnung, nämlich »koordinierte Marktwirtschaft« (KMW) versus »liberale Marktwirtschaft« (LMW) nach Hall/Soskice (2001) bzw. »rheinischer« versus »angelsächsischer« Kapitalismus nach Albert (1992). Diese Begriffspaare beschreiben konträre Grundtypen eines Variantenspektrums, das eine Vielzahl unterschiedlicher *Kapitalismen* umfasst. Divergenzen zwischen diesen Systemvarianten bestehen sowohl hinsichtlich der historischen Entwicklung, der kulturellen Traditionen und der institutionellen Ordnung als auch bezüglich des jeweiligen Leistungsprofils (Performanz): »Es ist die Auswirkung von verschiedenen (Konfigurationen von) sozialen Institutionen auf die Wirtschaft, die zu unterschiedlichen Welten des Kapitalismus und damit potenziell auch zu einer unterschiedlichen ökonomischen Leistungsfähigkeit führt« (Miller 2005: 23).

Übersicht 14: Vergleich der »Varianten«

Varianten →	»angelsächsischer« Kapitalismus »liberale Marktwirtschaft« (LMW)	»rheinischer« Kapitalismus »koordinierte Marktwirtschaft« (KMW)
Charakteristika	• Vorherrschaft der Kapitaleigner/Aktionäre (→*Shareholder Value*) • kurzfristige Gewinnorientierung • hohe Wettbewerbsintensität • hohe Flexibilität, unregulierte Märkte, hohes Anpassungstempo • hohe Erwerbsbeteiligung, längere Arbeitszeiten • geringer Kündigungsschutz • starke sektorale Lohnstreuung • Nutzung neuer Basis-Innovationen	• Hausbankensystem (»geduldiges« Kapital; →*Stakeholder Value*) • längerfristige Perspektive • mäßige Wettbewerbsintensität, regulierte Märkte, korporatistische Ordnung • geringe Diskrepanzen der Einkommensverteilung • hohe soziale Absicherung • relativ starke Gewerkschaften • hoher Kündigungsschutz • kürzere Arbeitszeiten • geringe sektorale Lohnstreuung • Detail-Verbesserungen an standardisierten Gütern
Schwächen	• hohe Einkommens- und Vermögensungleichheiten • geringe soziale Absicherung	• geringe Flexibilität, rigide Arbeitsmarktbedingungen • niedrige Erwerbsbeteiligung (Frauen, Ältere)
Performanz (Beispiel)	*Großbritannien* (1998-2005): Wachstum jahresdurchschnittlich 2,7%; Arbeitslosenquote unter 5%.	*Deutschland* (1998-2005): Wachstum jahresdurchschnittlich 1,3%; Arbeitslosenquote über 10%).
Albert (1992: 91); Amable (2003: 77); Hall/Soskice (2001); Lütz (2003: 27).		

Die Varianten-Diskussion orientiert sich an der Leitfrage, welche spezifischen Stärken und Schwächen die konkurrierenden Gesellschaftsordnungen aufweisen und welche

Beziehungen zwischen institutioneller Ausgestaltung und Performanz eines Systems bestehen. Von Interesse ist hier, ob es eindeutige Zusammenhänge zwischen sozioökonomischem Regime und Leistungsprofil gibt und ob sich entsprechende Erkenntnisse gegebenenfalls standortpolitisch nutzen lassen. Die vergleichende Perspektive erlaubt zudem einen kritischen Blick auf die institutionellen Varianten »ein und desselben Kapitalismus« (Albert 1992: 26), weil die Kapitalismen dabei auf den Prüfstand der Performanz gestellt werden. Sofern man das sozioökonomische Regime als kontingent betrachtet – also unter der Annahme, dass prinzipiell immer auch andere Regimes möglich wären –, geht von einer »*High-performance*-Variante« ein starker Anpassungsdruck auf weniger erfolgreiche Varianten aus. Dabei muss dann allerdings expliziert werden, was unter Systemperformanz verstanden werden soll: Geht es allein um ökonomische Leistungen im engeren Sinne (Wohlstandsniveau, Wirtschaftswachstum, Wettbewerbsfähigkeit, Innovativität), oder umfassender um die Wohlfahrt (unter Einbeziehung etwa der Einkommens- und Vermögensverteilung, der Bildungs- und Beteiligungschancen) – oder geht es ganz allgemein um die Lebensqualität, die mit einem ganzen Bündel sozialer Indikatoren zu umschreiben wäre?

Der zentrale Unterschied zwischen den diversen Kapitalismen liegt in ihrer institutionellen Ausprägung sowie in der Art der Verknüpfung zwischen den gesellschaftlichen Funktionssystemen Wirtschaft, Politik, Recht und Kultur. Am Beispiel des Arbeitsmarktes lässt sich das verdeutlichen: Der Arbeitsmarkt kann entweder als ein »freier« Markt ausgestaltet sein, auf dem die »Ware Arbeitskraft« nach den Gesetzen von Angebot und Nachfrage getauscht wird (wie im Typus der LMW mit hoher Flexibilität, aber geringer Sicherheit für die Arbeitnehmer). Oder er kann in ein Regulierungsgeflecht eingefasst sein, mit Tarifvertragsparteien, Kündigungs- und Arbeitsschutz,

Ausbildungsinstitutionen (duales System der Berufsausbildung) und gesetzlichen Arbeitszeitregelungen (wie im Typus der KMW mit geringer Flexibilität, aber hoher Sicherheit für beschäftigte Arbeitnehmer). Dieses Beispiel zeigt auch, dass Globalisierung und Standortwettbewerb die Politik keineswegs bedeutungslos machen – im Gegenteil: die (De-)Regulierungs- und Standortpolitik wird eher noch wichtiger, weil sie über das Institutionenregime (und dessen Reform) entscheidet – was weitreichende Auswirkungen auf das Nutzen-Kostenkalkül investitionswilliger Unternehmen und also auf deren Standortentscheidungen hat (vgl. Straubhaar 2006).

Es sind die Institutionen (Sozialversicherungen, Tarifvertragsparteien, Mitbestimmung, Verbände, Kartellbehörden, Bildungs- und Berufsausbildungssysteme, Kapitalmarktverfassung, Banken- und Zentralbanksystem, »Runde Tische« etc.), die unterschiedliche Formen des Kapitalismus ausprägen. Die Institution stellt ein Handlungsdispositiv zur Verfügung und liefert die Spielregeln, durch die wechselseitige Erwartungen begründet und stabilisiert werden, sie definiert eine Auszahlungsmatrix, die das Verhalten von Individuen, Gruppen oder Unternehmen über Sanktionen (Belohnungen und Strafen) lenkt. Damit wirken sich die institutionellen Arrangements auch auf die Unternehmensstrategien aus: »our point is that (institutional) structure conditions (corporate) strategy« (Hall/Soskice 2001: 15).

Vergleich der Varianten

Die europäische Kapitalismus-Diskussion zeigt eine Neigung, den guten sozialstaatlichen Kapitalismus kontinentaleuropäischer Prägung gegen den schlechten »Turbo-Kapitalismus« angloamerikanischer Art auszuspielen. Eine solche Bewertung ist einseitig. Bezieht man die Beschäftigungschancen sowie die Erwerbs- und Arbeitslosenquoten in die Beurteilung mit ein, ergibt sich ein differenzierteres Bild; dann fällt die anhaltend schlechte Beschäftigungsbilanz einiger »rheinischer« Systeme (z.B. Deutschlands und Frankreichs) negativ ins Gewicht. Eine Wirtschafts- und Gesellschaftsordnung kann nicht »sozial gerecht« heißen, wenn sie über Jahrzehnte hinweg Massenarbeitslosigkeit hinnimmt (oder gar produziert). Soziale Gerechtigkeit bemisst sich an den individuellen Beschäftigungs- und Beteiligungschancen, nicht an der (für ein Individuum völlig irrelevanten) Einkommens- und Vermögensverteilung.

Trotz der ungünstigen Beschäftigungsbilanz des rheinischen Modells (Ausnahmen: Niederlande, Dänemark) klammern sich manche Beobachter (wie Albert 1992: 185) an die Vorstellung, dieses Modell sei leistungsfähiger, und fragen deswegen verwundert: »Warum obsiegt der weniger leistungsstarke angelsächsische Kapitalismus«, während der wirtschaftlich und sozial bessere rheinische Kapitalismus unterliegt?

Albert gibt die wenig befriedigende Antwort, der rheinische Kapitalismus sei einfach »nicht sexy« (ebd.: 197). Eine bessere Erklärung würde lauten, dass im angelsächsischen Kapitalismus aufgrund spezifischer Bedingungen (z.B. massive Steuervergünstigungen für Kapitaleinkünfte seit den 1980er Jahren, geringere Belastung mit Lohnnebenkosten etc.) die Kapitalrendite deutlich höher ausfällt. Das ist für Investoren dann entscheidend, wenn zunehmend der Kapitalmarkt die Renditeziele setzt und die Investoren sich an den weltweit rentabelsten Unternehmen orientieren (*benchmarking*). Gelingt es einem Standort, sich derartige (Rendite-)Vorteile zu verschaffen, müssen die anderen nachziehen – zumindest teilweise –, wodurch eine Konkurrenz um Begünstigungen für das Kapital ausgelöst wird, welche die bislang privilegierte Position der Arbeitnehmerseite im rheinischen Kapitalismus untergräbt.

Die »Varianten« zeichnen sich durch unterschiedliche Gewichtungen von Markt und Staat, von Individuum und Kollektiv, von Wettbewerb und Kooperation aus. Diese

Differenzen sind Ausdruck unterschiedlich konfigurierter Gesellschaften, aber auch abweichender Wertesysteme und ethischer Einstellungen zur Rolle des Menschen in Wirtschaft und Gesellschaft. Den beiden Modellen entsprechen unterschiedliche Visionen: Im rheinischen Modell ist es die wohlfahrtsstaatliche »Vision des sozialen Ausgleichs« (Hall/Soskice 2001: 104), im angelsächsischen Modell die liberale Vision vom autonomen, selbstverantwortlichen Wirtschaftssubjekt. Im rheinischen Modell sind Sozialstaatlichkeit und Sozialpartnerschaft vergleichsweise ausgeprägt, die (Haus-)Banken spielen (noch) eine besondere Rolle bei der Unternehmensfinanzierung. Über viele Jahrzehnte war dieser europäische Kapitalismus gegenüber dem börsenorientierten US-Modell konkurrenzfähig, ja zeitweise überlegen. Mit der Globalisierung hat sich das geändert – zum einen wegen der »Exit-Option« für das Kapital, zum anderen, weil die vom System zu bewältigenden ökonomischen Herausforderungen sich gewandelt haben.

Die beiden zentralen neuen Herausforderungen im Rahmen der globalen Standortkonkurrenz bestehen in der gestiegenen Bedeutung der Produktivität für die Hochlohnkosten-Standorte und in der Beschleunigung des technologischen Wandels. Gegenüber den daraus resultierenden Erfordernissen einer raschen und flexiblen Anpassung an veränderliche Märkte und an die technologische Entwicklung ist ein sozialstaatlich überreguliertes, korporatistisches *Stakeholder*-System »zu langsam und sklerotisch« (Hull/Giddens 2001: 49). Das Problem des rheinischen Kapitalismus besteht darin, dass der technische Wandel wie auch der Modell- und Trendwechsel in immer kürzeren Fristen abläuft, während diese Wirtschafts- und Gesellschaftsordnung eine eher mittel- bis längerfristige Grundorientierung aufweist und damit auf dem entscheidenden Feld der Innovation und der neuen Technologien – anders gesagt: beim *Zeitwettbewerb* – zurückzufallen droht.

Institutionelle Komplementaritäten

Diese Diagnose bedeutet nicht, dass nun das angelsächsische Modell sklavisch kopiert werden müsste. Effizienz und gute Performanz können in unterschiedlichen institutionellen Konfigurationen erreicht werden: »different combinations of institutions may deliver near-identical economic performance« (Amable 2003: 57). Eine Kernaussage des neuen Forschungszweiges »komparativer Kapitalismus« (Miller 2005: 12) lautet, dass die zu einem Arrangement gehörenden Institutionen nicht isoliert voneinander bestehen, sondern ein Ensemble bilden – »Konfigurationen« (Lütz 2003: 22), in denen die verschiedenen Elemente funktional aufeinander bezogen sind. Aus diesem Grunde können einzelne Module auch nicht einfach herausgelöst und in ein anderes System verpflanzt werden. Die Institutionen einer Gesellschaft bilden eine Architektur mit wechselseitigen Komplementaritäten (vgl. Amable 2003: 54ff.). Im günstigen Fall weist diese Architektur eine Kohärenz auf, in der die Institutionen sich gegenseitig stützen. Im ungünstigen Fall können institutionelle Dissonanzen entstehen, die der Performanz abträglich sind.

Der Kapitalismus im LMW- und im KMW-Modus

Hall/Soskice (2001) zufolge besteht eine besondere Stärke der KMW-Variante darin, dass es hier leichter zu »strategischen Interaktionen« kommt, wenn diese durch »Nicht-Markt-Institutionen« unterstützt werden (ebd.: 33). Abgestimmte »strategische Interaktionen«, so die spieltheoretische Annahme, führen zu besseren Ergebnissen für alle Beteiligten, während Interessenkonkurrenz alle oder zumindest einige schlechter stellen würde. Diese Form der korporatistischen Abstimmung setzt allerdings wechselseitiges Vertrauen in die jeweilige Gegenseite voraus – was erfahrungsgemäß eher in kleineren Ländern mit überschaubaren Führungsgruppen realisierbar ist. Deswegen liegt diese Konstellation »idealtypisch« in den skandinavischen Ländern und in Holland vor. Ein hohes wohlfahrtsstaatliches Niveau geht dort einher mit einer »aktivierenden«

Arbeitsmarktpolitik (Qualifizierungsmaßnahmen, starke Anreize zur Wiederaufnahme einer Erwerbstätigkeit). Zentralisierte Gewerkschaften sorgen für eine moderate Lohnpolitik, und die korporatistische Staatsstruktur erleichtert die Durchführung der nötigen Reformen: »The Nordic model is good for both employment and poverty alleviation«, so Martin Wolf in der *Financial Times* (14.9.2005: 17). Bei der sozialen Gerechtigkeit und bei der Linderung von Armut liegt das rheinische Modell auf vergleichbarem Niveau wie das nordische, nur beim Beschäftigungsziel fällt es deutlich ab. Das angloamerikanische Modell versagt dagegen bei der Einkommens- und Vermögensverteilung sowie bei der sozialen Absicherung, während es bei der Beschäftigung besser abschneidet (vgl. ebd.). Aus seinem Vergleich der unterschiedlichen Kapitalismen leitet Wolf die Schlussfolgerung ab, dass die Beschäftigungsmisere des rheinischen Modells durch eine weitere →Deregulierung des Arbeitsmarktes behoben werden sollte.

Dominanz, Konvergenz oder Divergenz?

Die Globalisierung, so eine verbreitete These, führe zwangsläufig zu einem →»race to the bottom«, und damit zur Dominanz der Systeme mit den niedrigsten sozialen und ökologischen Standards; wie üblich, setzten sich in der Konkurrenz die Rücksichtlosesten durch. So beliebt diese Behauptung ist, so wenig hält sie einer empirischen Überprüfung stand: Es gibt kein »race to the bottom«. Eine abgemilderte These postuliert »Konvergenz« der nationalen Systeme im Sinne einer gegenseitigen Annäherung. Bei politischem Rationalverhalten müsse man erwarten, dass Unterschiede in der gesamtwirtschaftlichen Erfolgsbilanz zu institutionellen Veränderungen führen und sich folglich alle Länder auf die eine optimale Institutionenarchitektur zubewegen, so Hall/Soskice (2001: vi). Tatsächlich sind auch die Belege für diese Konvergenz auf das »eine beste Modell« eher dünn. Wohl wurden in einigen Ländern Reformen in Richtung auf eine optimierte institutionelle Architektur unternommen (in Skandinavien

Ansätze zur Reform des Sozialstaates, in Deutschland die »Agenda 2010«), während auf der anderen Seite, etwa in den USA, versucht wird, die gesetzliche Krankenversicherung auf weitere Bevölkerungsgruppen auszuweiten. Ein von der EU-Kommission vorgelegter Vergleich zwischen »Reformländern« (z. B. Finnland, Niederlande, Österreich) und »Nicht-Reformländern« (z. B. Deutschland, Frankreich, Italien) zeigt jedoch, dass bedeutsame Unterschiede zwischen den Wirtschafts- und Gesellschaftsordnungen bestehen bleiben. Die Reformländer haben ihre Staatsquote (Anteil der Staatsausgaben am BIP) reduziert und weisen entsprechend niedrigere Defizite der öffentlichen Haushalte und eine geringere Staatsverschuldung auf; die Konsequenz ist ein *höheres Potenzialwachstum*. Die Nicht-Reformländer haben ihre Staatsquote nur wenig verringert, entsprechend stagniert das Wachstum und die Beschäftigungslage ist weiterhin trostlos (vgl. FAZ vom 22.4.2006: 14). Eine Konvergenz zwischen diesen beiden Ländergruppen ist nicht feststellbar.

Zusammenfassend lassen sich aus der Varianten-Diskussion drei Thesen ableiten:

- Es gibt nicht *einen* Kapitalismus, sondern verschiedene Kapitalismen. Die Varianten unterscheiden sich in ihrer institutionellen Ausgestaltung und in ihrer Performanz; gemeinsam ist ihnen ihr ökonomischer Kern: die »kapitalistische Maschine«.
- Die Varianten bewältigen die aktuellen technologisch-weltwirtschaftlichen Herausforderungen unterschiedlich. Bis in die 80er Jahre hinein schien der sozialdemokratische Modus besser geeignet, die USA und auch Großbritannien fielen dagegen ab. Das Blatt wendete sich im Verlauf der 90er Jahre, als der liberale, angelsächsische Modus sich als besser gewappnet erwies, die technologischen Revolutionen (Mikroelektronik, Telekommunikation, Bio- und Gentechnologien etc.)

sowie die Herausforderung der Globalisierung zu bewältigen. Offenbar kommen die LMW mit Innovation und Dynamik besser zurecht als die KMW.

- Ganz unterschiedlich bewältigen die Varianten das »Beschäftigungstrilemma«: Beschäftigungschancen, Beschäftigungssicherheit und soziale Absicherung bei Arbeitslosigkeit. Wenn die Beschäftigung zentral ist für das subjektive Befinden in der Arbeitsgesellschaft und für die soziale Gerechtigkeit, dann muss die Performanz in diesem Systembereich den Ausschlag geben.

5.4 Zur Zukunft des Kapitalismus

»Mangels Alternativen besteht die Aufgabe darin, das jetzige System funktionsfähig zu halten und zu verbessern. Es ist alles, was wir haben« (Hull/Giddens 2001: 261).

Im dritten Kapitel wurden mit den Diagnosen der Meisterdenker auch deren Prognosen über die künftig Entwicklung des Kapitalismus referiert. Tatsächlich schöpfen diese Aussagen den Möglichkeitsraum von Prognosen bereits voll aus. Vorausgesagt wurde nämlich a) Zusammenbruch (Marx), b) Stagnation/Erstarrung (Sombart, Schumpeter) und c) Prosperität (Smith). Alle Zusammenbruchs- und Stagnationsprognosen haben sich bis heute als falsch erwiesen. Die einzig zutreffende Zukunftsaussage, die auch weiterhin gültig bleiben dürfte, ist die von Adam Smith; sie lautet: Wenn das privatwirtschaftliche Marktsystem nicht übermäßig behindert wird und wenn die Wettbewerbsordnung durch einen starken (aber schlanken) Staat gesichert wird, dann ermöglicht dieses »System der natürlichen Freiheit« Wohlstand und Prosperität. Abgesehen von dieser 230 Jahre alten Konditional-Prognose gibt es bis heute keine ernst zu nehmenden Aussagen über die Zukunft des Kapitalismus.

Um das Jahr 1000 lagen die Weltregionen beim Pro-Kopf-Einkommen nach Berechnungen von Maddison (2001) sehr nahe beieinander, nämlich zwischen 400 und 450 US-Dollar im Jahr (Kaufkraft von 1999). Danach entwickelten sich die Regionen dramatisch auseinander (vgl. Abbildung 5). Den Hauptgrund für den fulminanten Aufschwung Westeuropas sieht Maddison im okzidentalen Kapitalismus, der nicht nur die (absolute) Armut besiegt hat, sondern auch die materiellen Voraussetzungen für allgemeinen Fortschritt schuf: für steigenden Wohlstand, kürzere Tages-, Wochen- und Jahresarbeitszeiten, höhere Lebenserwartung und Lebensqualität, mehr öffentliche Güter und sozialstaatliche Leistungen – und für mehr materielle Gerechtigkeit.

Abbildung 5: *Pro-Kopf-Einkommenswachstum 1000–1998*

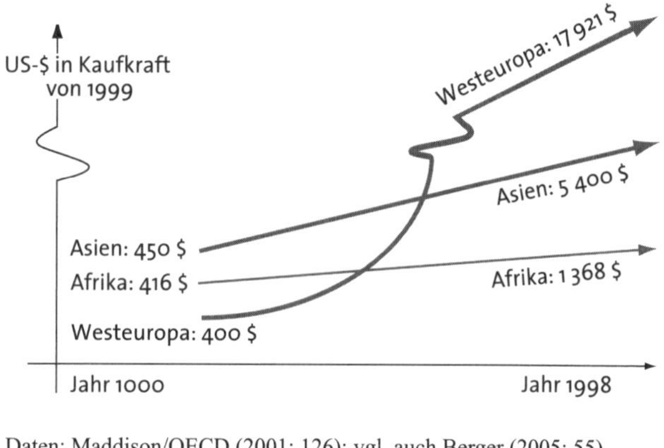

Daten: Maddison/OECD (2001: 126); vgl. auch Berger (2005: 55).

Als Wohlstandsmaschine ist der Kapitalismus bis heute konkurrenzlos. Im Prinzip könnten mit diesem Potenzial die drei zentralen wirtschafts- und sozialpolitischen Ziele moderner Gesellschaften gleichzeitig und gleichgewichtig erreicht werden, nämlich individueller Wohlstand, öffentliche Güterversorgung und soziale Gerechtigkeit. Es hängt allerdings von der institutionellen Ordnung und von der praktizierten Wirtschafts- und Gesellschaftspolitik ab, ob das Potenzial so genutzt wird, dass individuelle und gesellschaftliche Wohlfahrt sich ergänzen und wechselseitig stützen, oder ob diese Ziele in einen schädlichen (Verteilungs-)Konflikt geraten. Dies gilt für nationale Wirtschaftsysteme wie für die Weltwirtschaft insgesamt.

Neben der beeindruckenden wirtschaftlichen Leistung des kapitalistischen Systems wird von liberalen Autoren auch die freiheitssichernde Funktion des Marktes hervorgehoben, die – nach allen historischen Erfahrungen – nur in einer kapitalistischen Wirtschafts- und Gesellschaftsordnung voll zur Geltung kommen kann. Jedoch sind mit dem Kapitalismus – im Unterschied zu anderen Systemen – keine Glücksverheißungen verbunden. Der kapitalistische Prozess, so Schumpeter (1942: 211), hat mehr geleistet als alle Wirtschaftsordnungen vor und neben ihm, aber daraus »folgt nicht, dass die Menschen in der industriellen Gesellschaft von heute ›glücklicher‹ oder auch nur ›besser daran‹ sind, als sie es im mittelalterlichen Gutshof oder Dorf waren«. »Besser daran« dürften die meisten heute schon sein, wenn auch nicht unbedingt »glücklicher«; nur – wer das erwartet, ist falsch instruiert. Der Kapitalismus ist kein Projekt der Weltbeglückung; niemandem wurde ein »geglücktes Leben« (Berger 2005: 52) versprochen. Die Stärke dieses Systems besteht eher in der beständigen Verbesserung der allgemeinen Lebensbedingungen und in den vielen Chancen, die sich aus gesellschaftlicher und wirtschaftlicher Freiheit ergeben – einer Freiheit, die Abweichung und Vielfalt zulässt. Der Markt bietet einen geeigneten, vielleicht den optimalen Rahmen für das *Streben* nach Glück; vom Erreichen desselben war nicht die Rede.

Der Kapitalismus ist nicht das Ergebnis menschlichen Entwurfs, wohl aber menschlichen Handelns. Wirtschafts-

und Gesellschaftsordnungen entstehen aus Interaktionen von Individuen, Gruppen und Institutionen; in diesem Sinne lassen sich realisierte Sozialsysteme als nichtintendierte Folge menschlichen Handelns verstehen (vgl. Hayek 1980: 36f.). Diese Einsicht enthebt eine Gesellschaft nicht der Aufgabe, ihre Teilordnungen in einem Prozess des »social engineering« (Popper) beständig zu verbessern. Der Kapitalismus ist eine Quelle von Wohlstand, Wachstum, Innovation und Kreativität, aber eben auch von Fehlentwicklungen und Risiken. Fehlentwicklungen zu korrigieren und Risiken zu begrenzen, ist Aufgabe und andauernde Herausforderung für die Gesellschaft und ihre politischen Institutionen, zunehmend auch für die Gesamtheit aller Gesellschaften – die Weltgesellschaft.

Kapitalismus als »laterales Weltsystem«

Mit der Globalisierung hat sich der Kapitalismus zu einem dynamischen »lateralen Weltsystem« entwickelt (H. Willke 2005: 5, 54f.). Die neue Herausforderung besteht darin, ein adäquates Governanzregime für diesen globalen, sich dem Korsett nationalstaatlicher Regulierung entwindenden Kapitalismus zu schaffen. Der Nationalstaat reicht nicht mehr aus, ein »laterales Weltsystem« zu lenken, doch einen Weltstaat, der dies leisten könnte, gibt es nicht. Also müssen behelfsmäßige Lösungen gefunden werden, die geeignet sind, dem Kapitalismus als Weltsystem regulatorische Grenzen zu setzen und ihn stärker für das allgemeine Wohl in die Pflicht zu nehmen. Immerhin ist dies auf nationalstaatlicher Ebene während der keynesianischen Epoche hinlänglich gelungen.

Nötig sind dazu geeignete Formen einer »Global Governance« (H. Willke 2006), deren Zweck darin besteht, auch die globalisierte Version des Kapitalismus einem Regulierungsregime zu unterwerfen, um zu gewährleisten, dass weder für (Groß-)Unternehmen noch für den Kapitalismus insgesamt ein rechts- und sanktionsfreier Raum entsteht (bzw. bestehen bleibt). Es muss der Gesellschaft vorbehalten bleiben, darüber zu bestimmen, wie weit ihre

Teilsysteme gehen können und wie stark sie im Interesse des Ganzen gezügelt werden müssen, wenn interne Stopregeln versagen. Entsprechendes gilt auch für die Weltgesellschaft.

Auf globaler Ebene gibt es eine ganze Reihe sowohl politischer als auch zivilgesellschaftlicher Einrichtungen und Institutionen, die regulierend und zivilisierend auf den globalen Kapitalismus einwirken können (und dies partiell auch tun): Zu den wichtigsten gehören internationale politische Institutionen wie UNO, WTO, ILO, IWF, Weltbank, GATT/GATS, supranationale Einrichtungen wie BIZ oder → Pariser Club sowie global agierende NGOs, insbesondere Verbraucher- und Naturschutzverbände, Rating- und Akkreditierungsagenturen. Während die politischen Institutionen das weltwirtschaftliche Geschehen zu regulieren versuchen und ihre Hauptaufgabe darin sehen, Handels-, Währungs- und Wirtschaftskrisen zu vermeiden bzw. im Krisenfall Hilfestellung zu leisten, geht es den NGOs darum, eine kritisch kontrollierende »Gegenmacht« durch globale Öffentlichkeit herzustellen. Dabei dürfte der wichtigste Effekt der sein, sozialschädliches und verwerfliches Verhalten von Unternehmen für diese *teuer* zu machen.

Je skeptischer man die Steuerungskompetenz (internationaler) politischer Institutionen veranschlagt, desto stärker muss man auf die Wirkungen einer informierten und kritischen Öffentlichkeit setzen – lokal, national und global. Aussichtslos erscheint der Versuch, im Weltzustand des globalen Kapitalismus den Unternehmen bzw. deren Management ethisches Verhalten aufzunötigen. Das Ziel einer durch globale Medien gestützten Öffentlichkeit kann nur sein, menschlich und ökologisch rücksichtsloses Verhalten für Unternehmen zu einem Verlustgeschäft zu machen – so dass sie es aus Eigeninteresse unterlassen. Rücksichtnahme entfällt regelmäßig dann, wenn deren Kosten »geringer sind als die Vorteile in Form besser motivierter Mitarbeiter(innen), besserer Reputation, höherer Umsätze oder wohlwollender politischer Behörden« (Straubhaar 2006). Ökonomisch gesehen handelt es sich auch hier um ein Tauschgeschäft. Man muss den Markt nutzen, statt ihn zu verteufeln.

Wenn die Institutionen einer kritischen Gegenöffentlichkeit – Wissenschaft, Medien, NGOs, Verbände, Stiftungen, parlamentarische Enquete-Kommissionen und so weiter – kompetent, wissensbasiert und zuverlässig auf schädliche Folgen der Missachtung von humanen, ökologischen und sozialen Standards aufmerksam machen, dann können die stärksten korrigierenden Kräfte des Marktsystems, nämlich Wettbewerb und Verbraucherverhalten, dazu genutzt werden, den Kapitalismus zu domestizieren und weiter zu zivilisieren. Dann könnte gelingen, was Keynes (1931: 321) bei seinen Überlegungen zur Zukunft des Kapitalismus als Ideal vorschwebte – ein »capitalism wisely managed«.

6 Literatur

Adorno, Theodor W. (1951), *Minima Moralia. Reflexionen aus dem beschädigten Leben*. Frankfurt/M. 2001.

Albert, Michel (1992), *Kapitalismus contra Kapitalismus*. Frankfurt, M./New York.

Altvater, Elmar (2003), *Globalisierung – Diktatur der Märkte oder Wohlstand für alle?* Sendung des SWR2 (Aula) am 21.9.2003.

Amable, Bruno (2003), *The Diversity of Modern Capitalism*. Oxford.

Appel, Michael (1987), *Der ›Moderne Kapitalismus‹ im Urteil zeitgenössischer Besprechungen*. In: vom Brocke (1987), S. 67–85.

Baecker, Dirk u. a. (2003), *Kapitalismus als Religion*. Berlin.

Baumol, William J. (2002), *The free-market innovation machine. Analyzing the growth miracle of capitalism*. Princeton.

Berger, Johannes (2005), *Soziale Institutionen, technischer Fortschritt und wirtschaftliche Leistungsfähigkeit*. In: Miller, Max (2005), S. 49–82.

Bhagwati, Jagdish (2005), *Deutsches Sozialmodell und Globalisierung*. In: Frankfurter Rundschau vom 7.10.2005, S. 9.

Bog, Ingomar (1978), *Kapitalismus*. In: Handwörterbuch der Wirtschaftswissenschaft, 4. Band. Stuttgart u. a., S. 418–32.

Boltanski, Luc; Chiapello, Eve (2003), *Der neue Geist des Kapitalismus*. Konstanz.

Bolz, Norbert (2003), *Über Konsumismus*. In: Merkur Nr. 653–654, S. 966–971.

Bolz, Norbert (2000), *›Deutsche Leitkultur‹ – eine Verzweiflungsformel*. In: Frankfurter Rundschau vom 1.11.2000.

Borchardt, Knut (1969), *Zur Theorie der sozial-ökonomischen Entwicklung der gegenwärtigen Gesellschaft*. In: Adorno, Theodor W. (Hg.; 1969), S. 27–47.

Braudel, Fernand (1985), *Die Dynamik des Kapitalismus*. Stuttgart. (3. Aufl. 1997)

Busche, Jürgen (2006), *Wenn Werte zu Tyrannen werden*. In: taz vom 29.4.2006, S. 20.

Castells, Manuel (2001), *Informationstechnologie und globaler Kapitalismus*. In: Hutton/Giddens (Hg.; 2001), S. 68–92.

Coase, Ronald (1937), *The Nature of The Firm*. In: Economica, November 1937, S. 386–495.

de Man, Hendrik (1931), *Kapitalismus und Sozialismus*. In: Harms, Bernhard (Hg.; 1931), S. 53–76.

Demsetz, Harold (2005), *Corporate Governance und die Institutionen des Kapitalismus*. In: Miller (2005), S. 83–100.

Dobb, Maurice (1946), E*ntwicklung des Kapitalismus. Vom Spätfeudalismus bis zur Gegenwart*. Köln 1970.

Dönhoff, Marion Gräfin (1999), *Zivilisiert den Kapitalismus!* Vortrag am 3.2.1999 in Basel (http://www.basler.denkanstoesse.ch/ pages/03_b.html; Zugriff 20.1.2006)

Elias, Norbert (1939), *Über den Prozess der Zivilisation. Soziogenetische und psychogenetische Untersuchungen*. Bd. 2, *Wandlungen der Gesellschaft. Entwurf zu einer Theorie der Zivilisation*. 7. Aufl. Frankfurt/M. 1980.

Engels, Friedrich (1844), *Umrisse zu einer Kritik der Nationalökonomie*. In: Deutsch-Französische Jahrbücher, Paris. [In: MEW 1, S. 499–524. Berlin 1976].

Engels, Friedrich (1845), *Die Lage der arbeitenden Klasse in England*. Leipzig. [In: MEW 2, S. 225–506. Berlin 1972.]

Eppler, Erhard (2005), *Auslaufmodell Staat?* Frankfurt/M.

FES-Chronologie 1903, [Friedrich-Ebert-Stiftung] http://library.fes.de/fulltext/bibliothek/00148/00001531.html

Friedman, Milton (2004), *Kapitalismus und Freiheit*. München (Erstausgabe 1962).

Fülberth, Georg (2005), *G-Strich. Kleine Geschichte des Kapitalismus*. Köln.

Gilpin, Robert (2002), *The Challenge of Global Capitalism. The World Economy in the 21st Century*. Princeton, NJ.

Goethe, Johann Wolfgang v. (1821), *Wilhelm Meisters Wanderjahre oder Die Entsagenden* (WMW). Drei Bände. Tübingen.

Hall, Peter; Soskice David (Hg.; 2001), *Varieties of Capitalism. The institutional foundations of comparative advantage*. Oxford.

Harms, Bernhard (Hg.; 1931), *Kapital und Kapitalismus*. 1. Band. Berlin.

Hayek, Friedrich A. v. (1944), *Der Weg zur Knechtschaft*. München 1976 [Original: *The Road to Serfdom*. London 1944]

Hayek, Friedrich A. v. (1969), *Der Wettbewerb als Entdeckungsverfahren*. In: Ders.: *Freiburger Studien*. Tübingen, S. 249–265.

Hayek, Friedrich A. v. (1980), *Recht, Gesetzgebung und Freiheit* – Band I: *Regeln und Ordnung*. München.

Hegel, Georg Wilhelm Friedrich (1840), *Enzyklopädie der philosophischen Wissenschaften*. Erster Teil, *Die Logik*. Berlin.

Heilbroner, Robert L. (1987), *Capitalism*. In: The New Palgrave. London, Band I, S. 347–53.

Heimann, Eduard (1956), *Kapitalismus*. In: Handwörterbuch der Sozialwissenschaften, 5. Band, Stuttgart u. a., S. 510–15.

Hellpach, Willy (1931), *Der Stil des Lebens im Zeitalter des Kapitalismus*. In: Harms, Bernhard (Hg.; 1931), S. 3–19.

Hengsbach, Friedhelm (2006), *Fragwürdige Wertedebatte*. In: Frankfurter Rundschau vom 29.4.2006, S. 11.

Herzinger, Richard (2003), *Kapitalismus als Ethos*. In: Merkur Nr. 653–654, S. 747–757.

Heuss, Theodor (1946), *Robert Bosch: Leben und Leistung*. Tübingen 1975.

Hilferding, Rudolf (1910), *Das Finanzkapital. Eine Studie über die jüngste Entwicklung des Kapitalismus*. In: Marx-Studien. Blätter zur Theorie und Politik des wissenschaftlichen Sozialismus, Band 3, Wien.

Hilferding, Rudolf (1931), *Die Eigengesetzlichkeit der kapitalistischen Entwicklung*. In: Harms, Bernhard (Hg.; 1931), S. 20–37.

Hirschman, Albert O. (1992), *Rival Views of Market Society*. Cambridge, Mass.

Homann, Karl (1993), *Wider die Erosion der Moral durch Moralisieren*. In: Beaufort, Jan (Hg.), *Moral und Gesellschaft*. Dettelbach, S. 47–68.

Homann, Karl (1997), *Individualisierung: Verfall der Moral? Zum ökonomischen Fundamt aller Moral*. In: Aus Politik und Zeitgeschichte B 21/97, S. 13–21.

Homann, Karl (2006), *Wie moralisch ist die Wirtschaft?* Interview in: Fluter 44 (Januar 2006; Bundeszentrale für politische Bildung, Bonn).

Homburg, Heidrun (1986), *›Organisierter Kapitalismus‹*, in: Lexikon des Sozialismus (Hg. Meyer, Thomas u. a.). Köln, S. 486–69.

Horn, Karen (2000), *Pioniergeist für die Marktwirtschaft*. Zum 50. Todestag von Joseph Schumpeter. In: FAZ vom 8.1.2000.

Hufnagel, Gerhard (1971), *Kritik als Beruf. Der kritische Gehalt im Werk Max Webers.* Frankfurt/M., Berlin, Wien.

Hufnagel, Gerhard (2000), *Interesse und Verantwortung. Die metallindustriellen Arbeitgeberverbände des Siegerlandes vom Kaiserreich bis zur Deutschen Diktatur.* Wissenschaftliche Mitarbeit: Stefan Schrage. Siegen.

Hume, David (1741), *Of the Independency of Parliament.* In: Essays, Moral and Political, Band 1. [Deutsch in: *Essays, Moral and Political (Politische und ökonomische Essays*). Hamburg 1988, (S. 39)]

Hutton, Will; Giddens, Anthony (Hg.; 2001), *Die Zukunft des globalen Kapitalismus.* Frankfurt/M.

Kaufhold, Karl H. (1987), *›Kapitalismus I‹*, in: Staatslexikon Recht, Wirtschaft, Gesellschaft. Hg. Görres-Gesellschaft. Bd. 3, Freiburg/Basel/Wien.7. Aufl., Sp. 294–302.

Keynes, John M. (1931), *Essays in Persuasion.* [Wiederabgedruckt in: The Collected Writings of John Maynard Keynes. Hg. Donald Moggridge u.a. London 1971 ff. (JMK, Bd. IX)].

Kloten, Norbert (1986), *Der Staat in der Sozialen Marktwirtschaft.* (Walter Eucken Institut 108). Tübingen.

Koselleck, Reinhart (1972), *Einleitung.* In: Otto Brunner, Werner Conze, Reinhart Koselleck (Hg.), Ges*chichtliche Grundbegriffe. Historisches Lexikon zur politisch-sozialen Sprache in Deutschland*, Bd. 1, Stuttgart, S. XIII–XXVII.

Koslowski, Peter (1982), *Ethik des Kapitalismus.* (Mit einem Kommentar von James M. Buchanan.) 6. Aufl. Tübingen 1998.

Koslowski, Peter (1987), *›Kapitalismus II‹*, in: Staatslexikon Recht, Wirtschaft, Gesellschaft. Hg. Görres-Gesellschaft. Bd. 3, Freiburg/Basel/Wien.7. Aufl., Sp. 302–308.

Kromphardt, Jürgen (1987), *Konzeptionen und Analysen des Kapitalismus – von seiner Entstehung bis zur Gegenwart.* 4. Aufl. Göttingen 2004.

Lewis, William A. (1978), *The Evolution of the International Economic Order*, Princeton.

Lindblom, Charles E. (2001), *The Market System. What it is, How it Works, and What to Make of it.* New Haven & London.

Luhmann, Niklas (1969), *Gesellschaftliche Organisation.* In: Ellwein: Thomas u. a. (Hg.), Erziehungswissenschaftliches Handbuch, Bd. I, Berlin: 387–407.

Lütz, Susanne (2003), *Governance in der politischen Ökonomie.* MPIfG Discussion Paper 03/5.

Luxemburg, Rosa (1913), *Die Akkumulation des Kapitals. Ein Beitrag zur ökonomischen Erklärung des Imperialismus.* Berlin. [In: Gesammelte Werke. Berlin 1981, Bd. 5.]

Mackert, Jürgen (2003), *Kapitalismus global. Kleine Reise durch neuere Literatur.* In: Merkur Nr. 653–654, S. 841–849.

McCraw, Thomas K. (2001), *Capitalism, Socialism and Democracy – Review Essay.* (www.eh.net/bookreviews/library/ mccraw.shtml) [Zugriff am 21.2.2006]

Maddison, Angus (1995), *Monitoring the World Economy 1820–1992.* OECD Paris.

Marx, Karl (1847), *Das Elend der Philosophie.* In: Die Frühschriften (Hg. Landshut, Siegfried). Stuttgart, S. 486–524.

Marx, Karl (1857), *Grundrisse der Kritik der politischen Ökonomie.* (MEW Bd. 42. Berlin 1983, S. 47–768).

Marx, Karl (1867), *Das Kapital. Kritik der politischen Ökonomie.* Band I (MEW Bd. 23. Berlin 1964).

Marx, Karl (1885), *Das Kapital. Kritik der politischen Ökonomie.* Band II (MEW Bd. 24. Berlin 1963).

Marx, Karl (1894), *Das Kapital. Kritik der politischen Ökonomie.* Band III (MEW Bd. 25. Berlin 1969).

Marx, Karl; Engels, Friedrich (1846), *Die deutsche Ideologie.* (MEW Bd. 3, Berlin 1969, S. 5–530).

Marx, Karl; Engels, Friedrich (1848), *Kommunistisches Manifest.* (MEW Bd. 4, Berlin 1972, S. 459–493).

Mayer, Karl Ulrich (Hg.; 2001), *Die beste aller Welten? Marktliberalismus versus Wohlfahrtsstaat*, Frankfurt/M.

Miller, Max (2005), *Vorwort* und *Einleitung*. In: Ders.: *Welten des Kapitalismus. Institutionelle Alternativen in der globalisierten Ökonomie* Frankfurt/M., S. 7–10 und 11–45.

Mommsen, Wolfgang (1974), *Kapitalismus und Sozialismus. Die Auseinandersetzung mit Karl Marx.* In: Ders., *Max Weber. Gesellschaft, Politik und Geschichte.* Frankfurt/M., S. 144–181.

Musil, Robert (1932), *Der Mann ohne Eigenschaften.* Band 2. (Lizenzausgabe Berlin 1975).

Nell-Breuning, Oswald v. (1974), *Kapitalismus – kritisch betrachtet.* Freiburg.

Nietzsche, Friedrich (1881), *Morgenröte – Gedanken über die moralischen Vorurteile.* [Stuttgart 1991].

Nipperdey, Thomas (1990), *Deutsche Geschichte 1866–1918*, Bd.1, Arbeitswelt und Bürgergeist. München. (2. Aufl. 1991)

Ott, Alfred E.; Winkel, Harald (1985), *Geschichte der theoretischen Volkswirtschaftslehre.* Göttingen.

Parsons, Talcott (1928/29), *Capitalism in Recent German Literature.* In: Journal of Political Economy Bd. 36, S. 641–661; Bd. 37, S. 31–51.

Perroux, François (1983), *Wirtschaft und Macht.* Bern, Stuttgart.

Pfeiffer, Hermannus (2005), *Von der lokalen zur globalen Ökonomie.* In: Dossier Wirtschaft. Bundeszentrale für politische Bildung, Bonn.

Recktenwald, Horst C. (1974), *Würdigung des Werkes.* (Einleitung zu Smith 1776), S. XV–LXXIX. München 1993.

Robinson, Joan (1962), *Economic Philosophy.* Harmondsworth.

Rogoff, Kenneth, *Interview.* In: Spiegel Online vom 17.4.2006; (www. spiegel.de/international/spiegel/0,1518,411543,00.html).

Roll, Eric (1956), *A History of Economic Thought.* Englwood Cliffs 1959 (3. Aufl.).

Rüstow, Alexander (2001), *Das Versagen des Wirtschaftsliberalismus* (Hg. Maier-Rigaud, F.P; Maier-Rigaud, G. Marburg.

Salin, Edgar (1927), *Hochkapitalismus.* In: Weltwirtschaftliches Archiv 25 (1927), S. 324 ff.

Schumpeter, Joseph A. (1908), *Das Wesen und der Hauptinhalt der theoretischen Nationalökonomie.* Leipzig.

Schumpeter, Joseph A. (1912), *Theorie der wirtschaftlichen Entwicklung.* Leipzig. (9. Aufl. Berlin 1997).

Schumpeter, Joseph A. (1928), *Unternehmer.* In: Ders. (1987), Beiträge zur Sozialökonomik, S. 137–157. (Auszugsweise abgedruckt in: Cicero Magazin für politische Kultur Juni 2005 (www.cicero.de/839.php?ausgabe=06/2005; Zugriff am 28.3.06)

Schumpeter, Joseph A. (1932), *Entwicklung.* In: Festschrift für Emil Lederer zu seinem fünfzigsten Geburtstag (Manuskript).

Schumpeter, Joseph A. (1942), *Kapitalismus, Sozialismus und Demokratie.* Einleitung Edgar Salin. (6. Aufl. München 1987).

Schumpeter, Joseph A. (1946), *John Maynard Keynes 1883–1946.* In: Wood, John C. (Hg.), *John Maynard Keynes. Critical Assessments.* London u.a. 1983 ff. (8 Bände), Bd. I, S. 51–72.

Schumpeter, Joseph A. (1957), *Beiträge zur Sozialökonomik.* (Hg. St. Böhm) Wien 1987.

Schuon, Karl Th. (1986), *›Staatstheorie‹*, in: Lexikon des Sozialismus. (Hg. Meyer, Thomas u.a.). Köln, S. 656–58.

Sée, Henri (1928), *Modern Capitalism, Its Origin and Evolution*. Kitchener 2004.

Shonfield, Andrew (1965), *Modern Capitalism, The Changing Balance of Public and Private Power*, Oxford.

Siebert, Horst (2001), *Thesen zum ›Globalen Kapitalismus‹* (Veranstaltung der Ludwig-Erhard Stiftung, 27.3.2001 in Berlin).

Simmel, Georg (1900), *Philosophie des Geldes*. Frankfurt/M. 2001.

Simmel, Georg (1903), *Soziologie der Konkurrenz*. In: Aufsätze und Abhandlungen 1901–1908. (Bd. 1. Frankfurt/M., 221–246).

Simmel, Georg (1908), *Soziologie, Untersuchungen über die Formen der Vergesellschaftung*. (Bd. 11, Frankfurt/M. 1992).

Sloterdijk, Peter (2005), *Im Weltinnenraum des Kapitals*. Frankfurt/M.

Smith, Adam (1776), *Der Wohlstand der Nationen. Eine Untersuchung seiner Natur und seiner Ursachen*. (Hg. Recktenwald, Horst C.) München 1993.

Solow, Robert M. (2006), *Comments*. In: Capitalism and Society 1/2006: 3. [www.bepress.com/cas/vol1/iss1/art3/]

Sombart, Werner (1896), *Die Epochen der Getreidehandelsverfassung*. Zit. in Takebayashi (2003: 188).

Sombart, Werner (1902), *Der moderne Kapitalismus*. Band I, Die Genesis des Kapitalismus. Band II, Die Theorie der kapitalistischen Entwicklung. Berlin.

Sombart, Werner (1909), *Der kapitalistische Unternehmer*. In: Archiv für Sozialwissenschaft und Sozialpolitik 29, S. 689–758.

Sombart, Werner (1913), *Der Bourgeois. Zur Geistesgeschichte des modernen Wirtschaftsmenschen*. Munchen/Leipzig. [Nachdruck Reinbek 1988]

Sombart, Werner (1916), *Der moderne Kapitalismus*. 2. neu bearbeitete Aufl. München. [Nachdruck der 2. Aufl. in 6 Bänden, München 1969/1987]

Sombart, Werner (1927), *Der moderne Kapitalismus*. Band III, *Das Wirtschaftsleben im Zeitalter des Hochkapitalismus*. München u. Leipzig [Nachdruck München 1987]

Sombart, Werner (1931a), *Entfaltung des modernen Kapitalismus*. In: Harms, Bernhard (Hg.; 1931), S. 85–104.

Sombart, Werner (1931b), *Kapitalismus*. In: Handwörterbuch der Soziologie, hg. v. Alfred Vierkandt. Stuttgart, S. 258–277.

Sombart, Werner (1932), *Die Zukunft des Kapitalismus*. Berlin.

Sozialwort der Kirchen (1997), *Gemeinsames Wort »Für eine Zukunft in Solidarität und Gerechtigkeit«* [www.ekd.de/EKD-Texte/44676.html (Zugriff 11.4.2006)]

Strange, Susan (1997), *Casino Capitalism*. Manchester.

Straubhaar, Thomas (2006), *Zerreißt uns die Globalisierung?* In: Handelsblatt vom 16.5.2006, S. 30.

Takebayashi, Shiro (2003), *Die Entstehung der Kapitalismustheorie in der Gründungsphase der deutschen Soziologie*. Berlin.

Thurow, Lester C. (1996), *Die Zukunft des Kapitalismus*. Düsseldorf.

Vom Brocke, Bernhard (1987; Hg.), *Sombarts ›Moderner Kapitalismus‹. Materialien zur Kritik und Rezeption*. München.

Weber, Max (1904), *Die ›Objektivität‹ sozialwissenschaftlicher und sozialpolitischer Erkenntnis*. In: Archiv für Sozialwissenschaft und Sozialpolitik, 19. Band, S. 22–87. [In: Weber 1968, 146–214].

Weber, Max (1905), *Asketischer Protestantismus und kapitalistischer Geist*. In: Archiv für Sozialwissenschaften und Sozialpolitik Nr. 20 (1904), S. 1–54 und Nr. 21 (1905), S. 1–110. [zitiert nach Max Weber (1920)]

Weber, Max (1909), *Die Agrarverhältnisse im Altertum*. In: Handwörterbuch der Sozialwissenschaften, Band 1, Jena, S. 52–188.

(Gesammelte Aufsätze zur Sozial- und Wirtschaftsgeschichte, Hg. Marianne Weber; Tübingen 1988, S. 1–288.)

Weber, Max (1910), *Antikritisches Schlusswort zum Geist des Kapitalismus*. In: Archiv für Sozialwissenschaft und Sozialpolitik, 31. Band (1910), 2. Heft, S. 554–599. (Wieder abgedruckt in: Die Protestantische Ethik II, Kritiken und Antikritiken, Hg. J. Winckelmann, 5. Aufl. 1987.

Weber, Max (1917), *Parlament und Regierung im neugeordneten Deutschland*. In: Gesammelte Politische Schriften. Tübingen 1920, S. 126–260.

Weber, Max (1919), *Wissenschaft als Beruf*. In: Ders. (1968), S. 582–613.

Weber, Max (1920), *Gesammelte Aufsätze zur Religionssoziologie* I, Tübingen 1920.

Weber, Max (1922), *Wirtschaft und Gesellschaft. Grundriss der verstehenden Soziologie*. 5. Aufl. Tübingen 1972.

Weber, Max (1968), *Gesammelte Aufsätze zur Wissenschaftslehre*, Hg. J. Winckelmann. [Erstausgabe 1922; 3. Aufl. Tübingen.]

Weede, Erich (2005), *Frieden durch Kapitalismus*. In: Internationale Politik Nr. 60 (7/2005).

Weizsäcker, C. Christian v. (2003), *Der Grundgedanke der Freiheit. Über Kapitalismus und Demokratie*. In: Merkur Nr. 653–654, S. 807–14.

Willke, Gerhard (2003), *Neoliberalismus*. Frankfurt/M. (Reihe Campus Einführungen)

Willke, Gerhard (2005), *Vorrang für Beschäftigung*. (Schriftenreihe der Hochschule für Wirtschaft und Umwelt Nürtingen, Nr. 23.

Willke, Helmut (2005), *Symbolische Systeme. Grundriss einer soziologischen Theorie*. Weilerswist.

Willke, Helmut (2006), *Global Governance*. Bielefeld.

Zinn, Karl Georg (1986), *›Kapitalismus‹*, in: Lexikon des Sozialismus (Hg. Meyer, Thomas u. a.). Köln, S. 286–90.

Glossar – Namen

Aquin, Thomas von (1225–74): Italienischer Philosoph und bedeutender katholischer Kirchenlehrer.

Bernstein, Eduard (1850–1932): Theoretiker und Politiker der Sozialdemokratie; *Revisionist*, der den Sozialismus durch *Reformen* erreichen wollte.

Calvin, Johannes (1509–1564): Schweizer Reformator und Begründer des →Calvinismus.

Engels, Friedrich (1820–95): Unternehmer und Weggenosse von Karl Marx; verfasste mit Marx das Kommunistische Manifest und gab Band 2 und 3 des »Kapital« heraus.

Friedman, Milton (geb. 1912): Mitbegründer der marktliberalen Chicagoer Schule; *Kapitalismus und Freiheit* (1962).

Friedrich der Große (1712 –1786): Genannt »der alte Fritz«; Sohn des »Soldatenkönigs«; preußischer König ab 1740.

Hayek, Friedrich August von (1899–1992): Österreichischer Ökonom und Sozialphilosoph; hat in England und USA gelehrt; entschiedener Anhänger der freien Marktwirtschaft; Nobelpreis für Wirtschaftswissenschaften 1974.

Hilferding, Rudolf (1877–1941): Deutsch-österreichischer Politiker und marxistischer Theoretiker; zeitweise Finanzminister in der Weimarer Republik.

Kautsky, Karl (1854–1938): Marxistischer Theoretiker der Arbeiterbewegung. Gründer der Zeitschrift *Die Neue Zeit*. Kritiker des Revisionismus (→Bernstein).

Keynes, John Maynard (1883–1946): Einflussreicher britischer Ökonom; Autor der *General Theory* (1936); auf seinem Werk gründet der Keynesianismus.

Kondratieff, Nikolai (1892–1938): Russischer Konjunkturforscher.

Luxemburg, Rosa (1871–1919): Polnisch-deutsche Marxistin, Theoretikerin und Revolutionärin; kämpfte zusammen mit →Kautsky gegen den Revisionismus (→Bernstein). Gründungsmitglied und Verfasserin des ersten Parteiprogramms der KPD.

Malthus, Thomas Robert (1766–1834): Britischer Ökonom und Philosoph. *Essay on the Principle of Population* (1798).

Marshall, Alfred (1842–1924): Führender Ökonom der »Cambridge-Schule«; zu seinen Schülern gehörte →Keynes.

Marx, Karl (1818–1883): Philosoph, Ökonom und Journalist; Verfasser des *Kapital*; intellektueller Kopf der sozialistischen Bewegung; auf seinem Werk basiert der Marxismus; (siehe Kurzbiografie S. 88).

Mill, John Stuart (1806–1873): Liberaler englischer Philosoph und Ökonom; der »herausragende britische Philosoph des 19. Jahrhunderts« (H.R. West); *Principles of Political Economy* (1848); *On Liberty* (1859).

Mises, Ludwig von (1881–1973): Österreichischer Ökonom; führender Vertreter der liberalen Österreichischen Schule.

Napoléon Bonaparte (1769–1821): Korsisch-französischer Staatsmann, Kriegsherr und Kaiser von Frankreich (1804–1815).

Nell-Breuning, Oswald von (1890–1991): Jesuit und Sozialwissenschaftler, führender Vertreter der katholischen Soziallehre.

Nietzsche, Friedrich (1844–1900): Deutscher Philosoph, dessen Ziel die »Umwertung aller Werte« war; *Also sprach Zarathustra* (1883–1885).

Quesnay, François (1694–1774): Französischer Arzt und (vor-) klassischer Ökonom; entwickelte das Kreislaufschema des *Tableau économique* (1759).

Ricardo, David (1772–1823): Englischer klassischer Ökonom; *Principles of Political Economy and Taxation* (1817).

Schumpeter, Joseph (1883–1950): Österreichischer Ökonom; lehrte in den USA; (siehe Kurzbiografie S. 115).

Simmel, Georg (1858–1918): Deutscher Philosoph und Soziologe; *Philosophie des Geldes* (1900).

Smith, Adam (1723–1790): Begründer der klassischen Ökonomik; (siehe Kurzbiografie S. 77).

Sombart, Werner (1863–1941): Deutscher Wirtschaftshistoriker; (siehe Kurzbiografie S. 98).

Tönnies, Ferdinand (1855–1936): Deutscher Soziologe und Philosoph. *Gemeinschaft und Gesellschaft* (1887).

Troeltsch, Ernst (1865–1923): Deutscher Theologe und Religionssoziologe.

Walras, Léon (1834–1910): Französischer Ökonom. Mitbegründer der Neoklassik und führender Vertreter der Lausanner Schule.

Weber, Max (1864–1920): Bedeutendster deutscher Kultursoziologe; (siehe Kurzbiografie S. 105).

Glossar – Stichworte

Akkumulation: *Anhäufung* von Kapital aus Gewinnen/Profiten zwecks Vermehrung des Vermögens.

Allokation: *Verortung* und Zuordnung von Ressourcen und Produktionsfaktoren in verschiedene, konkurrierende Verwendungen. Der Preismechanismus leistet eine hocheffiziente Allokation.

Arbitrage: Ausgleich von Preisunterschieden auf oder zwischen Märkten durch Käufe bzw. Verkäufe. Wenn 1 kg Kupfer an der Londoner Börse 8,20 $ kostet, in Tokio dagegen 8,40 $, dann lohnt es sich für Händler (Makler, Arbitrageure), in London zu kaufen und gleichzeitig in Tokio zu verkaufen. Dadurch werden die Preisunterschiede eingeebnet (und der Händler streicht die Preisdifferenz als Gewinn ein).

BIZ = Bank für Internationalen Zahlungsausgleich (Basel; gegründet 1930).

Bretton Woods-System: Internationale Währungsordnung mit festen Wechselkursen zwischen den Währungen; 1944 fand die Gründungskonferenz in dem Ort Bretton Woods (USA) statt. Das System fester Wechselkurse wurde 1973 beendet.

Deregulierung: Abschaffung/Lockerung staatlicher Regulierungen (Vorschriften, Auflagen, Genehmigungsverfahren und so weiter). Deregulierung führt somit zur Liberalisierung.

Derivate: *Abgeleitete* Wertpapiere auf der Basis primärer Finanzpapiere und Aktiva (Währungen, Anleihen, Rentenpapiere, Aktien, Rohstoffe). Derivate können die Form von →Terminkontrakten, Aktienoptionen, Zinstermingeschäften, Devisenoptionsgeschäften etc. haben.

Direktinvestitionen: Kauft ein Investor ein Unternehmen im Ausland oder beteiligt er sich an einem ausländischen Unternehmen, spricht man von Direktinvestitionen. Ebenso bei der Investition eines (Mutter-)Unternehmens in ein ausländisches Unternehmen mit dem Ziel, im Ausland eigene Wertschöpfungskapazitäten zu errichten.

Emergenz: Die Entstehung neuartiger Eigenschaften eines komplexen Systems aus dem strukturierten Zusammenwirken seiner Elemente. Diese neuartigen Eigenschaften des Systems lassen sich nicht aus den Charakteristika seinen einzelnen Komponenten erklären, sondern stellen neue, *emergente* Eigenschaften dar.

Gains from trade: Gewinne aus Tausch und Handel; Quelle des wechselseitigen Nutzens aus freiwilligem Gütertausch sind Spezialisierungsvorteile.

GATS: *General Agreement on Trade in Services* = Allgemeines Abkommen über den Austausch von Dienstleistungen; Ergänzungen des GATT um international ausgetauschte Dienstleistungen.

GATT. *General Agreement on Tariffs and Trade* = Allgemeines Zoll- und Handelsabkommen von 1948. 1995 wurde das GATT durch die →Welthandelsorganisation abgelöst.

Global sourcing: Beschaffung auf dem Weltmarkt. Beim Einkauf von Vorprodukten und bei der Zulieferung beschränken sich Unternehmen nicht auf Anbieter des Binnenmarktes, sondern nutzen das kostengünstigere weltweite Angebot.

Hedge Fonds: Kapitalanlagegesellschaften, die ihre Einlagen in spekulative Finanzgeschäfte investieren, z. B. →Terminkontrakte, →Derivate, Währungsarbitrage.

Hedging: Absicherung gegen Zukunftsrisiken, insbesondere gegen Währungsschwankungen durch (Währungs-)→ Terminkontrakte.

Historische Schule (der Wirtschaftswissenschaft): In Deutschland während der zweiten Hälfte des 19. Jahrhunderts vorherrschende Richtung der Ökonomik. Hauptvertreter: Schmoller (1838–1917). Steht der Theorie- und Modellbildung kritisch gegenüber und betont die historisch-empirische Beschreibung und gesellschaftliche Reformen.

Homo oeconomicus: Modellhafte (idealtypische) Vorstellung der Wirtschaftstheorie vom rational wirtschaftenden und nutzenmaximierenden Menschen. Die Theorie sagt nicht: so *ist* der Mensch, sondern: wir unterstellen, *als ob* er so wäre.

HWWA: Hamburgisches Welt-Wirtschafts-Archiv

Joint Venture: *Gemeinsames Wagnis*; Beteiligung eines Unternehmens an einem Unternehmen im Ausland oder gemeinsame Neugründung mit einem ausländischen Partner.

Keynesianismus: Wirtschaftspolitische Konzeption der aktiven staatlichen Konjunktur- und Beschäftigungspolitik; dem Staat wird die Aufgabe zugewiesen, die Wirtschaftsentwicklung zu stabilisieren. Der K. beruht auf der Theorie von John Maynard → Keynes.

Kommodifizierung: Tendenz des Marktkapitalismus, alles in handelbare Waren (*commodities*) zu verwandeln und der Kommerzialisierung zu unterwerfen.

Korporativismus: An die Stelle des einzelwirtschaftlichen Wettbewerbs tritt die Koordination der Wirtschaft durch Organisationen und Verbände (*Korporationen*); es entscheiden nicht mehr die einzelnen Konsumenten, Arbeitnehmer oder Unternehmen, sondern deren Verbände.

Meritorische Güter: Leistungen, die im allgemeinen Interesse liegen, aber vom Markt nicht in hinreichender Menge/Qualität angeboten werden (Theater, Museen Schutzimpfungen, Schulen etc.)

New Deal: Programm des US-Präsidenten Roosevelt zur Bekämpfung der Weltwirtschaftskrise in den 1930er Jahren; konzeptionell liegt dem *New Deal* der → Keynesianismus zugrunde.

Nicht-tarifäre Handelshemmnisse: Behinderungen des grenzüberschreitenden Güteraustausches nicht durch Zölle (→ tarifäre Handelshemmnisse), sondern durch Vorschriften (Sicherheits-, Gesundheits- und Umweltbestimmungen) oder durch Vereinbarungen (Importkontingente, Mengenbeschränkungen).

OECD: *Organisation for Economic Cooperation and Development* (mit Sitz in Paris); Zusammenschluss der 30 wirtschaftlich am weitesten entwickelten Staaten.

Oligopol: Ein Markt mit *wenigen* großen Anbietern (Marktführern); Beispiele: Chemie, Automobil, Stahl.

Organische Zusammensetzung des Kapitals: In der Marx'schen Theorie setzt sich das Gesamtkapital aus dem fixen und dem variablen Kapital zusammen. Das fixe Kapital ist im Sachkapital (Maschinen, Anlagen) gebunden, das variable Kapital entspricht dem Aufwand für die Arbeitskräfte. Im Trend steigt der Anteil des fixen Kapitals am Gesamtkapital – und damit die »organische Zusammensetzung des Kapitals«.

Pariser Club: Zusammenschluss der 19 wichtigsten Gläubigerländer mit dem Zweck, bei Zahlungsschwierigkeiten von Schuldnerländern Vorschläge für Zahlungsaufschub, Zahlungserleichterungen oder Umschuldung auszuarbeiten.

Performanz: Bezeichnet hier Leistungsprofil und Erfolgsniveau eines Wirtschaftssystems. Wichtige Performanzbereiche sind Beschäftigung, Wachstum, Wettbewerbsfähigkeit, soziale Gerechtigkeit und Umwelt/Lebensqualität.

Private-Equity-Fonds: Kapitalbeteiligungsgesellschaften, die ihr Kapital in anderen Unternehmen anlegen, die als unterbewertet eingestuft werden. Wenn der Wert dieser Unternehmen nach Sanierungsmaßnahmen steigt, verkauft der Private-Equity-Fonds seine Beteiligung wieder oder bringt das Unternehmen an die Börse. Den Gewinnchancen steht allerdings, wie üblich, das Risiko des Verlustes gegenüber.

Race to the bottom: Wettrennen von Standorten um die (kosten-) günstigsten Bedingungen; Konkurrenz mit niedrigen Lohnkosten, Soziallasten, Arbeits- und Umweltschutzauflagen.

Rating-Agenturen: Private Institutionen, die für Investoren und Kreditgeber die Qualität, Seriosität und Bonität (Kreditwürdigkeit) von Unternehmen einschätzen (rating).

Shareholder Value: *Shareholder* sind die Kapitaleigner bzw. Aktionäre. Steht der *Shareholder-Value* im Vordergrund, dann maximiert ein Unternehmen die Rendite auf das eingesetzte Kapital bzw. den Aktienkurs. Die → *Stakeholder* werden dagegen als nachrangig behandelt.

Skalenerträge: Beim Übergang von der Kleinserienfertigung zur Massenfertigung sinken die Produktionskosten *pro Stück*; diese Einsparungen werden Skalenerträge genannt.

Sozialbudget: Aufstellung aller sozialpolitischen Aufwendungen des Staates (einschließlich der Sozialversicherungen); inzwischen beläuft sich das deutsche Sozialbudget auf über 700 Mrd. Euro.

Staatsquote: Anteil aller öffentlichen Haushalte einschließlich der gesetzlichen Sozialversicherungen am Bruttoinlandsprodukt (BIP); Staatsquote Deutschland 2005: 47,4 Prozent.

Stagflation: Kombination aus *Stagnation* und *Inflation*, also gleichzeitig unzureichendes Wachstum (steigende Arbeitslosigkeit) und Anstieg des Preisniveaus.

Stakeholder Value: *Stakeholder* sind alle, die ein »Anliegen« in oder an einem Unternehmen haben, insbesondere die Beschäftigten, Kunden, Zulieferer sowie Gemeinde (Standort) und Öffentlichkeit. Werden auch deren Interessen berücksichtigt (und nicht allein das Kapitalinteresse), dann erhöht das Unternehmen seinen Stakeholder Value.

Subsistenz: Erhaltung des Lebens; Subsistenzwirtschaft deckt den Eigenbedarf (Selbstversorgung); Produktion (nur) in dem Ausmaß, dass gerade der Lebensunterhalt gesichert ist.

Tarifäre Handelshemmnisse: Zölle (*tariffs*), durch die der grenzüberschreitende Handel behindert wird; siehe auch → nichttarifäre Handelshemmnisse.

Terminkontrakte (*Futures*): Vereinbarung/Vertrag über einen Kauf/Verkauf zu einem *zukünftigen* Termin. Es wird also heute festgelegt, an welchem Termin Güter (Waren, Rohstoffe, Wertpapiere, Währungen, → Derivate) zu welchem Preis gekauft oder verkauft werden.

Verlagswesen: Hier sind nicht Buchverlage gemeint, sondern das frühindustrielle Produktionssystem, das von *Verlegern* organisiert wurde. Der Verleger beschafft Materialien und Vorprodukte für die in seinem Auftrag produzierenden, formal aber selbständigen Handwerker, er übernimmt den Vertrieb der Fertigwaren und besorgt auch die Finanzierung über die Banken.

Welthandelsorganisation (WHO): Sitz in New York. 1995 hat die WHO das → GATT abgelöst.

WTO: *World Trade Organisation* → Welthandelsorganisation

Verzeichnis der Abbildungen und Tabellen

Abbildungen

Übersichten